专科层次小学教师培养规划教材
总主

U0564398

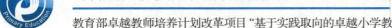
教育部卓越教师培养计划改革项目"基于实践取向的卓越小学教

小学体育
课程与教学

（第2版）

主　编　李彩芹　刘燕华　伍方清

副主编　高晓君　周　权　谢兆华

　　　　王洪荣　刘　凯　李国成

参　编（排名不分先后）

　　　　张树军　冯鲁鸿　左海鹏

　　　　李玉辉　吕佩桢　蒋翠娥

　　　　张庆龙　田　广

主　审　张雅俊

湖南大学出版社·长沙

内 容 简 介

本书共分八章，主要内容包括体育课程概述、小学体育课程目标与内容、小学体育课程设计、小学体育课程实施、小学体育教师专业技能训练、小学体育课程资源的开发与利用、体育教学评价、体育教学研究等。本书以小学体育课程标准为立足点，以加强教师教育为出发点，以提高学生小学体育教学能力为归宿，将小学体育课程教学基本理论与教学实践有机结合，是一本较为理想的高职高专小学体育教师培养专业教材。

图书在版编目（CIP）数据

小学体育课程与教学 / 李彩芹,刘燕华,伍方清主编. -- 2 版. -- 长沙：湖南大学出版社，2024. 8.（大专层次小学教师培养专业规划教材 / 蒋蓉主编）.

ISBN 978-7-5667-3796-0

Ⅰ. G623. 82

中国国家版本馆 CIP 数据核字第 202422HY01 号

小学体育课程与教学（第 2 版）

XIAOXUE TIYU KECHENG YU JIAOXUE（DI 2 BAN）

主　　编：李彩芹　刘燕华　伍方清
丛书策划：刘　锋　罗红红
责任编辑：罗红红
印　　装：长沙市雅高彩印有限公司
开　　本：787 mm×1092 mm　1/16　　印　　张：14.25　　字　　数：309 千字
版　　次：2024 年 8 月第 2 版　　　　　印　　次：2024 年 8 月第 1 次印刷
书　　号：ISBN 978-7-5667-3796-0
定　　价：45.00 元

出 版 人：李文邦
出版发行：湖南大学出版社
社　　址：湖南·长沙·岳麓山　　　邮　　编：410082
电　　话：0731-88822559(营销部),88821343(编辑室),88821006(出版部)
传　　真：0731-88822264(总编室)
网　　址：http://press.hnu.edu.cn
电子邮箱：presslhh@ hnu. edu. cn

修订说明

2020—2022 年，在教育部高等学校小学教师培养教学指导委员会和湖南省教育厅的指导下，我们以教育部专科层次卓越教师培养项目"基于实践取向的卓越小学教师培养"为依托，在各参编院校领导和老师的支持下，编写出版了 32 种专科层次小学教师培养规划教材。该套教材为省内外小学教师培养院校广泛使用，并已被湖南省教育厅确定为省级规划教材，其中《小学教育学》《小学语文课程与教学》《小学教师职业道德与教育法律法规》《儿童简笔画》入选了首批"十四五"职业教育国家规划教材。

2022 年 4 月 21 日，教育部印发《义务教育课程方案和课程标准（2022 年版）》。新修订的义务教育课程描绘了育人蓝图增强了思想性、科学性、时代性、整体性、指导性，为义务教育优质均衡、高质量发展提供了有力支撑。"专科层次小学教师培养规划教材"中部分品种，特别是与教学法有关的教材，是依据旧的义务教育课程方案和课程标准编写的，其中的某些内容在一定程度上已经不符合时代性的要求，无法科学指导日后小学各学科的教育教学。

为了体现教材的时代性、前瞻性和实用性，为了更好地服务小学教育教学发展的需要，我们组织了多位长期专门从事小学教育专业研究和教学工作的一线专家、教师，根据《义务教育课程方案和课程标准（2022 年版）》对教材进行了全面修订。同时，对陈旧、过时的案例、知识链接、拓展阅读等栏目内容进行了更新。还加强了教材的数字化资源建设，每门课程都配置了课件、教案、微课等教学资源，此次修订过程中，凡与课程标准相关的内容，都严格按照新课程标准的精神和要求进行了更新。

专科层次小学教师培养规划教材编委会

2024 年 7 月

序

2018 年 1 月，中共中央、国务院印发了《关于全面深化新时代教师队伍建设改革的意见》（以下简称《意见》）。这是新中国成立以来党中央出台的第一个专门面向教师队伍建设的文件，具有重要的战略意义。这是在习近平新时代中国特色社会主义思想指导下，贯彻落实党的十九大精神，深化教育改革的重大战略决策。

当前，中国特色社会主义进入了新时代，开启了全面建设社会主义现代化新征程。面对新方位新征程新使命，教师的思想政治素质和师德水平需要提升，专业化水平需要提高。为此，《意见》中提出要培养造就"高素质专业化创新型"教师。所谓"高素质"，就如习近平总书记所讲的，教师要"有理想信念""有道德情操""有扎实学识""有仁爱之心"；所谓"专业化"，就是要求教师掌握教育规律和儿童青少年成长发展规律，因材施教，为学生提供适合的教育；所谓"创新型"，就是要求教师有创新精神，勇于改革，在教育教学改革中积累新的经验，培养创新人才。

培养"高素质专业化创新型"教师，无疑是师范院校的任务。改革开放四十多年来，我国师范教育的规模由小到大，为我国基础教育培养了大批合格教师，现在在岗的 1400 万名左右的中小学教师基本上是改革开放以来培养起来的。但是，随着时代的发展，教师教育也需要改革创新。但不得不说，有一段时间，师范院校在改革大潮中迷失了方向，师范教育走过一段弯路。1999 年 6 月，中共中央、国务院发布的《关于深化教育改革全面推进素质教育的决定》提出："鼓励综合性高等学校和非师范类高等学校参与培养、培训中小学教师的工作，探索在有条件的综合性高等学校中试办师范学院。"目的是通过高水平综合性大学和非师范类高等学校的参与来提高教师队伍的建设水平。但是，这次尝试并没有让师范教育加强，反而削弱了，因为非师范类高等学校除了培养少量教育专业硕士外，几乎没有参与其他层次的教师培养。失误在于：一是 1000 多所中师被撤销，小学教师的学历提高了，但适合小学教育的能力却降低了；二是许多师专纷纷扩展为综合性高校，热衷于升格，不关心教师的培养，极大地削弱了师范教育；三是许多师范院校为了挤入名牌高校行列而发展为综合大学，热衷于扩充非师范专业，甚至抽调师范专业的教师去充实其他新建立的学科，这必然削弱了师范专业的实力。这些做法与改革的宗旨背道而驰。

《意见》中提出，要大力振兴教师教育，要加强师范院校建设，并对各级各类教师提出了高标准新要求。我国的国情是人口多，学生多，区域间教育发展不均衡，师范院校在一个较长的历史时期还是教师教育的主体。师范院校要认真学习习近平总书记教育思想，认真贯彻《意见》提出的改革要求，加强教师教育专业训练，夯实教育实践环节，把学校真正办成培养"高素质专业化创新型"教师的基地。

当前教师队伍建设，短板在农村。长期以来，贫困乡村，特别是边远山区，由于地理条件的制约，教育很不发达。为了改变农村教育的落后面貌，党的十八大以来，党和政府采取了多种措施来提升农村的教育水平。比如，实施了"公费师范生""特岗教师计划""乡村教师支持计划"等政策，大幅扩大了中西部地区乡村教师的规模，提高了教师队伍的素质。但是由于东中西部经济发展差距大、城乡发展差距大的问题尚未得到根本解决，农村基础教育，尤其是中西部贫困地区的农村基础教育，仍然面临着许多困难，最主要的困难是师资匮乏、教育观念落后、人才培养模式错位等。近几年来，国家教育咨询委员会"推进素质教育改革"工作组走访了一些省份的农村，发现那里学校的办学条件逐年改善，孩子也十分活泼可爱，但课堂教学却不尽如人意。如有些地方课程还开不齐全，有些教师的教学水平不高，照本宣科，甚至连概念都讲不清楚。因此，如何进一步加强乡村教师队伍建设是当前实现教育现代化必须解决的问题。

加强乡村教师队伍建设，我们要改变一些思路。高质量并非高学历。过去为片面追求高学历，将小学教师学历一下子提高到本科水平，许多学校办起了本科层次的小学教育专业。这确实对提高小学教师队伍整体质量起了一定的作用，特别是对城市小学而言。但从现实情况来看，这些本科师范毕业生不愿去农村，所以农村小学教师还是以专科师范毕业生为主。目前进行专科层次小学教师培养的学校有300多所，年培养毕业生近10万人。由于大部分学生生在乡村、长在乡村，更熟悉和热爱乡村，对乡村有天然的情感，他们扎根乡村的意志更坚定，专业情意更浓，可以"下得去、留得住"。因此，加强高等师范专科学校的建设，应该成为当前小学教师培养工作的重点。

培养专科层次的师范生，需要有一套适合他们的教材。但是，目前还没有一套专门针对农村小学教师培养的专科层次的教材。湖南大学出版社秉承岳麓书院传统，重视农村文化教育建设，以教育部卓越教师培养计划改革项目"基于实践取向的卓越小学教师培养"为依托，组织全国20多所多年从事小学教师培养的专科学校，共同编写了本套教材，填补了当前专科层次小学教师培养教材的空白。这套教材具有以下特点：

一是针对性。针对学生的文化基础、地区差异和培养目标的需要，教材力求符合学生的认知规律和能力培养规律，注重与学生已有的知识、经验与环境的联系。在注重知识传授的同时，强调对学生教学能力特别是学习能力的培养，为学生毕业后从事教学和专业发展做好充分的准备。

二是科学性。这套教材是在精心研究大纲的基础上编写的，力求培养基础知识深厚、专业知识扎实、综合素养高、具有推进基础教育新课程改革能力的小学教师队伍。在教材内容的选择上，不仅考虑学科的系统性和完整性，更注重学生必需的知识。

三是时代性。教材重视"课程思政"，着重强调社会主义核心价值观与师德教育，引入课程改革和教育研究最新成果以及优秀小学乡土教育教学案例。与教材配套的音频、视频、课件、阅读资料等教学资源都将以二维码方式呈现，做到纸质文本与数字资源相结合、线下面授与线上学习相结合。

四是实践性。这套教材注重学生实践能力的培养，增加了小学教师职业道德与法律法规、小学教育实践、小学班级管理、小学教育科学研究方法等课程相关教材，加强了见习和实习环节。

这套教材立意高远、特色鲜明，既有传承性，又有开拓性，对于快速提高农村小学教师培养质量、全面提升农村小学教育水平以及有序推进新课程改革，都有重大的意义。

2020 年 8 月 15 日

序

　　科技的进步、社会的发展以及基础教育新课程改革的不断推进，对教师的知识、能力和素质提出了新的要求，而当前的小学教师队伍，尤其是广大乡村地区的小学教师队伍建设，不同程度存在师德弱化、年龄老化、结构失衡、素质不高、流失严重、补充不畅等一系列问题。

　　党中央和国务院高度重视乡村教师队伍建设，出台了一系列政策和措施。中共中央、国务院印发的《关于全面深化新时代教师队伍建设改革的意见》要求"采取到岗退费或公费培养、定向培养等方式，吸引优秀青年踊跃报考师范院校和师范专业"。《教师教育振兴行动计划（2018—2022 年）》提出："推进本土化培养，面向师资补充困难地区逐步扩大乡村教师公费定向培养规模，为乡村学校培养'下得去、留得住、教得好、有发展'的合格教师。"

　　为增加乡村教师培养数量，提高培养质量，促进城乡义务教育均衡发展，湖南省从 2006年开始在全国率先启动实施了乡村教师公费定向培养计划。在培养五年制公费定向乡村小学教师方面，制定了《湖南省五年制专科层次小学教师培养课程方案（试行）》，并组织省内师范院校编写了五年制专科层次小学教师培养教材。"公费定向培养计划"实施十多年来，吸引了一大批优秀初中毕业生报考师范院校并顺利完成五年学业，走向小学教师岗位。其中，很多毕业生迅速成为学校的教学骨干或者管理骨干，在很大程度上缓解了湖南乡村小学教师队伍人才短缺的现象。同时，该培养计划也得到了教育部的高度肯定，很多兄弟省份纷纷来湘考察学习。

　　"五年制大专层次小学教师培养教材"自 2006 年出版以来，在学校教育教学、小学教师培养等方面发挥了积极作用，但由于课程体系、教材内容、呈现方式久未更新，已经不符合当下小学教育教学的实际。鉴于此，在湖南省教育厅的规划和指导下，湖南大学出版社组织省内所有承担五年制专科层次小学教师培养的学校及省外的部分师范学校，以教育部卓越教师培养计划改革项目"基于实践取向的卓越小学教师培养"为依托，在教育部高等学校小学教师培教学指导委员会的指导下，编写了这套"专科层次小学教师培养规划教材"。从总体上来看，这套教材有如下鲜明特点：

一是倡导以学生为中心，创新教材体系。严格按照小学教师专业标准、小学教师教育课程标准、师范专业认证标准的要求构建教材体系和内容，给学生提供未来进行小学教育教学所需要的基本理论、方法、规律，使学生能运用理论知识和科学方法探寻和剖析小学教学中诸多问题，并能举一反三。

二是凸显产出导向，注重能力培养。教材品种、内容选择完全覆盖毕业生核心能力素质要求的各项指标。每种课程教材都与小学教师培养目标及毕业生要求相对应，从而实现学习效果良好、切实提高人才培养质量的目的。根据小学教育专业认证的新要求，除了开发传统文化课、教育理论课和实践课教材，还增加了四门课程的教材，分别是践行师德的教材——《小学教师职业道德与法律法规》、学会教学的教材——《小学教育实践》、学会育人的教材——《小学班级管理》、学会发展的教材——《小学教育科学研究方法》。

三是强化知行合一，坚持实践育人。这套教材由全国各地多年从事小学教师培养的一线教师编写，充分考虑了当地学生的文化基础水平与接受水平，注重学生实践能力的培养，体现小学教育的科学性、时代性、针对性、实用性，强化课程思政，强化社会主义核心价值观与师德教育；充分吸收学科前沿知识，引入课程改革和教育研究最新成果以及优秀小学乡土教育教学案例，并根据教学要求及时更新，以满足专业教学不断改进的需要。

四是顺应数字时代需求，推进教材融媒体化。这套教材除了纸质教材采用双色印刷、体例上大胆创新采用章节体与模块化结合外，还将与纸质教材配套的音频、视频、课件、阅读资料等教学资源以二维码方式呈现，做到纸质文本与数字资源相结合、线下面授与线上学习相结合，能够极大地方便教师教学，提高学生的学习兴趣和主动性。

这套教材的编写坚持立德树人的指导思想，以学生的需要为出发点，以学生的专业发展为目的，注重学生教学能力、育人能力和研究能力的培养，必然能够充分调动学生学习的积极性、主动性、创造性，对顺利达成专科层次小学教师培养的预期目标、有效促进基础教育教学改革，将发挥重要作用。

王玉清

2020 年 8 月

目　次
CONTENTS

体育课程概述

> ✦ 掌握体育课程的概念和特性；
> ✦ 正确认识体育课程改革的重要性和必要性，掌握学科核心素养背景下体育课程改革的理念和关键点；
> ✦ 理解体育教学原则及其重要性。

老师，我们还想去旅行

今天的体育课进入体能训练环节，王老师说："同学们，我们一起去旅行吧。"往常的体能训练主要是重复地练习走、跑、跳、投，同学们表现得不是很积极，今天听到老师说要去旅行，同学们一下子有了极大的好奇心："究竟是怎么回事呢？"原来是老师将走、跑、游泳设计成了一次旅行活动。情景的创设：我们去旅行，飞行（走、跑）——行驶（加、减速跑）——游泳（泳姿）——组团旅行（走、跑）。

"我们去旅行"的生活场景式体验，从徒手活动到持器械活动的变化，增强了学生多项运动技能的综合运用能力。活动中，老师将不同的体能练习穿插其中，学生身体的各个部位都能得到全面的锻炼，同时，学生在"旅行"中体验携带着不同的"物品"安全、快乐出行。

原本枯燥的体能训练被老师设置成了有趣的旅行活动，同学们热情高涨。活动结束后，孩子们满脸通红，气喘吁吁，还不停地说："老师，我们还想去旅行。"

以上案例让我们看到，王老师的体育课是孩子们喜欢的体育课，是在新课程标准精神和"健康第一"课程理念的指导下，以学生的身心发展特征为基础，通过多主题呈现、多活动体验、多情境感受、多知识融合与运用，以及巧妙的情景教学的设计，让学生在快乐中学习与提升运动技能，培养学生健康行为和体育品德的体育课。

因此，教师在体育教学中要正确把握并理解体育课程理念的性质、目标，遵循体育教学的原则，为上好体育课做好准备。

第一节　体育课程的概念和特性

一　体育课程的概念及作用

（一）体育课程的概念

体育课程是一门以身体练习为主要手段，通过合理的体育教育和科学的体育锻炼过程，以使学生增强体质、增进健康和提高体育素养为主要目标的必修课程；是学校课程体系的重要组成部分；是实现素质教育和培养德智体美劳全面发展人才不可缺少的重要途径。

体育课程是为实现教育目标而选择的体育教育内容的总和，既包括体育课堂教学的学科和术科内容，也包括有目的、有计划、有组织的课外体育与竞赛活动。

体育课程对于提高学生的体质和健康水平，促进学生全面和谐发展，培养社会主义现代化建设所需要的高素质劳动者，具有极为重要的作用。

（二）体育课程的作用

1. 发展学生体能和运动技能，提高学生体育运动能力

通过课程的学习，学生能够掌握各种体能练习方法，通过积极参与各种体能练习改善体形和身体姿态；在体能发展的基础上学练各种运动项目，并掌握 1~2 项运动技能；认识体能对发展运动技能的重要性，掌握运动项目的基本理论知识，了解运动项目的比赛规则，经常观看体育比赛，形成积极的体育态度，综合提高学生体育运动的能力。

2. 注重健康知识技能与运用，形成健康的生活方式

通过体育课程的学习，学生能够提高对身体和健康的认识，掌握有关个人卫生保健、营养膳食、青春期生长发育、常见病和运动损伤、安全避险等知识；积极参与体育锻炼，掌握科学健身方法，增强自我保健意识；坚持锻炼，增强体能，促进身体健康；养成健康的生活方式。同时，通过体育课程的学习，学生将体验到运动对心理健康的积极影响，感受到运动时的愉悦

情感，并学会调控情绪，积极应对挫折和失败，形成积极向上、乐观开朗的生活方式。

3. 增强学生的社会适应能力，养成良好的体育品德

通过体育课程的学习，学生将积极参与体育活动，与同伴一起顽强拼搏；遵守体育游戏或比赛规则，相互尊重，公平竞争；自尊自信，乐于助人；在体育活动中培养责任感，能承担不同角色并认真履行职责；正确对待成败；能将体育运动中养成的良好体育品德迁移到日常学习和生活中。

体育课程的特性

（一）体育课程是身体实践性课程

体育课程必须通过身体练习即身体实践活动，承受一定的运动负荷，以促进身体器官、机能的发展，增进健康，并使学生通过实践活动掌握体育知识、技能，培养体育兴趣及团结合作精神等，逐步养成自觉锻炼的良好习惯。实践性特征是体育课程区别于其他文化类课程最显著的特征。

（二）体育课程是生活教育课程

体育课程不是为学生将来从事某一专业或某一职业直接提供认知基础的，而是向学生提供体育与健康的知识，使学生正确地理解健康的意义、生命的价值，帮助学生形成健康的生活方式，是生活教育课程。

（三）体育课程是情意性课程

情意性课程是指通过课程体验改造人的主观世界的一个过程。人的主观世界通过活动的体验，在一系列的情感意志冲突中不断升华。体育课程是运动认知课程，但体育课程更是发展人的情感、情绪、态度、价值、判断的有效课程，尤其对人的意志力的培养具有其他任何课程无法取代的价值，这是其他一切文化课所无法比拟的。

（四）体育课程是综合性课程

体育课程的范围很广，涉及体育、健康、环境、教育、娱乐、历史等领域的理论与方法，还涉及身体发展、人际关系、情感、运动技能等实际生活与体验方面的内容，具有综合性特征。体育课程以众多的其他学科为基础，而不是以某一学科为基础，体育课程属于广域课程或综合课程。

第二节　体育课程改革

我国自 1956 年编制第一套《体育教学大纲》后，在 1961 年、1978 年、1987 年、1992 年和 2000 年先后颁布了 5 套《体育教学大纲》，它们反映了各个时期体育教育改革的成就，同时为我国体育课程建设积累了丰富的经验。在广大中小学体育工作者的共同努力和社会、学校等方面的大力支持下，我国的基础教育体育课程改革取得了很大的成就，为我国的体育课程改革奠定了坚实的基础，并提供了有益的可供借鉴的经验。但是进入 21 世纪后，原有的体育课程在体育教育观念、教学内容、教学目标、教学评价等方面已不能适应教育改革和时代发展的要求，体育课程改革势在必行。

 体育课程改革的基本理念

（一）坚持"健康第一"，促进学生全面发展

体育与健康课程是提高健康水平的有效途径，也是开展健康促进活动的适宜切入点。学校体育与健康课程因为课程体系和教学设施完备，教育对象可塑性强，教育效果对学生成年后健康状况和生活质量等方面有持续影响的优势，因此，体育与健康课程教育成为促进青少年儿童全面发展的主要方式。体育与健康课程中的健康包括体育锻炼意识与习惯、健康知识与技能的掌握和运用、情绪调控、环境适应四个维度，以及健康行为与生活方式、生长发育与青春期

《"健康中国 2030"规划纲要》

保健、心理健康、疾病预防与突发公共卫生实践应对、安全应急与避险五个学习领域。四个维度主要体现在养成良好的锻炼、饮食、用眼、作息和卫生习惯，树立安全意识，控制体重，远离不良嗜好，预防运动损伤和疾病，消除运动疲劳，保持良好心态，适应自然和社会环境等。四个维度在不同的水平目标上各有侧重，不同的水平目标下五个学习领域的内容呈现也不尽相同。体育与健康课程与生命健康相关，因此，必须坚持"健康第一"。

（二）激发运动兴趣，培养学生终身体育的意识

学校体育是终身体育的基础，运动兴趣和习惯是促进学生自主学习和终身坚持锻炼的前提。无论是教学内容的选择还是教学方法的更新，都应十分关注学生的运动兴趣，只有激发和保持学生的运动兴趣，才能使学生自觉、积极地进行体育锻炼。因此，在体育教学中，学生的运动兴趣是实现体育课程目标和价值的有效保证。

（三） 以学生发展为中心，重视学生的主体地位

体育课程关注的核心是满足学生的需要和重视学生的情感体验，促进学生的全面发展。从课程设计到评价的各个环节，始终把学生主动、全面的发展放在中心地位。在注意发挥教学活动中教师主导作用的同时，体育课程特别强调学生学习的主体地位，以充分发挥学生的学习积极性和学习潜能，提高学生的体育学习能力。

（四） 关注个体差异与不同需求，确保每一个学生受益

体育与健康课程在高度关注所有学生并进行激励与指导的基础上，针对不同身体条件、运动基础和兴趣爱好的学生因材施教，提出不同的学习目标，选择适宜的教学内容，采用多样的教学方法与学习评价方式，为学生创造公平的学习机会，确保每一位学生拥有良好的学练体验，增强学习的自信心，在原有的基础上获得更好发展。

二　学科核心素养背景下体育课程改革与发展

（一） 正确理解体育学科核心素养的内涵

体育学科核心素养是学生通过体育学习过程逐步形成的价值观念、必备品格和关键能力，它凝练并集中体现了体育学科独特的育人价值，是体育与健康课程对学生发展核心素养的特殊贡献。

体育学科核心素养不等于知识和技能，它包括知识和技能，但是远远超越知识和技能，强调培养学生的能力、品格和价值观念。学科核心素养不是先天形成的，而是通过后天的学习和培养形成的。培养学生的学科核心素养，有助于学生的终身学习和锻炼。

体育学科核心素养包括三个方面：运动能力、健康行为和体育品德。培养学生的运动能力、健康行为和体育品德，是为了体现体育学科健身育人的本质特征。运动能力、健康行为和体育品德三个方面学科核心素养的提出，在我国基础教育体育与健康课程历史上具有划时代的重大意义，这不仅是体育与健康课程目标的跨越式发展，更体现了课程改革对全面发展的人的培养和重视。三个方面的学科核心素养并不是彼此独立的关系，而是相互联系、相互影响、相互促进、共同发展的关系。

1. 运动能力

运动能力是体能、技战术能力和心理能力等在身体活动中的综合表现，是人类身体活动的基础。运动能力是形成健康行为和体育品德的基础。运动能力分为基本运动能力和专项运动能力。基本运动能力是从事生活、劳动和运动所必需的能力；专项运动能力是参与某项运动所需要的能力。运动能力的具体表现形式为体能状况、运动认知与技战术运用、体育展示与比赛。

由此可见，运动能力是学生在运动中的综合表现，而不仅仅是某一方面的表现，学生只有体能、技战术能力和心理能力协调发展，才能拥有良好的运动能力。运动能力只有通过身体练习才能获得，因此，它是学科核心素养三个方面中最具体育和运动特色的核心素养。

小运动撬动学生"大健康"

2. 健康行为

健康行为是增进身心健康和积极适应外部环境的保证，是改善健康状况并逐渐形成良好生活方式的关键。健康行为是发展运动能力和体育品德的核心。体育教育教学最终的目的是要培养学生的运动习惯，使学生能够积极主动参与校内外的体育锻炼，掌握科学的锻炼方法，掌握健康技能，学会健康管理，逐步形成自觉锻炼的习惯；情绪稳定、包容豁达、乐观开朗，善于交往合作，增强适应自然环境的能力；关注健康，珍爱生命，热爱生活，养成良好的生活方式，改善身心健康状况，提高生活和生存能力。

3. 体育品德

体育品德是指在体育运动中应当遵循（表现出自觉遵守）的行为规范以及形成的价值追求和精神风貌，对维护社会规范、树立良好的社会风尚具有积极作用。

体育品德是提高运动能力和改进健康行为的保证。体育品德包括体育道德、体育精神、体育品格。体育道德主要是培养学生遵守规则、诚信自律、公平正义等品质。体育精神主要是通过让学生参与运动，培养自尊自信、勇敢顽强、超越自我、勇于进取的精神。体育品格主要是培养学生拥有文明素养、社会责任感、正确的胜负观等。通过体育品德的培养，学生能够自尊自强，主动克服内外困难，具有勇敢顽强、积极进取、挑战自我、追求卓越的精神；能够正确对待比赛结果，胜不骄、败不馁；能胜任运动角色，表现出负责任的行为；能遵守规则、文明礼貌、尊重他人，具有公平竞争的意识和行为。

体育学科核心素养的本质追求是对待体育与健康的积极态度，是将体育与健康的知识和技能运用于生活之中的能力，是在体育与健康实践过程中的良好体验、个性形成。体育学科核心素养的培养，促进学生全面发展，有助于落实立德树人的根本任务，充分体现体育学科对培养人的独特的、不可替代的作用。

（二）学科核心素养引领课程目标

随着中国学生发展核心素养要素的颁布，探讨如何有效培养中国学生的核心素养已成为教育工作者的热门话题和研究热点，体育学科核心素养是学生发展核心素养的重要组成部分，发展体育学科核心素养也是促进学生发展核心素养的关键。现阶段，体育课程目标指向了学科核心素养。体育课程要真正落实立德树人的根本任务，充分发挥体育育人的功能和价值，就需要培养学生的学科核心素养。学科核心素养引领课程目标、教学内容、教学质量、教学方式、学习评价等，也就是说，体育课程所有的教学环节都要紧紧围绕学科核心素养进行设计和实践，把学生的核心素养培养好了，就是把学生培养好了，就是真正意义上的教学质量的提高。促进学生体育学科核心素养的形成，是体育课程的崇高追求。学科核心素养既是体育课程的出发点，也是体育课程的落脚点。

（三）学科核心素养引领下的体育课程教学设计与实施

1. 以目标为先导的逆向教学设计

格兰特·威金斯著的《追求理解的教学设计》一书中提出："一开始就在头脑中想好结果和目标，这意味着你对自己的目的地有清晰的了解，这意味着你知道要去哪里，从而能够更好地知道你现在的位置，以及如何走才能保证你一直朝着正确的方向前进。"体育课程教学设计都应保持体育学科核心素养与具体教学设计的一致性。体育教学设计始终以提升体育学科核心素养、实现体育课程学习目标、促进学生达成学业质量要求作为教学设计的出发点与归宿。

2. 课程教学实施瞄准体育学科核心素养

学生体育学科核心素养的获得只有在体育教师的引导下，在经历真正意义上的体育与健康学习活动中，在进行体育学习并获得运动能力、健康行为、体育品德后，才能转移与迁移到生活中去解决体育与健康素养的问题。

（1）自主学习。在体育课程教学中，从学习目标的确定、学习计划的制订，一直到体育教学环节的确定与调控都应充分考虑学生的学习基础与主体作用的发挥。体育教师为学生自主、自律、创造性学习创造良好的教学环境，引导学生积极思考、主动探索、自觉实践、积极进取，生动活泼地发展。

（2）深度学习。体育学科核心素养不是表层的动作学习与身体训练，而是一种基于理解基础上的体育与健康知识内化、行为养成、道德修为。在体育教学中，学生应将所学的体育与健康知识、技能、能力发展与体育学科核心素养有机结合起来。在教学过程中，体育教师应透过外显的体育运动技战术，深入讲解体育运动对人的意义与价值，促使学生将所学习的体育与健康知识、技能、能力，与他们作为家庭成员、公民的生活之间建立联系，引导学生在生活实际中运用所学到的知识与技能，过一种健康、文明、有意义的体育与健康生活。

（3）体验学习。体育学科核心素养是学生通过体验而形成的，它不是体育教师教出来的，更不是通过身体训练练出来的。为了提升体育学科核心素养，体育教师应创设良好的体育与健康课程的活动与情境，使学生参与其中、体验其中并产生良好的感受与体验。体育教学应从关注学生显性的体能与技能学习效果，到既关注学生体能与运动技能的外在表现，又关注学生在体育学习过程中的感受与体验，还关注学生个体对所经历的体育与健康学习过程的情感态度的反应与评价，关注学生在感受的基础上形成的对体育与健康意义的建构与价值内化。

（4）个别化指导。体育学科核心素养形成具有鲜明的个性色彩，换言之，它是由每一名学生在体育课程学习中获得的独一无二的感受与体验所决定的。为此，体育教师应关注每一名学生，进行个别化学习指导：了解每一名学生的独特之处，制订切实可行的学习目标及实现学习目标的路径，为不同个性、不同体育运动禀赋的学生积极主动全身心投入学习与练习提供平等安全的学习环境。

（5）和谐的师生、生生关系。体育学科核心素养的形成与体育教学的环境和氛围具有较大的相关性。体育教师在体育教学中应保持平等和谐的师生关系：师生之间、生生之间互相尊重、互相信任，尤其应尊重学生在体育教学中的主体地位和选择权。

3. 创设享受运动乐趣的活动与情境

享受运动乐趣就是在体育与健康学习中经历与体验运动带来的激情迸发、身体舒畅、精神愉悦的酣畅淋漓的过程。2018年9月10日习近平总书记在全国教育大会上指出："要树立健康第一的教育理念，开齐开足体育课，帮助学生在体育锻炼中享受乐趣、增强体质、健全人格、锤炼意志。"习近平总书记将享受运动乐趣放在与增强体质、健全人格、锤炼意志同等重要的位置上加以阐述，值得广大体育教师认真思考。无论是提升学生体育学科核心素养，还是实现增强体质、健全人格、锤炼意志的目的，前提都是学生主动积极坚持参与体育学习与体育活动，学生在享受体育运动乐趣的过程中对体育产生兴趣与爱好。从一定意义上讲，每名学生都能充分享受运动乐趣，乐此不疲地参与体育运动，才能使学生体育学科核心素养的提升真正落到实处。

（四）学科核心素养下中国健康体育课程模式的构建

中国健康体育课程模式是季浏教授和他的团队在经过十多年对国际体育课程的研究以及对国内体育课程改革的总结和反思的基础上构建的，全国有近50所学校的10万多名学生参加了本课程模式的实验，取得了显著效果。把中国健康体育课程模式落实好，有助于培养学生的学科核心素养，有助于学生身心健康、体魄强健。

1. 构建中国健康体育课程模式的目的

（1）努力解决我国青少年体质健康水平近三十年来持续下降的问题。

（2）努力纠正青少年学生在体育活动和学习生活中表现出来的意志薄弱、活力不够、缺少交往、性格孤僻、焦虑抑郁等不良心理倾向，实际上也就是要解决中国学生身心健康水平不佳的问题。

2. 中国健康体育课程模式的理念

（1）培养学生的健康意识和行为，促进学生全面发展。

（2）提高学生的运动能力，引导学生学会运动。

（3）尊重学生的学习需求，培养学生对运动的喜爱。

以上这三个理念也是针对中国学校体育教育存在的三大问题提出来的。这三大问题是：第一，中国学生的体质健康水平持续下降；第二，中国的学生上了12年的体育课，但绝大多数学生没有掌握好一项运动技术；第三，学生喜欢运动，但不喜欢体育课。

3. 中国健康体育课程模式的结构与内涵

中国健康体育课程模式由两部分组成：第一部分是总体要求，第二部分是关键要点。这两部分相互联系，相互渗透。

第一部分总体要求既符合《义务教育阶段体育与健康课程标准（2022 年版）》的精神，也符合国际体育课程发展趋势。其中，学习目标是提高体质健康水平和心理健康水平；教学内容要深受学生喜爱，能够学以致用；教学方式要求从以教为主向以学为主转变；课堂氛围强调民主平等、和谐互动、积极向上；学习评价重视过程性评价与结果性评价相结合。

第二部分从体育学科的角度提出中国健康体育课程模式有三个关键要点，只有做到了这三个关键要点，才能培养好学生的学科核心素养，才能解决中国学校体育教育存在的三大问题，才能把中国学生培养成身心健康、体魄强健的学生。所以，这三个关键要点是中国健康体育课程模式中特别强调的。

第一个关键要点——运动负荷。体育课的运动负荷包括生理负荷和心理负荷两个方面。这里探讨的是生理负荷。决定生理负荷大小的主要因素是运动密度和运动强度大小。中国健康体育课程模式所倡导的每一节课的运动密度应该在 75% 左右。75% 是什么意思呢？一堂 40 分钟的体育课，30 分钟必须是学生持续的练习活动，心率要达到 140~160 次/分钟。

第二个关键要点——体能练习。中国健康体育课程模式要求每堂体育课都要有 10 分钟的体能练习，这也是为了提高学生的体质健康水平而提出的。10 分钟体能练习需注意几点问题：第一，体能练习的手段和方法应该多样化，每一堂体育课都应该用多种方式练习体能。体能也涉及整体发展的问题，不要把其割裂开来，每堂课要练习速度、灵敏度、耐力、力量、柔韧性等，这样体能才能得到全面协调发展。第二，要注重"补偿性"体能练习，因为不同项目体能发展的侧重点不同。

第三个关键要点——运动技能。运动技能在本课程模式中不但没有弱化，而且还得到了强化，比传统的每节体育课教一个单个技术的要求更高。关于运动技能的教学，中国健康体育课程模式主要强调要让学生学习结构化的运动知识和技能，并以活动和比赛为主。什么叫结构化的运动知识和技能？以篮球课为例，一节课不能只教一个双手胸前传接球技术，传球、运球、投篮、比赛都要教才叫结构化知识和技能的教学。结构化知识和技能的学习更吸引学生，因为我们是在教他们学习一项运动。每堂课学生运动技能学练的时间应该保证在 20 分钟左右。

由此可见，中国健康体育课程模式下每一节课大体的时间分配是这样的：一堂课 40 分钟（假设），其中 10 分钟体能练习，20 分钟技能练习，还有 10 分钟教师做示范讲解、小结等。

总之，我们要明确体育教学主要是让学生参与运动，而不是学单个技术。即使教学生单个技术，也要尽快让单个技术融入整体的活动和比赛当中，以提高学生运用技术的能力。例如踢足球，要先让学生体验什么叫足球运动，然后再提高学生的单个技术。或者可以先让学生踢起来，在踢的过程当中再慢慢提高运动技术。完整的运动都还不了解，一开始就教单一的技术动作，势必单调、枯燥、乏味，学生就可能因此不喜欢足球。

4. 改变五种课堂教学形态

（1）第一种形态是军事课。体育课上军事练习的内容太多，势必导致学生的运动时间太少。稍息立正、队列练习等方面的内容不要占用大量的时间，也不必每节课都练，毕竟学生上的是体育课。

（2）第二种形态是纪律课。主要表现在课堂上教师长时间的训话以及提的要求偏多，造成课堂教学气氛紧张和沉闷。

（3）第三种形态是安全课。指学校和体育教师因担心学生受伤而不愿意让学生进行有一定运动负荷和竞争性、对抗性内容的练习，一些体育教师仅仅让学生到阳光下晒晒太阳，伸伸腿弯弯腰。本模式研究观察了大量国外的体育课，也从近50所学校10万多名学生的实验中得出了一个观点，即在循序渐进、逐步提高的情况下，在一定的运动强度和密度范围内，运动负荷越大，越不容易发生安全问题。

（4）第四种形态是说教课。体育课不是语文课，即使是语文课，现在也不提倡教师"满堂灌"，可是不少体育老师在体育课上会让学生停顿下来说教很长时间。学生的体能和运动技能水平的提高以及体育精神的培养不是老师说出来的，而是学生练出来的。

（5）第五种形态是单个技术课。如一节篮球课学习双手胸前传球，甚至三四节课连续学习双手胸前传球。比较普遍的情况是：这节篮球课学习双手胸前传接球，下节足球课学习脚内侧传球，再下一节武术课学习马步冲拳。

这五种体育课形态必须改变，我们要继承优良的东西，而不是落后的东西，落后的东西要去除。

5. 改变"三无"体育课

此外，要培养学生的学科核心素养，除改变上述的五种传统课堂教学形态以外，还要改变无运动量、无技战术、无比赛的"三无"体育课，变成有运动量、有技战术、有比赛的"三有"体育课。中国健康体育课程模式最后要达到的目标就是体格健美、体态强健、意志坚强、乐观开朗、团结合作、品德高尚，其实就是要培养学生的学科核心素养，真正解决中国学生不喜欢体育课、上了12年体育课没有掌握好一项运动技术、体质健康水平持续下降等三大问题，以及"三无"体育课问题。

第三节 体育教学原则

一 体育教学原则的概念与含义

（一）体育教学原则的概念

体育教学原则是教师在体育教学中必须遵循的准则，是体育教学实践经验的概括和总结，是保持体育教学性质的最基本因素，是判断教学质量的基本标准。因为体育教学原则是根据人们对体育教学规律的认识而制定的，所以体育教学规律也受到人们认识水平的制约。随着人们认识的不断深入和全面，体育教学原则将会不断发展完善。

（二）体育教学原则的含义

体育教学原则具有以下三层含义：

（1）体育教学原则是体育教学要求中最基本的内容。

（2）体育教学原则最具有体育教学的特征。

（3）实施体育教学时必须首先遵循体育教学原则。

二 体育教学原则的作用

（一）体育教学原则是更加明确的教学要求

体育教学原则，作为体育教学规律的具体体现，是对体育教学工作的最核心的要求。以体育教学原则来体现的教学要求，具有很强的概括性、集约性，也更加生动和准确，各级教学指导单位可以依据体育教学原则向教学的实施者提出明确的要求。可以说，体育教学原则是对体育教学工作的最基本要求。

（二）体育教学原则是教师进行教学工作的思路

体育教学过程中，教师涉及的工作很多，有对教学内容的选择与安排，有对学生的调动与管理，有对教学条件的准备与优化，有对教学情景的组织设计，但只要教师把握好体育教学原则，就会有明确的工作准则和思路，体育教学质量就得到了基本保证。如果违背了体育教学原则，就会降低体育教学效果，就会劳而无功。

（三）体育教学原则是观察体育教学的视角

体育教学原则是对体育教学工作的最基本要求，一般来说，遵循体育教学原则的教学工作会呈现出合理的外部特征。因此，我们以体育教学原则为视角来观察体育教学的外部特征，从而来评价体育教学的合理性。

（四）体育教学原则是评价体育教学的标准

评价体育教学牵涉到方方面面的内容，在实践中还经常出现不同的意见和看法，但只要从公认的体育教学原则方面来进行评价，就会有清晰和简明的标准。

三　体育教学基本原则

（一）合理安排身体活动量原则

合理安排身体活动量原则是指在体育教学中不仅要体现体育教学的本质特点——身体活动性，还要使学生身体所承受的运动负荷有效、合理，能够满足学生锻炼身体和掌握运动技能的需要。

合理安排身体活动量原则包括以下四点。

1. 身体活动量的安排服从体育教学目标

合理安排身体活动量是为了实现特定的身体锻炼和技能掌握的体育教学目标，不是为活动量而运动。身体活动量的科学与否也关系到教学目标的实现与否。教师既不能忽略活动量对实现体育教学目标的决定性作用，也要考虑到每种特殊课型需要，不能一味追求同样的活动量。

2. 身体活动量的安排服从学生的身体发展状况与发展需要

身体活动量的科学性既体现在对学生身体的发展性上，也体现在对学生身体的无伤害性上，而这些都取决于学生的身体发展情况。教师要合理地安排身体活动量，就必须了解学生身体发展各个阶段的特点，了解学生身体发展的科学原理，熟悉各个运动项目的特点等。

3. 通过科学的教程和教法设计来合理地安排身体活动量

体育运动项目中的身体练习多种多样，其活动量、运动强度的大小也各不相同，因此在选择体育教学内容时，要考虑到活动量的问题，并在此基础上进行合理的搭配。教学过程中的各个阶段有着不同的任务和特点，因此，还要根据不同阶段的特点来合理安排活动量。

教法是调节活动量最方便的手段。根据教学实际情况，随时调整活动量和运动强度是必要的，如通过练习方法顺序的改变、练习数量的改变、分组的改变、运动强度的改变等方式调整活动量都是很好的方法。

4. 因人而异地安排活动量

在体育教学中安排活动量，首先要考虑学生的整体情况，然后要因人而异进行调整。教师要根据学生的身体强弱等具体情况来安排活动量的多少，要把整体要求和区别对待结合起来。

（二）注重体验运动乐趣原则

体育是学生的一种学习活动，他们只有在不断地体验到运动和学习的乐趣时，他们的学习动机才能得以充分调动和不断维持。身心愉悦的体育学习才是高质量的体育学习。

注重体验运动乐趣原则包括以下三点。

1. 要正确理解和对待学生运动中的乐趣

一般来说，每一个体育项目都有其独特的乐趣，这些乐趣来自该项目特有的运动和比赛特征，我们必须正确理解和对待这些乐趣，既不能无视它们的存在，也不能盲目地去追求，要从"目标"和"手段"两个层面去理解运动中的乐趣。

2. 多从学生的立场去理解教材

教师和学生有时对运动的理解并不相同，教师往往从"知识""教育"和"传授"的角度去看待教材，而学生往往从"玩儿""乐趣"和"挑战"的立场来看待教材，这就需要教师在教学过程中把"体育学习"和"体验乐趣"紧密结合起来。

3. 让每个学生不断获得成功的体验

体育是与学生身体条件密切相关的学习活动，而学生的身高、体重、运动能力等由于遗传因素的影响，有着很大的差别，故有一部分学生在集体的体育活动和学习中很容易体验到"挫折感"。这就要求教师要灵活改变教学方法（如改变比赛的条件、规则等），让每个学生都有机会体验到成功的乐趣。

（三）促进运动技能不断提高原则

促进运动技能不断提高，是指在体育教学中不断提高学生的运动技能，提高学生的运动成绩，实现有效的体育教学。

促进运动技能不断提高原则包括以下四点。

1. 正确认识运动技能提高在体育学习中的重要意义

掌握运动技能是学生锻炼身体、发展运动素质以及体验运动乐趣和掌握体育锻炼方法的前提。体育教师要充分认识运动技能提高在体育学习中的重要意义，认真做好运动技能教学，不能在运动技能教学上蜻蜓点水或低级重复，不能让学生在经历 12 年的素质教育后，对运动技能一无所获。

2. 明确运动技能学习的目的，有层次地掌握运动技能

学生学习、掌握运动技能和提高技能水平，主要是为了娱乐和健身，因此，体育教学中的

运动技能传授要树立健康第一和为学生终身体育服务的思想，要围绕较好地掌握一至两项常用的运动技能、初步掌握多项运动技能、掌握基本的锻炼身体的运动技能、体验一些运动项目等不同运动技能的目标展开教学，有层次和分门别类地让学生掌握他们终身体育所需要的运动技能。

3. 钻研学理和教法，提高教学质量

要让学生很好地掌握运动技能，就必须让他们理解运动技能所要掌握的规律，特别是在体育教学条件下的运动技能所要掌握的规律。体育教学的时间相对有限，教学场地和器材有限，而学生人数较多，这些条件与运动员训练的条件相差甚远，因此，我们必须研究体育教学中运动技能提高的途径和规律，这就是学理研究和教法研究，是提高体育教学质量的前提和保证。

4. 创造提高运动技能的环境和条件

让学生较好地掌握运动技能，还必须创造良好的技能学习条件。其中包括教师自身的运动技能水平、教学技能水平的提高，以及对场地器材的设置和教学环境的优化，还包括教师对学生集体活动的组织及学生间相互交流、相互评价等活动的开展。

（四）在集体活动中进行集体教育原则

在集体活动中进行集体教育原则是指在体育教学中要充分发挥集体运动的作用，在集体特别是小群体的自主性活动中对学生进行集体教育，培养学生正确的集体意识和良好的集体行为。

在集体活动中进行集体教育原则包括以下四点。

1. 分析、研究和挖掘体育活动和体育学习中的集体要素

体育活动和体育学习中的集体要素很丰富，如集体要素中的"共同的目标""团队的意识""领导核心""职责的分担""规则的建立""共同的活动""共同的活动场"都存在，而且都有充分的体现。体育教师应该加强对这些因素的关注和研究，把这些要素有目的、有意识地组织到学生的集体活动和体育学习中，为学生的集体意识和集体行为的培养打下基础。

2. 善于设立集体学习的场景

集体学习场景的设立主要依据两个前提条件，一个是共同学习的课题，一个是共同学习的平台。

共同学习的课题跟每名学生相关，它可能是一个需要解答的难题，也可能是一个关键的技术和战术学习，也可能是需要毅力或智力的练习课题，也可能是一场关系到小群体荣誉的比赛等。这些课题的提出是凝聚学生集体意识并产生集体行为的关键因素。

共同学习的平台就是小群体的组织构成和组织形式，它不单是一个简单的分组，也不是几个人一起的简单行为，它是建立在"共同的目标""团队的意识""领导核心""职责的分担""规则的建立""共同的活动""共同的活动场"等集体要素基础上的实在体。共同学习的平台是学生集体意识和集体行为培养的载体和依托。

体育教学要在集体活动中贯彻集体教育原则，就必须通过研究挖掘那些有意义的与运动技能教学联系紧密的集体共同学习的课题，通过教学组织与方法的改进有意识地形成各种有效的集体共同学习平台，这样，集体教育才能落到实处。

3. 开发有助于集体学习的教学技术和手段

体育教学要在集体活动中贯彻集体教育的原则，还必须有集体教育的技术和手段的支撑。现在国内外的体育教学中已经开发出有利于学生在集体内交流的许多教学技术和手段，如形成团队凝聚力的方法、集体讨论的形式等。而教学手段则主要体现在组内互动的媒介——学习卡片的开发和运用上。这些特殊的教学技术和手段为在体育教学中贯彻集体教育原则提供了技术上的保证。

4. 处理好集体教育和个性发展之间的关系

体育教学既要在集体活动中贯彻集体教育的原则，还要注意发挥学生的个性。学生的个性发展和集体教育本是相辅相成的。良好的个性体现应是在集体的道德共识和集体的行为规范内的个体创新，而集体也应是包含了各种被允许的个人思想和行动自由的群体集合。不能一谈集体教育就否定那些合理的个性化的思想和行为，更不能一谈个性发展就纵容那些有悖于集体利益的不合理思想和行为的存在，要把集体教育和个性发展有机地结合在集体的活动和学习中。

（五）因材施教原则

因材施教原则是指在体育教学中，要贯彻面向全体学生的精神，根据每一个学生的具体情况，实施各不相同的、有针对性的教育，使每一位学生的运动技能和身体健康都能在各自的基础上得到充分的发展。

因材施教原则包括以下五点。

1. 深入研究和了解学生

在体育教学中，要贯彻因材施教的原则首先要了解学生的个体差异，这样才能为因材施教做好准备。教师可通过问卷调查、查阅资料、观察和访谈等方法，了解学生在身体条件、兴趣爱好和运动技能等方面存在的个体差异，在此基础上分析研究区别对待的策略，同时还要用发展的观点来对待学生的个体差异。

2. 正确看待并引导学生客观对待个体差异

在体育教学中要贯彻因材施教的原则，必须正确看待并引导学生客观地对待个体差异。第一，教师自己不能歧视身体和运动技能较差的学生；第二，教师也不能偏爱体育基础比较好的学生；第三，教师要让学生理解，人在各个方面存在差异是很正常的，特别是在身体和运动技能方面，人的个体差异也许会更加明显。教师引导学生不能因这些差异而沮丧或自满，要学会用发展的观点来看待个体间的差异，引导学生互相帮助、互相学习、互相评价。这样的活动和教育，使师生共同具有正确对待个体差异的认识和行为。

3. 通过各种体育教学组织形式，创造因材施教的条件

在体育教学中，教师要采用多种教学组织形式来因材施教，如采用不同类型进行"等质分组"（按体能、身高、体重、技能水平等分组），对身体条件和运动技能相对较差的同学单独分组，而对身体条件和运动技能较好的学生，则要为他们的进一步发展创造条件，并提出更高的要求，从而保证全体学生都有进步，使每个学生都能体验到学习和成功的快乐。

4. 采用各种体育教学方法因材施教

有些体育教学的场合是不能采用"等质分组"来解决区别对待问题的，因此还要运用各种教学方法来因材施教，如学生自己设定练习目标，就能使每个学生拥有自己的挑战目标，实现自己的突破，还能与强手一起同场竞技。

5. 把因材施教与统一要求结合起来

统一要求面向多数学生，而因材施教则面向全体学生。统一要求和因材施教，都是达成体育教学目标的手段，在教学中应将统一要求与因材施教结合起来，二者不可偏废。

（六）安全运动和安全教育原则

安全运动与安全教育原则是指在体育教学中，要使学生安全地从事运动，并对学生进行安全运动的教育。

安全运动和安全教育原则包括以下两点。

1. 教师必须全面考虑所有可预测的危险因素

经过长期的体育教学实践的总结，一般来说体育教学中的绝大多数危险因素都是可以预测的。比如因学生的思想态度产生的危险因素，如莽撞行事、擅自行事、准备活动不充分等。还有因学生身体等原因产生的危险因素，比如学生力量较弱，而动作难度偏大；学生对学习的运动技术不熟悉；教学中缺乏必要的保护和帮助等。还有因场地器材和特殊的天气而产生的危险因素等。因此，针对这些危险因素，体育教师在课前必须逐一地进行思考和检查，排除一切可以消除的潜在的危险因素。

2. 加强对学生进行安全运动的教育

要在体育教学中贯彻安全运动与安全教育原则，就必须有广大学生的密切配合。教师和学生都要有一定的安全意识，同时体育教师要重视和加强对学生进行安全运动的教育。在教学中要专门讲解安全的知识和要领，教会学生互相帮助的技能；要建立相关的运动安全制度，限制那些危险部分的教学内容和教学手段；对于一些比较容易发生危险的体育设施，要安装必要的保护装置和警示标志，警示学生在自主性练习时学会防范危险。在体育教学中要安排负责安全的学生干部，还要充分利用体育骨干和其他学生干部共同防范危险，共同确保全体同学的运动安全。

—本章知识结构导图—

体育课程概述 {
　体育课程的概念和特性 {
　　体育课程的概念及作用
　　体育课程的特性
　}
　体育课程改革 {
　　体育课程改革的基本理念
　　学科核心素养背景下体育课程改革与发展
　}
　体育教学原则 {
　　体育教学原则的概念与含义
　　体育教学原则的作用
　　体育教学基本原则
　}
}

知识点检测

1. 体育课程改革的基本理念是什么？

2. 如何正确理解体育学科核心素养的内涵？

3. 体育教学基本原则有哪些？

参考答案

第二章

小学体育课程目标与内容

 学习目标

+ 理解小学体育课程的性质、课程设计思路；
+ 理解体育课程目标体系是怎样构成的；
+ 理解小学体育课程不同水平的学习目标；
+ 能够按照水平目标合理地选择教学内容。

 案例导入

模仿各种动物跳[①]

小学生特别喜欢聪明可爱的小猴子，李老师在体育课开始时，利用"小猴到森林里学小动物跳"的情景引入，并带领"小猴"随着音乐节拍来到"森林"，让学生有一个身心适应的过程。

问题导入：森林中都有什么动物？学生回答有小兔、袋鼠、青蛙等。

随后，学生根据自己看到的小动物跳跃动作做模仿跳，再分小组进行组内合作练习，并在合作的过程中不断讨论、尝试（练习本领），然后再分析比较哪种办法最好，小组成员用选定的办法再练习。在学会一种动物的跳跃动作后，学生进行模仿表演。

接下来在分组练习基础上，学生以游戏的方式分组轮流交换场地模仿其他动物的动作，挑战其他动物的模仿跳跃高手，整个教学在欢乐的氛围中进行；随后教师将教学情境切换到"摘运果子"游戏，最后，采用"欢庆丰收"的方式进行放松，使学生身心逐渐恢复正常。

[①] 本案例改编自由全国中小学体育教学指导委员会组编的《全国中小学体育与健康课优秀单元教学计划选编——水平二》第 13 页，人民体育出版社 2011 年 8 月出版。

以上教学案例选用的教学内容是模仿各种动物跳跃的动作，如小兔跳、袋鼠跳、青蛙跳等，以激发学生学习的兴趣，让学生乐于学习，在学练中受到教育。本案例是水平一（2 年级）《跳跃》单元教学的第一课时，是为进行跳跃动作学习做铺垫的。本案例依据课程标准的水平一的目标要求，选择的教学内容贴近学生生活和学习的实际，符合学生的身心发展和认知规律；通过情景导入—积极参与—自主学习—获得成功的教学过程，设计学生感兴趣的教学情境，不断激发学生学习兴趣，调动学生参与的积极性和主动性，较好地体现了"健康第一"的指导思想，并注重学生的主体发展，增进了学生之间和师生之间的情感。

本案例教学设计的指导思想符合课程标准的要求，以学生为主体，确保学生有足够的自主学习的空间；同时，全力为学生创设良好的合作学习的氛围，使他们敞开心扉，在合作中发挥特长，展示自我，在交流中培养情感，在竞争中凝聚团队精神。本案例的成功之处正是教师能够准确地把握水平一的目标要求，在目标统领下合理选择教学内容，并精心设计教学活动。

第一节　体育与健康课程标准概述

2001 年，教育部颁布了《全日制义务教育普通高级中学体育（1~6 年级）体育与健康（7~12 年级）课程标准（实验稿）》（以下简称《课程标准（实验稿）》）。《课程标准（实验稿）》是国家整个基础教育课程改革的一个重要组成部分，是由国家教育部颁布的关于中小学体育课程的指导性文件。它规定了中小学体育课程的性质、目标、内容标准和评价等，体现了国家对中小学在体育课程方面的基本要求，是课程管理和评价的基础，也是教材编写以及教学与评价的依据。《课程标准（实验稿）》的颁布意味着我国中小学体育课程的改革进入了崭新的阶段，将使我国中小学体育课程发生史无前例的巨大变化。

在逐步推进与深化基础教育体育改革的基础上，教育部自 2003 年起启动《课程标准（实验稿）》的修订工作，2011 年教育部颁布了《义务教育体育与健康课程标准》。经过了十年的实践，2022 年 4 月，教育部颁布了《义务教育体育与健康课程标准（2022 年版）》（以下简称《课程标准（2022 年版）》）。《课程标准（2022 年版）》贯彻落实立德树人的根本任务和坚持"体育育人"课程属性，以坚持"健康第一"、落实"教会、勤练、常赛"等为基本课程理念，以发展运动能力，形成健康生活方式及养成良好体育品德为课程目标，体现了体育与健康课程对于青少年学生体育核心素养的构建。《课程标准（2022 年版）》在总结我国体育与健康课程改革的经验的同时，借鉴和吸收了国际先进教育理念，充分体现了思想性、时代性、科学性和指导性的特点。下面就课程标准的几个主要特征作简单的介绍和阐述。

一   课程性质

　　体育与健康教育是实现儿童青少年全面发展的重要途径，对于促进学生积极参与体育运动、养成健康生活方式、健全人格品质，提升国民综合素质，推动社会文明进步，建设健康中国和体育强国，实现中华民族伟大复兴具有重要的现实和长远意义。

　　义务教育体育与健康课程以身体练习为主要手段，以体育与健康知识、技能和方法为主要学习内容，以发展学生核心素养和增进学生身心健康为主要目的，具有基础性、健身性、实践性和综合性等特点，是学校教育的重要组成部分，对促进学生德智体美劳全面发展具有非常重要的价值。

二   课程目标

　　课程目标是指导整个课程编制过程最为关键的准则。体育与健康课程目标是课程体系的重要组成部分，是指学生通过体育与健康学习所要达到的预期的学习结果，是体育与健康教学的出发点和归宿。它决定着课程教学的方向与过程，是设计体育与健康教学活动、选择体育与健康教学内容、选用体育与健康教学方法、采用体育与健康教学组织形式、评价体育与健康教学质量的重要依据。体育与健康课程目标，对学生的学和教师的教具有重要的导向和激励作用。

　　《课程标准（2022年版）》中提出的课程目标，包括运动能力、健康行为和体育品德三个方面，以及水平一到水平四四个阶段的目标要求，是体育教师正确实施体育与健康教学的基础与前提。总体而言，课程标准主要根据课程目标划分不同学习目标，根据学习目标划分不同水平目标，从而构成了课程目标、学习目标、水平目标三个递进的目标体系。

　　体育与健康课程的总目标是：通过课程的学习，学生将掌握与运用体能和运动技能，提高运动能力；学会运用健康与安全的知识和技能，形成健康的生活方式；积极参与体育活动，养成良好的体育品德。

 三   课程设计思路

（一）强化育人导向、聚焦体育核心素养

　　《课程标准（2022年版）》基于义务教育培养目标，将党的教育方针具体细化为课程着力培养的核心素养，体现正确的价值观、必备品格和关键能力的培养要求。通过培养学生的运动能力、健康行为和体育品德三个方面的核心素养来实现体育教育的目的。课程标准聚焦学生体

育核心素养的培养有助于落实立德树人的根本任务和"健康第一"指导思想，体现了课程标准"以体育人"的本质特征。

（二）根据学生身心发展的特征划分学习水平

根据学生身心发展的特征来确定不同年龄阶段学生的学习任务是一切课程在具体设计时首先要考虑的问题。与心理和智力发育相比，青少年在身体发育方面表现出更大的个体差异性，这种差异性更加不易受社会和环境因素的影响。如果只是机械地按照学生的自然年龄来确定学生的学习任务，按绝对的运动技能水平去要求和评价每位学生的体育学习，那么势必会造成学生学习差距的扩大，这种差距不但不能真实全面地反映学生的身体发育和体育学习状况，而且不利于学生良好的体育与健康行为习惯的养成。因此，体育与健康课程根据学生身心发展规律和体育学习的特点，将义务教育阶段体育与健康课程学习划分为四个水平，并在运动参与、运动技能、身体健康、心理健康与社会适应四个方面分别设置了相应的学习目标。水平一至水平四分别对应义务教育阶段 1~2 年级、3~4 年级、5~6 年级和 7~9 年级。

（三）根据可评价的原则，设置可操作和可观测的学习目标

体育与健康课程的学习结果主要表现在学生身体（形态、体能和技能）和行为（兴趣、爱好、习惯和良好心态以及社会协调能力等）方面发生的积极变化。这些变化都应该以可观察可操作的方式进行评价。这是确保课程目标和任务落到实处的关键。因此，为了确保学习目标的实现和学习评价的可操作性，所设置的学习目标必须是具体的、可观察的，在心理健康与社会适应学习方面也是如此。

（四）根据三级课程管理的要求保证课程内容的可选择性

1. 对教学内容的选择做了更为灵活的处理

《课程标准（2022 年版）》在确立课程目标体系和课程内容的基础上，提出了具体教学内容的选择原则，对教学内容的选取做了灵活的处理，使教学内容的选择有更大的自由度和灵活性。

2. 为学生奠定扎实的运动基础

根据《课程标准（2022 年版）》的要求，1~6 年级学生的学习内容比较多，要为学生奠定扎实的运动基础。各地区和学校制定具体的课程实施方案和教学计划时，应从师资队伍、场地器材、学生体育基础等方面的实际出发，选编适宜的教学内容。农村学校体育基础相对比较薄弱，应特别注意开发与利用各种实用的课程资源，确保课程的正常实施。

（五）根据课程学习目标和发展性要求，建立多元的学习评价体系

《课程标准（2022 年版）》力求突破过去那种只注重终结性评价而忽视过程性评价的状况，提出了强化评价的激励发展功能，淡化甄别、选拔功能的基本原则，并根据这样的原则，对课程评价提出相应的建议。体育与健康课程建立了有利于学生进步与发展的多元学习评价体

系，要求对学生的体能、知识与技能、态度与参与、情意与合作进行综合评价，提倡在以教师评价为主的基础上，引导学生进行自我评价和相互评价。采取形成性评价与终结性评价相结合，提高学生体育学习和锻炼的主动性、积极性和自我评价能力。

四　课程内容

《课程标准（2022 年版）》课程内容的主要变化体现在以下几个方面。

《课程标准（2022 年版）》使用基本运动技能的概念，将基本运动技能划分为移动性技能、非移动性技能、操控性技能；发展学生技术含量小的一般身体活动能力，为后续的体能练习和专项运动技能学习奠定良好的基础；强调主要在小学低年级进行专门学练，到了小学中高年级和初中则不再进行专门学练，而是渗透在体能和专项运动技能学练中，并不断运用和提高。

《课程标准（2022 年版）》将体能作为独立的课程内容，按照心肺耐力、肌肉力量、肌肉耐力、柔韧性、身体成分、反应能力、位移速度、协调性、灵敏性、爆发力、平衡能力进行划分。其主要的原因包括：一是我国许多的相关教材、著作和文章都早已使用 11 种体能的概念，国际上近几十年来在学校体育和大众健身领域中也常用 11 种体能练习的概念；二是课程标准的价值追求是增进学生身心健康，而国际上的体育运动大多将心肺耐力、肌肉力量、肌肉耐力、柔韧性、身体成分划分为与健康密切相关的体能，将反应能力、位移速度、协调性、灵敏性、爆发力、平衡能力划分为与竞技成绩密切相关的体能；三是《普通高中体育与健康课程标准（2017 年版）》已经使用 11 种体能的概念，《课程标准（2022 年版）》应该与其在概念和内涵上保持一致。

《课程标准（2022 年版）》将专项运动技能划分为球类运动、田径类运动、体操类运动、水上或冰雪类运动、中华传统体育类运动、新兴体育类运动六类运动，而且为每类运动提供了三个运动项目及其内容要求作为典型案例。每类运动包括总体内容要求，每个运动项目包括具体内容要求。《课程标准（2022 年版）》提倡学校应根据多数学生的兴趣和需求，从每一类运动中至少选择一个运动项目进行教学，主要目的是引导学生体验不同种类的运动项目的学习乐趣。

《课程标准（2022 年版）》加强了健康教育教学，并将健康教育作为独立的、完整的课程内容予以呈现。健康教育的课程内容不仅包括与运动有关的课程内容，而且包括一般性的健康教育课程内容，主要从健康行为与生活方式、生长发育与青春期保健、心理健康、疾病预防与突发公共卫生事件应对、安全应急与避险五个领域来构建。根据要求，体育与健康课程承担健康教育的主体责任。总之，加强健康教育教学有助于学生形成正确的健康认知，掌握维护健康的技能，养成健康和安全的生活方式。

义务教育阶段体育与健康课程的内容主要包括了基本运动技能、体能、健康教育、专项运动技能和跨学科主题学习。同时根据课程的四个水平目标设置相应内容。针对水平一目标专门设置基本运动技能的课程内容，为体能和专项运动技能学练奠定基础；针对水平二、水平三、水平四目标，分别设置体能和专项运动技能的课程内容。健康教育和跨学科主题学习贯穿整个义务教育阶段，其中健康教育由体育与健康、道德与法治、生物学、科学等多门学科共同承担，体育与健康是落实健康教育的主要课程。

五 课程实施

课程实施是此次课程改革的核心环节。教师能否按新的课程标准有效地使用教材，能否根据学生的发展水平和现有的环境条件实现课程目标，是课程改革成败的标志。在体育课上对课程标准的落实，不仅需要体育教师认真研读《课程标准（2022年版）》和教材，开放有关的课程资源，还需要教师通过学习新课程标准来形成新的课程理念，掌握新课程教学管理的模式、方法、组织和策略。

体育课程教学
实施建议

（一）教学建议

1. 设置学习目标

学习目标是由水平目标、学年目标、学期目标、单元目标、课时目标组成的完整体系。体育与健康课程的学习目标应充分体现知识与技能、过程与方法、情感态度与价值观三维目标的思想，强调运动参与、运动技能、身体健康、心理健康与社会适应四个方面目标的有机整合，充分体现体育与健康课程的多种功能和价值。教师应结合实际，将课程目标具体化，提高目标的可操作性，有计划、有步骤地促进学习目标的达成。具体学习目标一般应该包括条件（在什么情境中）、行为（做什么和怎么做）和标准（做到什么程度）三个部分。

2. 选择和设计教学内容

选择和设计教学内容应体现"目标引领内容"的思想。教师应根据体育与健康课程的目标，认真分析教材，选择和设计教学内容，提高学生的运动技能和体能水平，加强学生健康维护的意识，促进学生身心协调发展。

选择和设计教学内容应符合学生身心发展的特点。教学内容的选择和设计要充分考虑不同学段学生的体育与健康学习基础、身体特征发展敏感期和心理发展特点等，提高教学内容的针对性。

选择和设计教学内容应充分考虑学生的运动兴趣与需求。教学内容的选择和设计应以学生喜闻乐见的运动项目为重点，并与学生已有的体育经验和生活经验相联系，激发与培养学生的运动兴趣，调动学生学习的积极性。

选择和设计教学内容应结合教学实际条件。教学内容的选择和设计要充分考虑场地与设施条件、气候等具体情况，因时、因地开展体育与健康教学。选择和设计教学内容应重视健康教育，根据实际情况，充分考虑雨雪等天气，保证每学年开展一定课时的健康教育课程。

3. 选择与运用教学方法

在体育与健康课堂教学中，教学方法要根据学习目标、教学内容、学生实际、体育与健康课程资源等进行选择与合理运用，促进学生体育与健康的知识与技能、过程与方法、情感态度与价值观的整体发展，充分发挥体育促进学生全面发展的重要作用。

选择与运用教学方法应针对不同水平学生的身心发展特点，遵循不同内容的教学规律与要求，进行有针对性和实效性的教法与学法创新，调动学生体育与健康学习的积极性。

选择与运用教学方法应创设民主、和谐的体育与健康教学情境，有效运用自主学习、合作学习、探究学习与传授式教学等方法，引导学生在体育活动中，通过体验、思考、探索、交流等方式获得体育与健康的基础知识、基本技能和方法，培养应对问题、交往合作等能力，开展富有个性的学习，不断丰富体育活动经验，学会体育学习和锻炼的方法。

选择与运用教学方法应高度重视学生之间的个体差异，在体育与健康教学中做到区别对待、因材施教，特别要关注体育基础较差的学生，有针对性地采用相应的教学方法，提高他们的自信，促进每一个学生更好地发展。

（二）学习评价建议

体育与健康学习评价是促进学生达成学习目标的重要手段。《课程标准（2022 年版）》倡导体育与健康学习评价以多元的内容、多样的方法、多元的评价标准和评价主体，构成科学的体育与健康学习评价体系，多方面收集评价信息，准确反映学生的学习情况，充分发挥评价的诊断、反馈、激励与发展功能，更有效地挖掘每一位学生的体育与健康学习潜力，调动他们的体育与健康学习积极性，促进学生更好地学和教师更好地教。

1. 合理选择体育与健康学习评价内容

评价内容的选择应围绕核心素养展开。评价的主要内容包括三个方面：第一个方面是运动能力的发展，包括基本运动能力、体能、运动技能的提高程度、运用所学体育知识与技能解决实际问题的能力在展示或比赛中的表现等；第二个方面是健康行为的形成，包括体育锻炼情况、所学健康知识与方法掌握的程度、运用所学健康知识与技能解决实际问题的能力、情绪调控与环境适应能力、健康意识与行为习惯的养成等；第三个方面是体育品德的养成，包括学练、展示或比赛中表现出的体育精神、体育道德和体育品格等。

2. 采用多样的体育与健康学习评价方法

本标准强调各校根据学习目标的基本要求，结合各校的体育与健康教学实际，运用多样的评价方法，全面、综合地评价学生的体育与健康学习情况。学习评价既要注意评价的科学、公正、准确，保证评价结果的可信度和有效性，又要注意评价的简便、实用和操作性，制定出符合各校实际的体育与健康学习评价标准。学习评价能够调动学生学习的主动性和教师教学的积极性，充分发挥育人功能。

学习评价主要采取以下两种方式。

第一，定性评价与定量评价相结合。对体能、知识与技能指标应主要采用定量评价的方法（如等级制评价、分数评价等），对态度与参与、情意与合作指标应主要采用定性评价的方法（如评语式评价等）。对水平一的学生应主要采用评语式评价；对水平二和水平三的学生可以采用评语式评价和等级制评价相结合的方式；对水平四的学生以等级制评价为主，结合评语式评价进行综合评价。

第二，形成性评价与终结性评价相结合。在体育与健康教学中，教师应注意观察与记录学生的行为表现，用口头评价的方式，及时向学生反馈评价信息，帮助学生了解自己的学习情况并改进学习方法，不断提高学习能力。在对学生学期或学年的学习成绩进行评价时，教师应综合学生在体能、知识与技能、态度与参与、情意与合作方面的学习情况和发展变化，以及期末测试成绩，进行终结性评价，给出综合成绩，写出评语，将评价结果反馈给学生并放入学生的成长记录袋中。最后，在对学生的体育与健康学习成绩进行班级汇总时，建议教师将每学期结束时的测试结果、学生在每学期体育与健康学习各方面的进步成绩（进步成绩＝期末成绩－期初成绩），以及教师的课堂教学记录结合起来，对相应的评价指标（如体能、知识与技能指标等）进行综合评价，使每一个学生都能感受到通过努力获得进步所带来的成功体验，有效地增强每一个学生的自尊和自信。

3. 发挥多方面评价主体的作用

为了更好地发挥学习评价的作用，既要采用教师评价，也要关注学生的自我评价和相互评价，并努力发挥其他有关人员的评价作用。

教师在体育与健康学习评价中起主要作用。教师的评价具有很强的权威性，须尽力做到全面和准确。教师要用发展的眼光来评价学生，以表扬和激励为主，并提供尽可能多的具体反馈以及改进与提高的建议。教师还应充分调动学生参与体育与健康学习评价的主动性和积极性。学生评价的方式有自评、互评和小组内评价等。教师应加强对学生评价的指导，提高学生正确评价自己和他人的能力。学生的体育与健康学习还需要得到各方面人士的支持和鼓励。建议让班主任和家长等参与到学生体育与健康学习的评价中来，他们的评价可以作为学习评价的参考。

4. 合理运用体育与健康学习评价结果

教师应及时将评价结果反馈给学生，与学生一起判断体育与健康学习目标的达成程度，分析体育与健康学习的进步与不足，帮助学生改进体育与健康学习方法，不断取得进步，增强自信心，提高体育与健康学习兴趣，养成良好的锻炼习惯和生活方式。

第二节　水平一(小学 1~2 年级)体育课程目标与内容

一　水平一（小学 1~2 年级）课程目标

水平一（小学 1~2 年级）体育课程有 20 个具体学习目标，可在两学年的时间内完成（表 2-1）。

表 2-1　水平一（小学 1~2 年级）具体学习目标

序号	水平一（小学 1~2 年级）具体学习目标
1	积极愉快地上体育与健康课，参加课外体育活动，主动积极地完成学习任务
2	知道所学运动项目和体育游戏的名称或动作术语
3	体验运动过程并初步了解一些运动现象
4	做出基本的身体活动动作
5	初步学会常见的球类游戏
6	学习一些体操类活动的基本动作
7	学习一些游泳和冰雪类活动的基本动作
8	学习一些武术活动的基本动作
9	学习一些其他简单的民族民间传统体育活动项目的基本动作
10	知道基本的安全运动知识和方法，注意体育活动和日常生活中的安全
11	初步了解饮食、用眼、口腔等方面的个人卫生常识
12	知道正确的身体姿态
13	在日常生活和运动中注意保持正确的身体姿态
14	完成多种柔韧性练习
15	完成多种灵敏性练习
16	学生能够乐于参加户外运动
17	认真完成体育学习和锻炼任务
18	学生能够体验体育活动中的情绪变化
19	学生能够在新的合作环境中愉快地进行体育活动和体育游戏，和同学友好相处
20	学生能够在体育活动中表现出对同学的关心和爱护，乐于帮助同学

二　水平一（小学1~2年级）学习内容分析

依据水平一（小学1~2年级）的体育课程目标，结合学生身心特征，小学1~2年级学生的学习内容主要包括活动性游戏和基本活动。活动性游戏是指比较简单的、能够促进身体大肌肉群发展的模仿性、表现性的游戏。基本活动则包括队列练习，走、跑、跳、投等练习。

（一）活动性游戏

活动性游戏是小学低年级学生十分喜爱的教学内容和形式，在增强学生的身体素质、提高学生的心理健康水平、促进学生与同伴之间的交往、发展学生智力等方面具有很重要的作用。

小学低年级活动性游戏是由一定的情节、活动方式、规则和结果构成的虚拟性的群体性活动。在体育教学过程中，很多的身体练习，如身体姿势练习、基本体操、简单的舞蹈、韵律活动，各种走、跑、跳、投、攀爬练习等都可以采用游戏方式进行。如球类游戏就是1~2年级学生非常喜爱的一类体育游戏。

（二）基本活动

基本活动是一些最简单的身体基本活动和生活中所需要的实用性动作技能，如队列队形练习、基本体操练习，走、跑、跳、投、攀爬练习，简单的舞蹈、韵律活动等。1~2年级基本活动的教学任务，主要是使学生掌握各种基本动作。培养学生正确的身体姿态，发展身体基本活动能力，培养合作团结友爱的品质。

基本活动中，走主要是脚的着地动作，上下肢配合，有利于良好身体姿态的培养。跑主要是通过各种形式的自然跑，初步掌握自然奔跑的方法和正确的跑姿，发展学生自然奔跑的能力。跳跃主要是一些简单的单脚、双脚跳跃练习和基本的跳跃方法。投掷主要是一些简单的自然投掷动作，包括左右肢体的单手投、双手投。滚翻主要是最基础的接近生活的滚动、滚翻动作，以发展学生的柔韧、灵敏素质，提高学生在滚翻时控制身体平衡的能力。韵律活动和简单舞蹈主要包括在音乐伴奏下的韵律活动、模仿动物的简单舞蹈动作等。

三　水平一（小学1~2年级）课程目标与学习内容选择的关系

（一）体育教学目标是基本依据

体育教学目标是选择体育教学内容和开展体育教学活动的基本依据，1~2年级学生的学习内容应根据水平一的体育教学目标进行选择。

（二）水平一（小学1~2年级）课程目标与学习内容选择的关系（表2-2）

体育学习内容是实现体育教学目标的载体，在选择体育教学内容时，应始终明确体育教学目标，并将教学目标贯穿于整个体育教学过程中。

表 2-2　水平一（小学 1~2 年级）课程目标与学习内容选择的关系

学习方面目标	水平目标	具体学习目标	学习内容选择
参与体育学习和锻炼	上好体育与健康课，并积极参加课外体育活动	积极愉快地上体育与健康课，参加课外体育活动，主动积极地完成学习任务等	1. 有趣的运动游戏：发展学生反应能力、灵敏性、协调能力的体育游戏 2. 有趣的体育课
学习体育运动知识	获得运动的基本知识和体验	1. 知道所学运动项目和体育游戏的名称或动作术语 2. 体验运动过程并初步了解一些运动现象	1. 跑步、篮球、乒乓球、游泳等运动项目的名称，以及滚翻、仰卧起坐等常见身体运动动作的名称或术语 2. 体验速度、节奏、力量、方向等运动现象
掌握运动技能和方法	学习基本的身体活动方法和体育游戏	做出基本的身体活动动作	在体育游戏活动中完成多种形式的走、跑、跳、投、抛、接、挥、击、攀、爬、钻、滚动和支撑等动作
	学习不同的体育活动方法	1. 初步学会常见的球类游戏 2. 学习一些体操类活动的基本动作 3. 学习一些游泳和冰雪类活动的基本动作 4. 学习一些武术活动的基本动作 5. 学习一些其他简单的民族民间传统体育活动项目的基本动作	1. 球类：小篮球、小足球、乒乓球等适合学生学习的球类游戏 2. 体操：横队和纵队看齐，向左（右、后）转、立正、稍息、踏步、齐步走、站立、蹲立、仰卧、俯卧、纵叉、横叉等基本体操动作，棍、球、绳等轻器械体操动作，多种个人和集体的舞蹈动作、韵律动作等 3. 游泳：水中呼吸及蛙泳的基本动作 4. 武术：基本手型、抱拳、马步、弓步、冲拳等简单的武术基本动作，3~5 个简单动作组成的动作组合等 5. 传统体育项目：滚铁环、抽陀螺、荡秋千、跳皮筋、跳绳、踢毽子等活动的基本动作
增强安全意识和防范能力	初步了解安全运动以及日常生活中有关安全避险的知识和方法	知道基本的安全运动知识和方法，注意体育活动和日常生活中的安全	1. 注意穿着合适的运动服装上课；运动前在规定的场地内做准备活动；合理正确使用体育器材 2. 过十字路口时，不闯红灯，走斑马线；乘小汽车时系安全带，头手不伸出窗外；熟悉一些简单的紧急求助方法，如拨打求助电话等

续表

学习方面目标	水平目标	具体学习目标	学习内容选择
掌握基本保健知识和方法	初步了解个人卫生健康知识和方法	初步了解饮食、用眼、口腔等方面的个人卫生常识	按时进餐，不挑食，不偏食，知道牛奶、豆类等食物的作用；按要求做眼保健操；知道正确的刷牙方法和龋齿预防方法；按时就寝，勤洗澡，勤换衣；不乱扔果皮纸屑，不随地吐痰；饭前便后洗手，文明如厕，自觉维护厕所卫生；知道蚊子、苍蝇、老鼠、蟑螂等会传播疾病，了解接种疫苗可以预防一些传染病等
塑造良好体型和身体姿态	注意保持正确的身体姿态	1. 知道正确的身体姿态 2. 在日常生活和运动中注意保持正确的身体姿态	基本体操、走、跑、跳。指出正确的坐、立、行姿态等；注意保持正确的坐、立、行姿态和读写姿势等
全面发展体能与健身能力	初步发展柔韧性、灵敏性和平衡能力	1. 完成多种柔韧性练习 2. 完成多种灵敏性练习	横叉、纵叉、仰卧推起成桥、握杆转肩、跪坐后躺下、坐位体前屈和立位体前屈握脚踝等柔韧性练习；8字跑、绕杆跑、躲闪、急停等灵敏性练习
提高适应自然环境的能力	发展户外运动能力	学生将能够乐于参加户外运动	假期和家人一起进行户外运动等
培养坚强的意志品质	努力完成当前的学习任务	认真完成体育学习和锻炼任务	按要求努力完成教师在课堂上布置的体育与健康学习任务等
学会调控情绪的方法	体验体育活动时情绪的积极影响	学生能够体验体育活动中的情绪变化	体验体育活动前后情绪变化的感受
形成合作意识与能力	在体育活动中适应新的合作环境	学生能够在新的合作环境中愉快地进行体育活动和体育游戏，和同学友好相处	陌生环境的活动，如在重新分组后和新伙伴一起活动等
具有良好的体育道德	在体育活动中爱护和帮助同学	学生能够在体育活动中表现出对同学的关心和爱护，乐于帮助同学	当同学在体育与健康学习中遇到困难和需要保护时主动提供帮助等

第三节 水平二(小学 3~4 年级)体育课程目标与内容

一 水平二（小学 3~4 年级）课程目标

水平二（小学 3~4 年级）有 19 个具体学习目标，可在两学年的时间内完成。（表 2-3）

表 2-3　水平二（小学 3~4 年级）具体学习目标

序号	水平二（小学 3~4 年级）具体学习目标
1	乐于参加新的体育活动、体育游戏和比赛
2	了解一些奥林匹克运动的知识
3	完成多种基本身体活动动作
4	初步掌握几项球类运动的基本技能与方法
5	基本掌握体育活动比赛和日常生活中的安全常识
6	表现出主动规避运动伤害和危险的意识和行为
7	了解用眼卫生、近视眼预防、食品卫生等有关知识
8	初步了解常见疾病预防知识
9	注意保持良好的体型，矫正不正确的身体姿态
10	了解体能的构成
11	通过多种练习发展柔韧性
12	通过多种练习发展灵敏性
13	通过多种练习发展速度
14	通过多种练习发展力量
15	适应寒暑、燥湿等气候变化
16	在有一定困难的体育学习和锻炼中坚持完成任务
17	在体育活动中保持高昂的情绪
18	在体育活动中主动和同伴交流与合作
19	初步了解体育道德，注意规范自己的体育行为

水平二（小学 3~4 年级）学习内容分析

　　为了实现水平二（小学 3~4 年级）的课程目标，要选择符合学生身心发展特点的，能够锻炼大小肌肉群的、有组织的运动活动，如球类运动，简单组合体操动作，民族民间体育活动，舞蹈和韵律活动的简单组合动作，游泳、滑冰、滑雪的简单组合动作，保持正确身体姿势的徒手操，队列队形练习，等等。还要选择能够发展速度和动作灵敏性的多种游戏，发展平衡和协调能力的练习，如各种跳跃游戏、跳绳等。

 水平二（小学 3~4 年级）课程目标与学习内容选择的关系

表 2-4　水平二（小学 3~4 年级）课程目标与学习内容选择的关系

学习方面目标	水平目标	具体学习目标	学习内容选择
参与体育学习和锻炼	积极参加多种体育活动	乐于参加新的体育活动、体育游戏和比赛	趣味体育游戏与展示自我的运动
学习体育运动知识	学习奥林匹克运动相关知识	1. 了解一些奥林匹克运动的知识 2. 体验运动过程，并了解动作名称的含义	1. 了解现代奥运会的一些规定、奥林匹克格言等 2. 使用正确的术语描述以前学过的动作，如体转运动、跑跳步、马步、助跑起跳等，并说出同类动作的不同变化，如掷远与掷准、跳高与跳远等
掌握运动技能和方法	提高基本身体活动和完成体育游戏的能力	完成多种基本身体活动动作	快速的曲线跑、合作跑、持物跑；单、双脚连续向高和向远跳跃；单、双手的投掷和抛物；有一定速度要求的攀、爬、钻等动作
	初步掌握多种体育活动方法	初步掌握几项球类运动的基本技能与方法	小足球、羽毛球、乒乓球等球类运动的基本技能与方法
增强安全意识和防范能力	重视体育活动和日常生活中的安全问题	1. 基本掌握体育活动比赛和日常生活中的安全常识 2. 表现出主动规避运动伤害和危险的意识和行为	体育活动中自我保护和相互保护的知识；消除体育活动中安全隐患的方法以及了解中暑识别和预防等知识；知道在自然灾害和突发事件中听从老师指挥，并做出安全的行动；鼻子出血的简单处理方法

续表

学习方面目标	水平目标	具体学习目标	学习内容选择
掌握基本保健知识和方法	了解个人卫生保健知识和方法	了解用眼卫生、近视眼预防、食品卫生等有关知识	合理的用眼方法、用眼卫生；食品卫生意识培养；人体所需的几种主要营养素（脂肪、蛋白质、糖类）等；烟草对健康的危害
	初步了解疾病预防知识	初步了解常见疾病预防知识	常见呼吸道传染病的预防；营养不良、肥胖对健康的危害；动物咬伤或抓伤后的处理方法
塑造良好体型和身体姿态	改善体型和身体姿态	注意保持良好的体型，矫正不正确的身体姿态	身高、体重的合理比例及其重要性；合理膳食和体育锻炼的重要性；身体姿势练习，队列队形练习
全面发展体能与健身能力	发展柔韧性、灵敏性、速度和力量	1. 了解体能的构成 2. 通过多种练习发展柔韧性 3. 通过多种练习发展灵敏性 4. 通过多种练习发展速度 5. 通过多种练习发展力量	1. 体能的构成：力量、耐力、速度、柔韧性、灵敏性和协调性 2. 发展柔韧性：横叉、纵叉、仰卧推起成桥、握杆转肩、跪坐后躺下、坐位体前屈和立位体前屈握脚踝等 3. 发展灵敏性：变向跑、绕杆跑、躲闪等 4. 发展速度：50 米跑、30 米跑、短距离跳绳竞速等 5. 发展力量：立卧撑、斜身引体、仰卧起坐等
提高适应自然环境的能力	增强适应气候变化的能力	适应寒暑、燥湿等气候变化	在不同季节或气候变化时上好体育课或参加体育运动
培养坚强的意志品质	坚持完成有一定困难的体育活动	在有一定困难的体育学习和锻炼中坚持完成任务	克服有一定难度的体育活动
学会调控情绪的方法	在体育活动中保持积极稳定的情绪	在体育活动中保持高昂的情绪	小篮球、耐久跑等活动
形成合作意识与能力	在体育活动中乐于交流与合作	在体育活动中主动和同伴交流与合作	合作性体育活动

续表

学习方面目标	水平目标	具体学习目标	学习内容选择
具有良好的体育道德	遵守运动规则，并初步自我规范体育行为	初步了解体育道德，注意规范自己的体育行为	体育活动中做到讲礼貌，遵守规则

第四节　水平三(小学 5~6 年级)体育课程目标与内容

一　水平三（小学 5~6 年级）课程目标

水平三（小学 5~6 年级）有 24 个具体学习目标，可在两学年的时间内完成（表 2-5）。

表 2-5　水平三（小学 5~6 年级）具体学习目标

序号	水平三（小学 5~6 年级）具体学习目标
1	认识到适当的体育活动是一种有效的积极休息方式，并付诸实践
2	感受体育活动和比赛中的乐趣，获得成功的体验
3	增加对奥林匹克运动知识的了解
4	了解多种运动项目的名称及其基本的健身价值
5	初步具有自主学习、合作学习和探究学习的能力，初步掌握简单的科学锻炼方法
6	经常观看现场和电视实况转播的体育比赛
7	完成有一定难度的基本身体活动动作
8	基本掌握球类运动项目的技术动作组合；基本掌握一些体操类运动项目的简单技术动作组合
9	了解并学会一些运动损伤及常见意外伤害的预防与简单处理方法
10	知道运动系统的基本构成
11	了解一些预防疾病的基本知识和方法

续表

序号	水平三（小学5~6年级）具体学习目标
12	了解食品安全的基本知识
13	了解青春期的生长发育特点及保健常识
14	初步了解不同的身体姿态所代表的礼仪内涵，并保持良好的身体姿态
15	通过多种练习提高灵敏性
16	通过多种练习提高力量水平
17	通过多种练习提高速度水平
18	通过多种练习发展心肺耐力
19	在比较困难的体育活动中表现出自信和克服困难的勇气
20	正确认识自己及他人的身体条件和运动能力，并对自己充满信心
21	在体育活动中遇到挫折时注意控制自己的情绪，表现出自制能力
22	乐意融入团队体育活动，并完成自己的任务
23	对体育道德具有一定的认识，并能够努力实践
24	正确对待体育活动中的相对较弱者

二　水平三（小学5~6年级）学习内容分析

为了实现水平三（小学5~6年级）的体育课程目标，要选择符合学生身心发展特点的，能够提高大小肌肉群控制精细动作能力的有组织的运动活动以及其他学习内容，如球类运动、体操、舞蹈、田径运动、水上运动和冰雪运动、民族民间传统体育项目和新兴运动项目；身体姿势练习，跨越、钻过和绕过障碍练习，接力跑、平衡动作和节奏练习；安全的运动方法，青春期男女生身体特征的变化，青春期的卫生，女生经期科学锻炼的知识，营养与健康的关系，体育活动时的营养、卫生常识，身体健康与心理健康，体育活动与自尊、自信的关系，体育活动与调控情绪，现代社会中获取体育与健康知识的方法等。

三　水平三（小学5~6年级）课程目标与学习内容选择的关系

表2-6　水平三（小学5~6年级）课程目标与学习内容选择的关系

学习方面目标	水平目标	具体学习目标	学习内容选择
参与体育学习和锻炼	学会通过体育活动进行积极性休息	认识到适当的体育活动是一种有效的积极休息方式，并付诸实践	在学习疲倦时主动进行体育锻炼
体验运动乐趣与成功	感受多种体育活动和比赛的乐趣	感受体育活动和比赛中的乐趣，获得成功的体验	体验在小篮球、小足球等比赛中得分时的乐趣和成功感
学习体育运动知识	丰富奥林匹克运动的知识	增加对奥林匹克运动知识的了解	了解现代奥运会的起源与发展、中国在奥运会上获得的主要成绩等相关知识
	了解运动项目	了解多种运动项目的名称及其基本的健身价值	田径运动、球类、运动体操、水上和冰雪类运动、民族民间传统体育活动以及新兴运动项目中的一些项目的名称及其基本的健身价值
	学会体育学习和锻炼	初步具有自主学习、合作学习和探究学习的能力，初步掌握简单的科学锻炼方法	运用已有的知识和技能，改进和提高动作质量，改变简单的徒手操和体育游戏，创编跳绳的方法，选择较适宜的锻炼时间、场地和运动方法
	观看体育比赛	经常观看现场和电视实况转播的体育比赛	观看足球、篮球、乒乓球、游泳、体操、武术等运动项目的比赛
掌握运动技能和方法	掌握有一定难度的基本身体活动方法	完成有一定难度的基本身体活动动作	后蹬跑、连续纵跳摸高、急行跳远、攀登、爬越、钻、滚动等动作
	基本掌握运动项目的技术动作组合	基本掌握球类运动项目的技术动作组合；基本掌握一些体操类运动项目的简单技术动作组合	1. 球类运动：基本技术和简单战术组合 2. 体操：队列队形、单双杠、支撑跳跃等简单动作组合 3. 武术：简单套路 4. 健美操：简单动作组合

续表

学习方面目标	水平目标	具体学习目标	学习内容选择
增强安全意识和防范能力	初步掌握运动损伤及常见意外伤害的预防与简单处理方法	了解并学会一些运动损伤及常见意外伤害的预防与简单处理方法	1. 运动中自我保护和相互保护的基本方法，如扭伤、挫伤、擦伤、轻微烫烧伤等运动损伤的预防与简单处理方法 2. 识别常见的危险标识，了解煤气中毒、触电、雷击、中暑等的发生原因及预防和简单处理方法
掌握基本保健知识和方法	初步了解人体运动系统	知道运动系统的基本构成	了解肌肉、骨骼、关节等方面的简单知识
	了解疾病的知识和预防方法	了解一些预防疾病的基本知识和方法	贫血对健康的危害及预防；常见肠道传染病、疟疾、流行性出血性结膜炎、碘缺乏病的预防；视力保护；吸烟和被动吸烟的危害
	了解食品安全与健康的关系	了解食品安全的基本知识	购买或采摘食品时的安全常识：注意查看食品商标、生产日期、保质期、包装、有无胀包或破损等；不采摘、不食用不认识的野果、野菜和蘑菇，了解容易引起食物中毒的常见食品
	初步掌握青春期的生长发育特点和保健常识	了解青春期的生长发育特点及保健常识	了解男女学生在青春发育期的生理心理差异及青春期个人卫生与锻炼常识
塑造良好体型和身体姿态	保持良好的身体姿态	初步了解不同的身体姿态所代表的礼仪内涵，并保持良好的身体姿态	了解不同身体姿态所表达的尊重、谦虚、亲近、傲慢与粗野等含义
全面发展体能与健身能力	提高灵敏性、力量、速度和心肺耐力	1. 通过多种练习提高灵敏性 2. 通过多种练习提高力量水平 3. 通过多种练习提高速度水平 4. 通过多种练习发展心肺耐力	1. 灵敏性练习：十字象限跳、8字跑、三点移动、绕杆跑等 2. 力量练习：俯卧撑、立卧撑、双杠支撑臂屈伸、单杠斜身引体、纵跳摸高、哑铃等 3. 速度练习：50米快速跑、仰卧起坐、15秒快速跳绳等 4. 发展心肺耐力：往返跑、定时有氧跑等有氧耐力练习

续表

学习方面目标	水平目标	具体学习目标	学习内容选择
培养坚强的意志品质	在体育活动中表现出克服困难的意志品质	在比较困难的体育活动中表现出自信和克服困难的勇气	克服运动中的极点反应，在练习和比赛遭遇挫折时继续努力
	正确认识和对待身体条件和运动能力的差异	正确认识自己及他人的身体条件和运动能力，并对自己充满信心	自尊自信，体育活动时注意调节情绪，不自傲，不自卑，不放弃
学会调控情绪的方法	在体育活动中注意调节自己的情绪	在体育活动中遇到挫折时注意控制自己的情绪，表现出自制能力	比赛失利时不消极，不气馁，不讽刺对方，采用自我激励等方法调控
形成合作意识与能力	在团队体育活动中能较好地履行自己的职责	乐意融入团队体育活动，并完成自己的任务	组织球类比赛、接力赛、合作跑等团队体育活动
具有良好的体育道德	1. 形成良好的体育道德意识和行为 2. 在体育活动中，尊重相对较弱者	对体育道德具有一定的认识并能够努力实践 正确对待体育活动中的相对较弱者	胜不骄败不馁，尊重同伴，尊重对手，尊重裁判 体育活动中不歧视并能帮助比自己运动技能水平差的同学或其他弱势群体

本章知识结构导图

体育与健康课程标准概述
- 课程性质
- 课程目标
- 课程设计思路
- 课程内容
- 课程实施

小学体育课程目标与内容

水平一（小学 1~2 年级）体育课程目标与内容
- 水平一（小学 1~2 年级）课程目标
- 水平一（小学 1~2 年级）学习内容分析
- 水平一（小学 1~2 年级）课程目标与学习内容选择的关系

水平二（小学 3~4 年级）体育课程目标与内容
- 水平二（小学 3~4 年级）课程目标
- 水平二（小学 3~4 年级）学习内容分析
- 水平二（小学 3~4 年级）课程目标与学习内容选择的关系

水平三（小学 5~6 年级）体育课程目标与内容
- 水平三（小学 5~6 年级）课程目标
- 水平三（小学 5~6 年级）学习内容分析
- 水平三（小学 5~6 年级）课程目标与学习内容选择的关系

知识点检测

1. 小学体育课程学习水平是怎样划分的？
2. 选择教学内容时应该注意哪些问题？
3. 水平一教学内容有什么特点？

参考答案

第三章

小学体育课程设计

学习目标

- ✦ 学习目标的设置与学习内容的选择；
- ✦ 水平与单元教学计划的制订；
- ✦ 课时教学计划的制订；
- ✦ 体育教学环境优化的意义。

案例导入

快乐的单、双脚跳

上课时教师没急于做准备活动，而是提问：同学们认识小青蛙吗？它有什么本领？它是怎样走路的？并要求同学们跟老师一起听音乐，模仿小青蛙跳着回家。这样一来，学生都抢着回答，积极参与。然后教师把学生引到真正的练习场景中——利用青蛙的本领帮农民伯伯的庄稼消灭害虫。

教师把学生分成人数相等的几个小组，然后说："农民伯伯的稻田里来了很多害虫，为了认清害虫，请你先画出来。"同学们画完后教师又说："害虫危害庄稼，你们能利用小青蛙的本领，以沙包当武器，去帮农民伯伯消灭害虫吗？看哪个小组消灭得又多、又快。"同学们都争着消灭害虫。在每次练习中教师都会对学生给予鼓励。就这样师生练习了三次，教师又说："你们能模仿受伤的小青蛙，单脚跳去消灭害虫吗？"同学们都积极体会。有两名同学很疑惑，小青蛙为什么会受伤？教师告诉他们是环境和人为因素造成的。还有学生说青蛙的肉很鲜美。教师就抓住时机加以正面引导和教育。最后，害虫消灭光了，农民伯伯露出了笑脸，高兴地说："今年又可以丰收了，谢谢你们，小青蛙！"同学们深深地感受到幸福生活来之不易，并增强要珍惜粮食、保护小动物、爱护环境的思想意识。

　　通过这个案例，教师感受到孩子是有自己的思维意愿趋向的。教师不能用成人的想法去左右学生。这节课教师只设计了几个情境，让学生在其中自由发挥，尽情练习：设计形象情境、问题情境，以语言描绘情境，调动学生的积极性、创造性，学生不但学习兴趣上来了，身体各个关节也都得到充分的活动，达到了教学目的；同时也渗透了思想教育，为整堂课开了个好头，做好了铺垫。教师有效地设计好情境进行教学，进一步提高学生在体育教学中的参与性，充分体现寓教于乐思想，"育体"的同时"育心"。从这个案例中我们可以认识到新课程改革给教师教学的设计带来了很大的创新空间，体现了目标达成的多元化路径，改变了过去枯燥的教学形式，促进了学生的身心发展。

第一节　学习目标的设置

　　学习目标是教学的起点，也是终点，它解决教师为何教和学生为何学的问题。学习目标是期望学习者所达到的学习状况，通常对学习者的期望由以下几个因素来决定：社会发展对学习者提出的要求；学习者未来从事的职业对人才的要求；学校和班级对学习者提出的要求以及学习者自身对知识、技能、态度的培养和发展的个人要求。对体育课程而言，体育课程标准目标体系中的各个水平目标就体现了学习者所要达到的学习状况。

一　学习目标设置的依据

（一）体育与健康课程三级目标体系

　　《课程标准（2022年版）》是国家根据我国各地区不同情况研制的指导性文件，具有很强的普适性和原则性。在设置学习目标时，不仅要理解《课程标准（2022年版）》的水平目标，同时更应该全面地认识课程标准的总目标、各学习领域的目标，要对整个的三级目标体系有一个完整的、深入的认识。

（二）学生的具体情况

　　《课程标准（2022年版）》提供了一个完整的三级目标体系，但是由于各地区经济条件、自然环境、生活习惯的不同，学习主体存在多方面的差异，特别是生长发育、身体形态、身体机能等方面的差异。教师在为本地区学生设置学习目标时，必须认真考虑学生实现这些学习目标的可能性。

（三）教学条件

　　这里所说的教学条件主要是指学校的硬件设施，如操场、器材等。在设置学习目标时，应该充分考虑到现有的教学条件，并在此基础上设置合理的学习目标。各地区教学条件的差别较大，因此，在设置学习目标时不要盲目地追随他人，而应具有地方特点。由于教学条件的差别，各地区学习目标的设置可能会出现较大的不同，但最终应达成《课程标准（2022 年版）》所提出的水平目标。

学习目标设置的方法

（一）表格式

　　根据《课程标准（2022 年版）》的三级目标体系，在参考内容标准后，可以设置适合教学对象的具体学习目标。这种做法叫作分解目标法，即把水平目标进一步具体化（表 3-1）。

表 3-1　依据水平目标设置学习目标

学习方面目标	水平目标	具体学习目标	总体要求
具有积极参与体育活动的态度和行为	积极参与体育活动	1. 在课内各种集体游戏中表现积极 2. 在学习过程中态度认真 3. 能主动参与课内各种小型竞赛活动	自觉参加体育与健康课的学习
		1. 积极参与小型多样的竞赛活动 2. 积极参与体育兴趣小组的活动 3. 积极参与班级体育锻炼活动	积极参与课外的各种体育活动
		1. 坚持在家里进行体育活动 2. 坚持双休日的体育活动 3. 经常参加社区、团体举办的体育活动	积极参与校外的各种体育活动
用科学的方法参与体育活动	合理安排锻炼时间，掌握测量运动负荷的常用方法	1. 知道"7+1>8" 2. 懂得劳逸结合的道理	知道合理安排锻炼时间的意义
		1. 每天坚持早锻炼 2. 课间休息出教室做轻微活动 3. 活动时间不过量	合理安排锻炼时间
		1. 课上能运用脉搏测定控制自己的运动量 2. 课外能监控自己的活动量	运用脉搏测定等常用方法测量运动负荷

（二）项目式

　　教师对选定的项目内容，必须十分清晰地了解该项目在四个学习方面中所能体现出的功能和价值，从而设置该项目内容的多重学习目标。例如，在依据运动技能领域中的水平目标"发展运动技术或战术能力"，选定了"叠罗汉"项目作为体操教材中的一套后，应该对"叠罗汉"项目在四个学习方面中所能体现出的功能和价值进行详细的分析，并在此基础上设置多重学习目标。（表3-2）

表 3-2　依据学习内容的功能设置学习目标

课程总目标	领域目标	水平目标	具体的学习目标
掌握与运用体能和运动技能，提高运动能力	具有积极参与体育活动的态度和行为	积极参与体育活动	在叠罗汉学习活动中表现积极
	获得运动基础知识	了解所学项目的简单技战术知识和竞赛规则	了解叠罗汉运动的基本技术知识 了解叠罗汉运动的表演方法
	学习和应用运动技能	发展运动技战术能力	基本掌握一套叠罗汉动作
	发展体能	发展速度、有氧耐力和灵敏性	通过叠罗汉练习发展反应速度和灵敏性 通过叠罗汉练习发展力量和耐力
学会运用健康与安全的知识和技能，形成健康的生活方式	具有关注身体和健康的意识	理解体育锻炼对身体形态和机能的影响	认识和理解叠罗汉练习对身体肌肉、骨骼成长的良好作用
	安全地进行体育活动	注意运动安全	在叠罗汉练习中避免粗野和鲁莽动作
	了解体育活动对心理健康的作用，认识身心发展的关系	了解身体健康对心理健康的影响	在叠罗汉练习中获得愉快感 在愉快的感受中坚持练习叠罗汉
积极参与体育活动，养成良好的体育品德	正确理解体育活动与自尊、自信的关系	通过体育活动树立自尊与自信	在积极参加叠罗汉练习过程中逐步增强自尊与自信 在叠罗汉练习中表现出较好的自信心
	形成克服困难的坚强意志品质	根据自己的运动能力设置体育学习目标	认识在叠罗汉练习中会遇到的困难 建立起克服困难的勇气和信心 在叠罗汉练习中合理设置自己的学习目标
	建立和谐的人际关系，具有良好的合作精神和体育道德	理解不同运动角色的任务，识别体育中的道德行为	在叠罗汉练习中担当适合的角色 在叠罗汉练习中和同伴良好合作 在叠罗汉练习中不做出不利于他人的动作 识别叠罗汉练习中不应该做的事

三　学习目标的层次性

　　我国学者研究认为，体育教学目标（学习目标）是体育课程的亚目标，并且由诸多层次的分支目标组成，体育教学目标是实现体育课程目标的必需途径，其纵向层次应为学段水平目标—学年目标—学期目标—单元目标—课堂目标（图3-1）。因此，可以这样理解，体育教学目标是由学段教学目标、学年教学目标、学期教学目标、单元教学目标和课堂教学目标组成的一个完整的教学体系，并按照层次进行划分，每一层次更深入更具体地对上一层次目标进行解释和说明，而体育课堂教学目标作为最后一层，正是体育课程目标最直观的体现。在体育教学过程中，体育课堂教学目标对体育教学的指引作用非常明显，体育教学内容的实施以及体育教学方法的运用都离不开体育课堂教学目标的导向功能，因此可以说体育课堂教学目标对于整个体育教学过程的顺利开展具有重要作用。

图3-1　体育教学目标的纵向结构

　　按照布鲁姆理论，对于教学目标的划分应从认知、情感、技能三大类来进行表述。按照《课程标准（2022年版）》对体育教学目标领域的划分，体育教学目标的横向领域应包括掌握与运用体能和运动技能、提高运动能力；学会运用健康与安全的知识和技能，形成健康的生活方式；积极参与体育活动，养成良好体育品德三个方面。（图3-2）

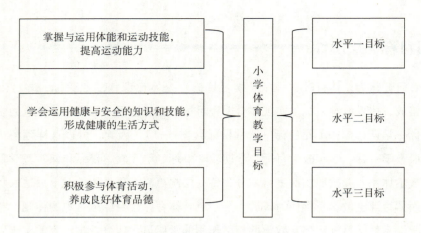

图 3-2　体育教学目标的横向组成

　　小学体育教育是整个学生阶段体育发展的重要基础，小学体育教学不仅是学生学习体育基本技能的基础阶段，也是对体育与健康产生正确认识的重要启蒙阶段。具体进行小学课堂体育教学目标制定时，由于体育课堂教学目标是最细化的目标，因此必须突出当节课的重点领域。结合小学体育教学的重点，对于不同学段的小学生在这四个学习方面的目标设置各有侧重点。对于水平一、水平二的学生，应在全面涉及的基础上，每节课的目标设置更注重运动参与领域和身体健康领域，而对运动技能的掌握以获得运动参与的乐趣为主。对于水平三的学生，要在身体健康和运动参与的基础上，目标设置应重点关注运动技能领域和心理健康与社会适应领域。

第二节　学习内容的构建

　　《课程标准（2022 年版）》提供给教师的是一个完整的三级目标体系和一个内容框架建议，它并没有规定具体学习内容，这主要是考虑到不同地区、不同学校之间存在着极大的差异。传统的体育教学大纲给学校规定了十分具体的教学内容，这种做法虽然统一了教学内容，统一了评价标准，但对许多不发达地区或农村地区的学校来说，规定的内容是得不到贯彻和落实的。《课程标准（2022 年版）》提出目标统领内容的精神，为广大体育老师指明了工作的方向，并具有一定的约束力。在目标的统领下，具体的学习内容完全由各校的体育教师根据学校和学生的实际情况来选择，内容的选择应最有助于目标的实现。

一 选择和设计教学内容的依据

体育教学体系包括四大要素：教师、学生、教学内容和教学环境。在教师、学生和教学环境相对稳定的基础上，教学内容是具有较大选择性的要素。《课程标准（2022年版）》在选择教学内容上留给教师相当大的余地，这是与体育教学大纲的根本不同之处。《课程标准（2022年版）》把教学内容理解为达成学习目标的一种手段，强调教学内容不等于教科书，同时教师也不只是"教"教科书，而是用教科书来让学生获取必要的知识技能。不限定于教科书，教学内容是灵活的、可选择的，只要是能达成目标的都是可取的，这使得体育教师在教学内容的选择方面有了更大的空间。但是，对教学内容的选择和设计不能脱离课程标准的基本理念，并且要有利于学生达成学习目标。因此，在选择和设计教学内容时应坚持以下几点。

各国体育课程
标准内容分析

1. 健康第一的指导思想

《中共中央国务院关于深化教育改革全面推进素质教育的决定》明确指出："健康体魄是青少年为祖国和人民服务的基本前提，是中华民族旺盛生命力的体现。学校教育要树立健康第一的指导思想，切实加强体育工作。"这是指导我们进行体育与健康课程与教学改革的重要指导思想。同时《课程标准（2022年版）》也强调，培养学生的健康体魄是体育与健康课程的主要目标。从这一点出发，我们应该很好地审视所选教学内容是否符合这一目标，同时也要关注有利于学生心理健康和社会适应的内容，从而促进学生整体健康水平的提高。

2. 水平阶段的学习目标

《课程标准（2022年版）》充分考虑到学生生理和心理发展的特征，以"水平"这一概念来划分学段，这是因为处于同一水平阶段的学生具有相似或相同的生理和心理发展特征，这是我们选择教学内容的重要依据。《课程标准（2022年版）》所建立的三级目标管理体系告诉我们，选择的学习内容必须符合所设置的目标要求，也就是用什么内容去达成目标和怎样才能达成目标。

3. 学生的身心发展特征

《课程标准（2022年版）》没有规定具体的教学内容，其主要原因是考虑到教学内容必须满足学生的不同需求。学生作为课堂教学的主体，在不同的水平阶段，学生的生理和心理特征决定了他们对体育活动有不同的需求，我们应该考虑到他们的需求。在传统的体育教学中，课程管理比较死板，有的学校由于客观条件的限制，在体育教学中不能很好地关注学生的身心特征。例如在传统的教学内容中，小学1~2年级已经出现了30米快速跑和立定跳远这样的内容，这两项内容实际上是3年级以后学生要接受体质测试的内容，对低年级的学生来说，这两个项目不符合学生的身心发展特征。

4. 学校的实际条件

学习内容的选择应该立足于学校的实际状况，因地制宜，实事求是，选择最适合学生发展需求的教学内容，满足学生体育学习和活动的需要，从而实现体育与健康课程目标。我国地域辽阔，各地发展不平衡，存在着东部和西部、乡村和城市的差距，各学校在场地条件、器材设备、师资力量和办学规模等方面存在着很大差异。因此，要求所有的学校统一教学内容是根本不切合实际的。如何根据学校的实际条件来选择教学内容是非常重要的，如在农村学校可以自制沙包做投掷用，并用踢毽子、跳方格、滚铁环等方式进行教学。

二　教学内容选择的要求

1. 选择的教学内容要有利于目标的实现

课程目标是课程改革的出发点和归宿，它制约着课程内容的选择，而所选择的内容又是为实现课程目标服务的。所以内容的选择要有利于学生实现水平目标，最终实现课程目标。

2. 选择的教学内容要适合学生的生理、心理特点

在不同的水平段，学生的生理和心理特点决定了他们对体育活动的不同需求。学生只有对所学的内容产生兴趣，才能全身心地投入练习，对运动的爱好及自主锻炼的习惯才能逐渐形成。

3. 选择的教学内容要具有实效性

一切对学生健康有利的教学内容都可以纳入选择的范围之内，但教师在选择教学内容时一定要关注该活动是否实用，是否简便易行，是否有利于学生的身心健康。有些项目技术对学生要求太高，学习起来有较大的难度，和生活联系又不紧密，就不具备较强的实效性。

4. 选择的教学内容要具有较强的时代性

体育课程是随着社会的发展而不断变化的，竞技运动项目、体育娱乐方式层出不穷，具有一定的时代性和多变性。所以，在选择教学内容时也要注意与时俱进、推陈出新。

5. 选择的教学内容要具有科学性

科学性有三层含义：一是教学内容要努力使学生在愉快的活动中促进身体的发展；二是教学内容要利于学生了解科学锻炼身体的原理和方法，从而增强学生锻炼的自觉性和积极性；三是教学内容本身的科学性。

三　教学内容选择的方法

1. 从现有的教学内容中进行筛选

传统的教学内容是体育工作者几代人在实践中总结出来的，在教学实践中取得了较大的成

果。课程改革不能全盘否定传统的教学内容，要以传统的教材为框架，根据课程目标进行选择、取舍、优化、组合，改变过去那种纯粹为了学习某项技术动作或提高某项身体素质而教学的方式。

2. 对现有的教学内容进行改造

（1）简化规则。只保留能调动学生学习兴趣，使学生能"玩"起来的简单规则。

（2）简化技战术。只保留简单的基本的技战术。

（3）修改内容。去掉不适合学生健康发展的，学生无兴趣的复杂、陈旧的内容，弱化竞技成分。

（4）降低难度要求。降低动作难度、运动难度，不苛求动作细节，适当减轻器械重量。

（5）改造场地器材。使场地器材适合学生的年龄、性别、身高的特点，满足学生的兴趣需要。

3. 从民间传统体育中整理移植

我国地大物博，民间传统体育已经积累了丰富的内容和形式。它包括滚铁环、踢毽子、跳绳、拔河、跳房子、抽陀螺、抖空竹、踩高跷等运动。这些传统的体育运动深受广大人民喜爱，也和学生的生活紧密相连，可以根据学校的地域特点、学生情况等因素进行移植加工改造。

4. 从新兴运动项目中挑选引进

同任何学科一样，体育教学内容也有吐故纳新的必要。由于体育运动内容的丰富性、时尚性和流行性，教学内容的更迭就更快。近年来在国内掀起一批新兴运动项目，如轮滑、独轮车、街舞、攀岩等，深受学生喜爱，有些已在学校蓬勃开展。我们可以利用这些富有时代特征的运动内容和方式来充实教学，引进新兴运动项目，给体育教学带来无限魅力。

 **案例 1**

篮球场地足球、乒乓球新玩法①

在我国一些地区特别是农村地区，学校的体育场地设施不足，造成这种情况的原因是多方面的。但在现实条件暂时无法改变的情况下，如何巧妙地利用已有的场地设施开展灵活多样的教学活动，体育教师需要因地制宜，开拓创新，制订出新颖、实用的教学方案。

一、篮球场地上的足球运动

1. 活动目的：发展耐力素质，提高运球射门准确性，培养集体主义精神。

2. 活动准备：篮球场地一块，足球一个，场地的任一端线作为起跑线，场地中央竖

---

① 本案例改编自毛振明主编的《体育教学实用案例》第 40 页，中国人民大学出版社 2010 年出版。

两根柱子，两柱子之间绷一条绳子，作为球门。

3. 活动方法：将学生分成人数相等的甲、乙两队，甲队成纵队站在起跑线后，乙队分散在场内（图3-3）。活动开始，甲队第一个人将球踢进场地后迅速跑向终点，脚踏线后返回。乙队队员则将场内的球直接踢入或经过传球后踢入球门。如果乙队在甲队踢球队员跑回来之前射门两次（一次从正面射门，另一次从反面射门），算得1分，如果球射不进门则甲队得1分。第二人照此方法进行，甲队队员逐个跑完后，再和乙队交换，最后以得分多的队为胜。

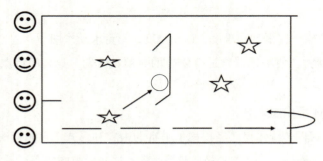

图 3-3

4. 活动规则：①踢球者必须将球踢在场内才有效；②踢球者必须跑到终点踏线后返回；③射门者必须从正面和反面两次射门，球进才得分。

二、篮球场地上的乒乓球运动

1. 活动目的：体会乒乓球运动的乐趣，提高乒乓球的控球能力。

2. 活动准备：篮球场地一块，将它画成若干个地面乒乓球台（图3-4），乒乓球拍若干副，乒乓球若干个。

3. 活动方法：将学生分成若干小组，每小组分别用一个乒乓球场地，然后两人进行对抗，采取五战三胜制，输者换下一人继续比赛，以此类推，循环反复。

4. 活动规则：①脚不能跨越乒乓球场地；②球不能落地两次；③出现违规由对方发球。

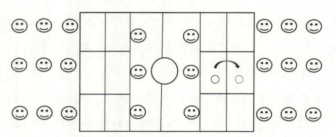

图 3-4

案例评析：

（1）篮球场上的足球运动设计既能满足在没有足球场的情况下进行足球射门练习，同时又具有一定的娱乐性和竞技性。在足球场地比较缺乏的学校中，这种练习方式使人耳目一新，充分体现了教师对场地的有效利用。

（2）乒乓球运动是一个娱乐性和对抗性较强的项目，深受广大学生的喜爱。许多边远山区文化落后，教育经费短缺，没有正规的乒乓球台，通过对篮球场地进行改造，开展地面乒乓球活动，使边远山区的学生能够享受乒乓球运动的乐趣。

踢毽子比赛

1. 活动目的：通过踢毽子发展学生的身体协调能力，增强学生的合作意识，培养学生参与体育锻炼的兴趣。

2. 活动准备

平整场地一块，鸡毛毽若干。

3. 活动方法

把学生分成若干组，采用集体比赛方式，在场地中央画一条约 1 米宽的"河"，将场地平分为二，两队各站一区。一队先将毽子踢过"河"，对方须在毽子落地前踢回来，如此反复，如一方未能将毽子踢回对方区域即失 1 分。以 10 分为一局，采用五局三胜制。

4. 活动规则

不能用手抓毽子，毽子落地后不能再踢回。

案例评析

踢毽子是我国民间传统体育活动，有鸡毛毽、皮毛毽、纸条毽、绒线毽之分，踢法有盘踢、拐踢、蹦踢、间踢等，在我国极为盛行。比赛分为单人赛和集体赛，单人赛有比踢数、比花式等。学生在踢毽子的过程中培养了合作意识，锻炼了协调性和反应能力，同时还可以通过各式踢法培养创新意识。

第三节 教学环境设计

一 体育教学环境的含义及构成要素

（一）体育教学环境的含义

教学环境是为发展人的身心而组织起来的育人环境，是进行教学活动所必需的各种条件的综合，也是保证教学顺利实施的必要介质。毛振明在《体育教学论》一书中提出，体育教学环境是指在体育教学过程中影响教和学的条件的总和，主要包括制度、集体、氛围、物质等方面的条件。

（二）体育教学环境的构成要素

教学环境的构成要素主要是光、温度等物理条件、教学设施、班级规模、校风班风、人际关系、课堂行为、座位编排方式、社会信息等。体育教学环境是教学环境的组成部分，但有其特性，了解了教学环境的构成要素，我们就可以很好地分析体育教学环境的构成要素。体育教学环境可以分为物质环境和心理环境两部分。物质环境主要包括教学设施与器材、教学的时空环境，教学设施与器材是实施教学必须依赖的硬件因素，时空环境是进行教学所不能改变的自然因素。心理环境主要包括学校的体育文化氛围、课堂教学气氛、教师与学生的关系等，体育文化氛围是学校在长期的发展过程中所积淀的体育文化，而其他心理环境的构成要素主要是围绕体育教学的目的、目标、方法等而形成的。

（三）体育教学环境的功能分析

学校体育教学环境的功能主要有健康功能、凝聚功能、激励功能、美育功能等。增强体质是体育教学的主要目标，体育教学环境是师生实施教学的主要环境，环境直接影响师生的身心健康。在阳光充足、温度适宜、没有污染、师生关系融洽、学校体育文化浓厚、教学设施与器械安全等良好因素的环境中进行体育教学，能够有效地完成体育教学任务，促进师生特别是学生的身心健康，因此体育教学环境的健康功能不言而喻。体育教学特有的特点以及奥林匹克运动追求的"更高、更快、更强"的理念，在体育教学中能够激励学生的进取精神，提高鉴赏美、欣赏美的能力。体育教学中的合作与竞争也能锻炼学生的凝聚精神。

二 体育教学环境的优化

（一）体育教学环境的优化依据

体育教学环境优化的依据主要包括社会大环境、学校体育的培养目标、学生的身心发展特点、学校自身的条件、课堂教学情境的要求等。学校体育目标是体育教学活动的出发点和归宿，对体育教学活动有指导作用。优化体育教学环境就必须围绕着完成学校体育目标和促进学生身心健康进行，离开这个方向，学校体育教学环境的优化就无从谈起。

体育教学环境的优化还必须依据学校的实际情况进行，学校现有的教学设施、教学条件是进行优化的基础，教学环境的优化不能脱离学校的现有条件。学校的体育文化历史积淀、进行体育教学的空间环境也是进行优化的基础。所以，各学校体育教学环境的优化不能千篇一律，而应该突出自己的特点，使体育教学环境成为学校的一个亮点。

以上因素是进行学校环境优化的宏观方面的依据，谈到优化微观方面的依据，我们需要考虑的是体育课堂的教学情境。良好的课堂教学情境能增强学生自主学习、主动参与、合作与探究的热情，使学生在生动活泼的教学氛围中学习，有利于实现课堂教学的目标。体育教学环境的优化应利于体育教师根据体育教学的规律和特点，创设某种课堂教学情境，让学生在特定的课堂教学情境里进行体育活动，增加体育教学的情绪色彩，提高体育教学的感染力，提高体育教学的效果。

（二）学校体育教学环境的优化策略

学校体育教学环境是一个由多重要素构成的复杂的整体，体育教学环境在一定程度上影响着体育教学的效果。为了更好地发挥体育教学效果的正向功能，必须对教学环境进行调控，实现教学环境的最优化。体育教学环境的优化策略主要有：整体协调策略、增强特性策略、利用优势策略、筛选转释策略、自控自理策略。

1. 整体协调策略

这一策略是指在体育教学环境的优化过程中要有全局观念，要从整体上对体育教学环境的各个方面进行考虑，要把体育教学环境的各个构成要素有机地联系在一起，在优化的过程中把体育设施与器材、学校的体育文化氛围、课堂教学情境等因素进行综合考虑，并对这些因素进行协调，使它们向着有利于促进学生身心健康和提高体育教学质量的方向发展，以实现全面发展学生的基本活动能力和身体素质的目标。

2. 增强特性策略

这一策略是指在体育教学环境的优化过程中，可以着重于突出或者增强某一方面的特征，通过某一点的改变与升华来影响学校体育教学环境整体的效果，起到以点带面的作用。比如在学校体育场馆的某些地方制作体育宣传图片或者标语，在学校的走廊中增加奥运冠军的宣传图片等，都可以在一定程度上提高学生从事学校体育活动的热情，从而改变学生的课堂行为，提升体育教学的效果。

3. 利用优势策略

这一策略是指在体育教学环境的优化过程中，要充分利用学校现有的有利环境或者条件，为体育教学创造一个良好的环境。利用学校现有的环境优势进行优化是最经济最有效的途径。每个学校都具有自己的优势，充分发掘学校体育环境方面的优势，能带动整个学校体育教学环境的提升。

4. 筛选转释策略

学校不是一个完全封闭的环境，社会上的各种信息通过各种途径进入学校。这些信息有积极的，也有消极的；有对教学起到促进作用的，也有对教学起到抑制作用的。学校应该对这些信息进行筛选和加工，选出有助于促进学生健康发展的积极信息，预防、抑制不良信息在学校中的传播；同时也应该教会学生识别信息的能力，用良好的信息来丰富学生的精神世界，增强抵抗不良信息的能力。学校在接纳社会信息的同时，应该形成自己的体育文化氛围，良好的校园体育文化氛围能帮助学生形成正确的体育价值观、体育态度和理想信念，进而影响他们的学习兴趣、学习行为与动机、学习效果与效率，从而影响体育教学的效果和质量。

5. 自控自理策略

体育教学是在师生双边活动的过程中实现的。任何教学环境的改善和建设都离不开学生的参与和支持。在优化体育教学环境的过程中，要充分调动学生的积极性，发挥学生的主动性，增强学生的责任感，使学生学会控制和管理体育教学环境。

优化体育教学环境应根据社会大环境、体育教学目标、学生身心发展的特殊需要及课堂教学情境的要求进行组织和设计，以体现社会文化精神、价值取向及教育者期望。这些要求和期望渗透在体育教学的各种环境因素之中，形成了一种具有教育和启示意义的教育资源。

第四节　水平与单元进度计划的制订

制订教学计划对实现课程目标具有重要的意义。水平教学计划的制订，对小学生在某一水平阶段里的体育与健康学习进行统筹规划，不仅有利于体育教师从整体发展的角度设置学习目标、选择学习内容等，更有利于保持学生体育与健康学习的连续性，打破传统体育与健康教学中学生总是在不同时间内低水平重复学习的局面。不过，水平教学计划更多意义上只是一种规划，对于其中所选编的教学内容如何真正实施并不具有太多直接的可操作性。在某一水平阶段，学习的内容有很多，只有将相同或相似的内容整合到一起进行集中学习，才能达到事半功倍的效果。而单元教学计划则能很好地体现可操作性。

 ## 水平教学计划的制订

（一）水平教学计划制订的基本要求

1. 整体性

《课程标准（2022年版）》根据学生的身心发展特征，将小学六年的体育学习划分为三个学习水平，并设置了相应的水平目标，处于同一水平阶段的学生，其身心发展特征是相似或相同的。因此，在制订教学计划时，要根据本校和学生的实际情况，对同一水平阶段的学习目标和内容进行统筹安排，把各个维度水平目标所呈现的内容标准具体化，并分配到每个学期中，以便从总体上把握学习内容和要求，全面实现课程目标。

2. 连贯性

水平教学计划的制订应反映同一水平阶段两年教学工作的连贯性。在同一水平阶段中，学生的学习目标是一致的，因此，教师在制订教学计划时就应该针对学生在该阶段身心发展特征来思考教学目标、教学内容和教学策略。同时，由于小学六年分成了三个水平阶段，在制订教学计划时，要注意本水平教学计划与其他水平教学计划的连贯与衔接。因此，在制订水平教学计划时，既要注意本教学计划内容的连贯性，同时也要注意本教学计划与其他水平教学计划之间的连贯性。

3. 灵活性

现代教育倡导"以学生为中心"的新理念，实际上就是强调根据学生的需求和学生之间存在的差异来开展教学。在教学中，教师经常需要通过信息反馈来调整自己的教学策略，而不是只考虑严格执行教学计划，不重视学生的变化。总之，体育新课标给教师制订和调整教学计划留有足够多的空间和余地，就是为了强调教学计划的灵活性。

（二）制订水平教学计划的方法

1. 深刻把握课程标准的三级目标体系及内容标准

在制订水平教学计划时，必须对课程标准的目标体系有相当深刻的认识，对各领域目标、本学习阶段的水平目标以及内容标准有全面的了解。各领域水平目标之间具有四种不同的关系：第一种是在本领域内具有一定的层次性，即具有递进的关系；第二种是在本领域内具有并行关系；第三种是具有阶段性；第四种是跨领域之间的水平目标具有一定相关性。

2. 按水平目标和教学内容进行统筹安排

在深刻把握了各水平目标相互之间的关系后，应对水平目标和教学内容进行统筹安排，并将它们分配到各水平教学计划中去。

依据课程标准中不同水平阶段各领域规定的活动内容，选定具体的教学内容，并把这些教学内容合理地分配到两个学年中去。然后，再根据学年授课周数、每周授课时数，以及每年级的各项教材及其设定的课时比例，合理地分配到两个学期中去。具体如下。

（1）依据体育课程标准各级目标的含义和要求，选定教学内容。课程标准的各级目标，是统领和选编各学段教学活动或内容的依据，因此在制订教学计划时，首先要悉心研究领会课程标准的总目标、领域目标和水平目标的指导思想、理念含义及目标之间的相互关系，并依据本学段各级目标要求选定相应的教学内容。

（2）深入研究教学内容的性质和特点，分配好两个学年的教学内容。如上所述，学段各领域中的教学内容不是教师主观随意安排的，而是依据本学段各领域和水平目标的规定选定的。因此，教师在制订学年教学计划时，应先对所确定的教材进行深入研究，如根据教材的难易程度和目标的特定要求，考虑哪些内容适于安排在 1 年级，哪些内容安排在 2 年级；根据教材的性质、特点，分清它们分别属于哪个目标统领下的内容；等等。掌握好教材的性质、特点及目标属性，有助于合理地把本学段的教学内容分配到两个年级中，并做到目标明确、分量适宜，难易度符合相应年级学生的接受能力。

（3）根据学年、每周授课时数和季节规律，分配好两个学年的内容（表 3-3）。

表 3-3　水平三教学计划

学校名称：　　　　　　　　制表日期：　　年　月　日

课程内容	第一学年 （108＊）		第二学年 （108）	
	第一学期（54）	第二学期（54）	第三学期（54）	第四学期（54）
基本运动技能与体能	1. 乐意参加体育活动 2. 向他人展示自己的运动动作 3. 发展灵敏性和速度体能 ……	1. 示范所学的运动动作 2. 在运动项目学习中保持正确的身体姿势 3. 发展跳跃能力和平衡能力 ……	1. 主动观察和简单评价同伴的运动动作 2. 发展灵敏性和速度体能 ……	1. 初步探索体育游戏活动的练习方法 2. 发展速度和平衡能力 ……

续表

课程内容	第一学年（108＊）		第二学年（108）	
	第一学期（54）	第二学期（54）	第三学期（54）	第四学期（54）
健康教育	1. 在日常生活和学习中保持正确的身体姿势 2. 在体育活动中努力展示自我 3. 消除因身体形态问题可能产生的自卑感 4. 了解安全的体育活动方法 ……	1. 了解不良情绪对体育活动的影响 2. 在教师指导下敢于做未曾做过的动作 ……	1. 在运动项目学习中保持正确的身体姿势 2. 了解勇敢与蛮干的区别 3. 通过体育活动消除烦恼 ……	1. 运用适当的体育活动改善身体姿势 2. 关注青春期的健康 3. 体验身体健康发生变化时情绪、意志的不同表现 4. 学会利用多种途径获取体育与健康知识 ……
专项运动技能	1. 了解球类运动和体操运动动作 2. 初步掌握足球基本技能和一套体操动作 …… 根据内容标准选择以足球、舞蹈为主的教学内容，辅之以多种游戏活动，组成三至四个教学单元，实现教学目标。	1. 了解田径和游泳运动动作 2. 初步掌握快速跑、跳远和自由泳基本技能 …… 根据内容标准选择以短跑、跳远、自由泳为主的教学内容，辅之以发展体能的多种游戏活动，组成三至四个教学单元，实现教学目标。	1. 了解球类运动和民族体育活动动作 2. 初步掌握另一球类运动项目的基本技能和一套武术动作 …… 根据内容标准选择以篮球、排球、少年拳套路为主的教学内容，辅之以发展体能的多种游戏活动，组成三至四个教学单元，实现教学目标。	1. 了解舞蹈和新兴运动项目动作 2. 初步掌握一套民间舞蹈动作和轮滑基本技能 …… 根据内容标准选择以新疆舞和旱冰轮滑为主的教学内容，辅之以球类和游戏活动，组成三个教学单元，实现学习目标。

 制订单元教学计划的步骤

（一）确定教学目标

单元教学目标是某一单元教学所要达到的目的和要求及学生通过本单元学习后达到的程度。单元教学目标的确定应依据水平教学计划，它是水平教学计划的进一步细化，同时又是课时教学目标的纲领，具有纽带作用。在新的课程标准下，单元教学目标应包括知识目标、技能目标、体能目标和情感目标（情意合作与表现和社会适应）四个部分。知识目标为通过本单元的学习，学生要了解或掌握的体育与健康的知识。技能目标为通过本单元的学习，学生所要掌握和运用的运动技术和能力。体能目标为通过本单元学习，学生所要锻炼或发展的身体素质与运动能力。情感目标为在本单元学习过程中所要贯彻的思想教育渗透及学生的情感体验。

（二）设置课时数

单元教学课时数的多少直接影响学习内容的广度与深度，以及单元教学目标的达成度。在分配单元课时数时要充分依据水平教学计划以及学生发展需要，合理设置单元课时数，并根据单元课时数的设置合理分配重难点与教学内容。对于学生兴趣大，又有利于增强学生体能、培养学生终身体育意识的单元，可以分配课时数较多一些，教学内容可以广一些、深一些。对于那些与实际生活联系少、学生又不太感兴趣的单元，课时数可以少一些，让学生做到了解或基本掌握即可。

（三）分析重难点

教学重点是学生学习与掌握知识、技能、方法的主要环节，在单元计划中必须明确；教学难点是在达成教学目标过程中可能出现的困难和遇到的障碍，在单元计划中要对困难和障碍有所预见。只有确立了重点、预见了难点，才能采用有效的教学手段去突出重点、突破难点，最终达成教学目标。在单元教学计划中，本单元的教学重点与难点应根据教材内容和学生的实际情况进行技术和体能的分析来确定，并把重难点分配到教学课时中去，通过课时教学的重难点突破来完成单元教学重难点的突破。

（四）选择单元教学内容

单元教学目标的确立为选择教学内容限定了范围、指明了方向。单元教学内容的选择要更好地激发学生的学习热情，并同学生已有的学习经验与体验建立联系，这样才能使学生更好地理解和掌握教材内容。因此，在选择教学内容时要注意以下几点：①单元教学内容的选择应在单元教学目标的统领之下，为实现单元教学目标服务。②单元教学内容应注意场地、气候等外界因素的影响，根据课标精神选择促进学生健康发展的内容。③单元教学内容要有利于激发学生的运动兴趣，为培养学生的终身体育意识奠定基础。④充分关注学生的个体差异与不同需求，确保每一个学生在学习本单元后都受益。

（五）制订教学方法与学习策略

在制订体育单元教学计划时，应以主题教学内容为基础设计单元教学目标，为达成教学目标而采用多种教学方法。第一，教学方法是教师教授的手段与措施，在单元的每节课中是采用全班教学还是分组教学，在分组教学中是采用同质分组还是异质分组，是预先分组还是随机分组，都要事先设计好。第二，学生的学习策略是提供学生学习、练习的方法，是学生自主选择练习还是根据学习目标让学生创新练习，都要在每节课中设计好，为课时教案的制订提供直接依据。单元教学计划还应根据教学实际及时调整。

三　水平一与单元教学计划的制订

水平一的学生，年龄小，活泼好动，因体育是室外课，干扰因素多，他们的注意力不容易集中，兴趣难以持久，依赖性强，自我约束能力差，但是他们的模仿能力强。因此，教师在教学中宜采用多种形式来进行教学（比如情境教学、模仿教学、分组教学等）。他们的好奇心强，对体育活动有一种新鲜感，但对体育课的认识不足。水平一的学生年龄小，运动技术较差，理性思维尚不完善，对于说教过多、技术要求高的教学不易接受，也不感兴趣；相反，对于直观的、易于模仿的体育课比较喜欢，学习兴趣也较高。因此，教材内容要符合儿童特点，贴近他们的生活，教给他们的动作是他们平时熟悉的，游戏的方法是他们喜欢的，这样他们才能积极地参与，在玩和活动中受到教育。比如选择以游戏和发展基本活动能力为主的锻炼活动；在基本活动中有一些简单的技术动作，也大都以游戏作为手段和方法进行教学，包括排队活动、基本体操（徒手的和使用轻器械的）、奔跑游戏（多种移动、躲闪、急停）、跳跃游戏（各种跳跃等）、投掷游戏（各种挥动、抛掷等）和小球类游戏等。

单元的本意是指一个有机的教学过程和与之相配套的教学内容的"集合"，它是一个完整的教学过程。在体育教学实践中，基本上是以各项运动技术来划分单元的，单元的顺序主要是按运动技术的传授来设计的，但也有一些辅助性的其他教学单元。单元是体育教学过程的实体，是一个完整的教学阶段。

表3-4是水平一单、双脚跳的单元教学计划，该设计的总体思路是从培养学生跳的兴趣开始入手，然后学习单、双脚跳的方法，以情境式教学和游戏教学法为主，适合小学2年级学生的身心特点。教学中对教学重点设计合理、清楚，层次分明，针对性强，对多元教学目标的达成有针对性。

表3-4　水平一（2年级）各种方式的单、双脚跳单元教学计划[①]

教学目标	1. 能以积极认真的态度参与到体育活动中，在多样的活动中发挥想象力，培养创新精神 2. 在学习过程中了解各种动物的跳跃，掌握单、双脚跳的动作方法 3. 发展柔韧性、反应能力及协调能力 4. 在群体活动中与伙伴建立合作互助的友好关系，提高相互合作、交往的能力
教学重点	1. 学生的想象、创新和表现能力 2. 用前脚掌蹬地跳起的方法 3. 单脚跳、双脚跳轻巧落地的方法

---

① 本案例引自：豆丁网. 小学体育水平、单元与课时教学计划的制订 PPT. ppthttps：//www. taodocs. com/p - 148069211. html

续表

课次	学习目标	教学目标	教学内容	教学重点
1	积极主动地参与课堂，能模仿各种动物的跳	培养学生跳跃的兴趣，使学生体会跳的动作，培养学生认真观察的能力	1. 模仿各种动物的动作 2. 模仿各种动物的跳 3. "照镜子"游戏 4. 动物找家游戏	不只要学会几种动物跳的姿势，还要通过自己的观察、思索、构思、创造，来发现不同动物跳跃的不同特征，从而使模仿更加形象生动
2	初步体会单、双脚跳的方法	培养学生团结协作、共同进步的精神，培养学生勇敢果断的意志品质	1. 单脚跳 2. 双脚跳 3. 种、收蘑菇游戏 4. 投掷大灰狼游戏	单、双脚跳：用力蹬地与轻巧落地，两臂协调配合
3	1. 掌握单、双脚跳的动作方法 2. 学会在生活中运用所学技术 3. 正确理解落地缓冲对自我保护的作用	使学生掌握单、双脚跳的方法，锻炼学生的协调性	1. 小蝌蚪躲雨游戏 2. "石头、剪刀、布"游戏 3. 小青蛙踩荷叶游戏 4. 小青蛙捉害虫游戏	重、难点：单、双脚前脚掌蹬地起跳与轻巧落地的方法
4	1. 掌握跳单、双圈的方法 2. 在跳单、双圈活动中学会单脚起跳双脚落地的方法	积极创想和实践，使学生充满想象力	1. 拍皮球游戏 2. 钻圈游戏 3. 拼房子游戏 4. 跳房子比赛	重点：单起双落 难点：轻巧落地，动作连贯

点评：

（1）该单元教学计划的设计体现了新课程理念，其目的是培养学生的参与目标、技能目标及社会适应目标。

（2）该单元教学设计对学习内容的选择基本体现了由易到难的教学原则。

（3）该单元教学内容的设计适合教学对象，以游戏教学为主。

（4）该单元教学设计明了、清楚，每个课时教学重、难点突出。

四　水平二与单元教学计划的制订

对于水平二的学生，新课标在四个学习方面的要求是：①运动参与目标：乐于学习和展示简单的运动动作，达到该水平目标时，学生将能够向同伴展示学会的简单运动动作，向家人展示学会的运动动作。②运动技能目标：会做简单的组合动作，达到该水平目标时，学生将能够做出多项球类运动中的简单组合动作，做出体操的简单组合动作，做出武术的简单组合动作。③身体健康目标：基本保持正确的身体姿势，达到该水平目标时，学生将能够在日常学习和生活中初步保持正确的身体姿势，在徒手操、队列等练习中保持正确的身体姿势。④心理健康与社会适应目标：体验身体健康状况变化时的心理感受，在体育活动中表现出合作行为；达到该水平目标时，学生将能够体验身体健康变化时注意力、记忆力的不同表现，体验身体健康变化时情绪、意志的不同表现，体验并说出个人在参加团队游戏时的感受，知道在集体性体育活动中如何与他人合作。

水平二的学生组织纪律性较强，想象力、创造力丰富，学习兴趣易被激发，运动能力有一定发展，但情绪变化较大，上课喜欢玩，运动系统发育不成熟，肌肉力量和协调性较差。要努力培养学生主动进取的精神，使他们掌握学习方法，把握学习规律，在学习过程中不断去发现，去创造。要将学生身心作为一个整体，使他们通过合理的运动实践，在不断克服困难中体验运动的乐趣，提高运动的技能，培养健康和愉快生活的态度，同时增强体质，培养坚强的意志，为终身体育打下坚实的基础。水平二体育教材以实践教材为主。根据学生的能力以及学校的条件，体育教学内容主要选择田径（跑、跳、投）、体操、游戏、篮球等基础项目，以便使学生跑、跳、投的基本技术得到提高；并挖掘生活中的实用技能（表3-5）。

表 3-5　水平二走和跑与游戏单元教学计划

水平目标	1. 学会走和跑的正确方法，发展灵敏性、速度、耐力等素质 2. 培养勇敢、顽强、吃苦耐劳的意志品质，团结协作的集体意识及奋力拼搏、竞争进取的精神	教学单元	走和跑与游戏
学习目标	保持正确的走和跑的姿势，提高 25 米×2 往返跑成绩	总计课时	7.5

课时顺序	教学内容	教法与措施
1	负重走的游戏	1. 两三人一组分散练习；2. 分组比赛
2	看谁反应快	1. 听口令各种姿势起跑；2. 比赛
3	抬人游戏	1. 两三人或多人合作游戏；2. 比赛
4	转身快速跑	1. 原地转身快速跑；2. 双脚跳、单脚跳后，向后转身快速奔跑；3. 比赛
5	间隔换人接力	1. 用讲解法、示范法向学生介绍游戏方法、规则，要求学生遵守规则，注意安全；2. 游戏、比赛
6	障碍跑	1. 绕过障碍跑游戏；2. 跨过障碍跑游戏；3. 比赛

续表

课时顺序	教学内容	教法与措施
7	25 米×2 往返跑	1. 慢跑，体会绕杆转向的动作及要领；2. 计时跑
8	跳绳接力赛	1. 自由分散练习；2. 分组比赛
9	搬物赛跑	1. 用抬人、搬物等形式进行游戏；2. 比赛
10	30 米迎面穿梭接力跑	1. 分组练习；2. 比赛
11	叫号赛跑	1. 叫号赛跑；2. 看手势赛跑；3. 简单的加减法赛跑
12	抢占空位	1. 游戏中要求学生遵守规则，注意安全；2. 比赛
13	十字接力跑	1. 教师应强调在右侧超越对手的规则，注意安全；2. 练习；3. 比赛
14	考核：25 米×2 往返跑	1. 师生先讨论跑的方法及注意点，提醒学生最后冲刺；2. 考试：每人 2 次；3. 记录成绩；4. 查分、学生自我评价
15	400～600 米自然地形跑	1. 师生跑的方法与要求；2. 分小组定向跑；3. 比一比，哪一小组跑得既轻松又安全
考核标准	同《学生体质健康标准评分表》	

点评：

通过各种跑的游戏培养学生对体育的兴趣，培养学生的运动能力，发展学生的体能，发展学生的速度、耐力、灵敏性、协调性等，从而全面提高学生的身心健康水平。

五　水平三与单元教学计划的制订

水平三的体育课程目标，要选择适应学生身心发展特点的、能够提高大小肌肉群控制精细动作的运动活动，以及其他学习内容，具体包括：球类运动、体操或韵律活动、田径运动、水上运动或冰雪运动、民族民间传统项目和新兴运动项目等；身体姿势练习，跨越、钻过和绕过障碍练习，接力跑，平衡动作和节奏练习；安全的运动方法、青春期男女身体特征的变化、青春期的卫生等。发展学生的体能是促进学生身体健康最基本的目标，由于各种体能发展的敏感期有所不同，水平三体育课程发展体能的水平目标是发展速度和平衡能力，主要表现为学生能够利用器械做跨越、钻过和绕过一定障碍的练习、从事各种迎面穿梭接力跑的练习、各种平衡动作练习、各种有节奏的练习。在体育教学中，应注意运用丰富多彩的练习手段，将发展学生的体能与运动技能的学习有机地融合在一起，使得两者相互促进、相得益彰（表 3-6）。

表3-6　水平三小足球单元教学计划

单元教学内容	小足球
单元教学目标	1. 与同伴一起积极地参与活动和比赛，乐于展示自我 2. 进一步熟悉球性，了解相关小足球技能的动作要领，掌握踢固定球、脚内侧运球、脚内侧射门的基本动作 3. 通过学练，发展灵敏性、协调性、柔韧等素质 4. 能与同伴在练习与比赛中相互配合，培养良好的合作意识

课时	教学内容	教学目标	教学重、难点	主要教学策略
1	踢固定球	1. 知道踢球的位置和脚型，了解学习小足球的重要性 2. 初步掌握摆腿技术和支撑脚站位的方法，提高学生连续踢球的能力，发展学生的灵敏、协调、柔韧等素质 3. 培养学生合作学习的意识	重点：大腿带动小腿摆动 难点：支撑脚的正确站位	1. 摆腿动作练习 2. 两人一组一踩一踢 3. 两人一组上1~3步固定球
2	脚内侧运球	1. 知道脚内侧运球的动作方法，体验运球的乐趣 2. 能做出正确的用脚运球的动作，提高对足球的控制能力 3. 提高学生的协调平衡能力	重点：提腿屈膝的运球方法 难点：运球中对球的控制	1.（踢球部位）练习 2. 两人一组合作体会踢球部位
3	脚内侧射门	1. 了解射门的动作方法，知道该动作方法在比赛中的作用 2. 初步掌握射门时的摆腿动作要领，提高射门的准确性，发展学生的灵敏、协调、柔韧等素质 3. 体验射门成功后的喜悦，增强集体荣誉感	重点：大腿带动小腿摆动，踝关节绷紧 难点：动作的连贯性和协调性	1. 钟摆式的摆腿练习 2. 上一步射门 3. 助跑一定距离射门 4. 进球大战

点评：

（1）该单元教学计划的设计，虽然没有按照四个学习领域目标的模式编制，但是体现了四个学习领域的总体精神和要求，在表达方式上比较直观、具体。

（2）该单元教学计划的设计基本上是按照认知、技能、情意三类目标进行表述的，情意性目标的表达言简意赅，可操作性较强。

第五节 课时教学计划的制订

　　《课程标准（2022年版）》为小学生在体育与健康学习中提出了四个学习领域目标：运动参与、运动技能、身体健康、心理健康与社会适应。这四个领域目标涵盖了生理人、心理人、社会人的三维发展观，体现体育教育对人的发展的全面功能。运动参与，主要是体现学生在体育学习方面的态度和行为。运动技能，主要是发展基础运动能力的基本技能和基本技术。身体健康，主要是体质方面的健康发展。心理健康与社会适应，主要是在体育教学中培养学生的良好人格、品德、意志和责任感，为未来走向社会奠定良好基础。如果把宏观的、宽泛的课程目标或单元目标直接拿来作为课时目标，就会使课时目标不具体，难以操作。只有在确定了每堂课的学习目标之后，才能确定相应的学习内容、教与学的方法等，才能真正进入实践操作阶段。

 一 课时计划的内容

　　课时计划，俗称教案，它是对每一堂课具体深入的教学准备，是对师生课堂预期的教学活动的设计与描述。其中的体育课时教学目标是单元教学目标的下级目标；它是体育教学中师生预期达到的教学结果和标准。

（一）教学目标

　　《课程标准（2022年版）》在设置学习目标的建议中指出："目标难度适宜。教师应根据学生的体能、运动技能等实际，设置能激发学生学习动机和愿望，经过师生共同努力能够达成的学习目标。"这段话明确了课时体育教学目标应遵循三个基本原则：①目标包含努力因素原则；②目标依托体育教材原则；③目标切合学生实际原则。要依据单元教学计划中设置的学习目标来细化课时教学计划中的学习目标。

　　教学目标是教师在教学活动过程中对学生身心发展变化的期望。当然，这种期望是通过有组织、有计划、有目的的师生共同活动达成的，不是学生自然成熟的结果；学生的发展变化，不仅表现为易于观察和测试的行为变化，也表现为与行为变化相统一的心理变化。所以，教学目标的表述必须准确、严密，不能用模棱两可的语言去表述学生的学习任务。教学目标的陈述应该是学生的学习行为，而不是教师的教学行为；应该是学生最终的学习结果，而不是学习过程或教学过程。教学目标的内容围绕身体发展目标、心理发展目标和社会适应目标，其语言表述要具体、明确。因为，准确具体的教学目标能够使学生在课堂的开始就建立起明确的学习信心，知道将要做什么，做到什么程度，更有利于激发学生的学习积极性，使学生向着明确的目标去努力。

美国体育教学论专家西登拓朴依据行为目标表述方法提出，具体的课堂教学目标包括三个要素：课题（做什么）、条件（在何种条件下进行）、标准（做到何种程度或标准）。《课程标准（2022 年版）》设置了运动参与、运动技能、身体健康、心理健康与社会适应四个领域的目标，体育教师在一节课中，不可能把所有的目标都实现，表述要有重点，在教学实践中要有很强的可操作性。

一堂体育课的教学目标按照行为的可见性分为行为性目标和非行为性目标，在对教学目标进行描述时应该根据不同教学目标采用不同描述方法。描述方法分为行为性目标描述和非行为性目标描述。

1. 行为性课时教学目标描述

（1）明确学生是行为的主体。课程改革中强调"教师主导、学生主体"的教学理念，课堂是学生的课堂。课时教学目标所预期和描述的是学生行为，是学生在体育认知、技能、情感三个方面发展的标准和要求，是学生在体育课后能学到什么，那么我们在制订课时教学目标时就不能再使用传统描述方式——"使学生……让学生……"，而应使用"学生能够……学生要……"的目标描述方式，使学生明确目标是自己要完成的任务。

（2）行为内容描述要准确。行为内容是指学生在课堂上具体要做什么，准确全面的描述能够清晰地表明学生所要达到的结果，同时要根据学生在认知、技能、情感三个方面学习程度的不同，分别使用相应的动词来描述目标。如：学生能够体会、感知、感受某些技术动作；学生能够鉴别、比较、评定、判断某些技术要领；学生能够掌握、完成某些技术动作等。

（3）行为条件要具体。在一堂体育课上，我们不仅要考虑学生应该学习什么技能，还要考虑在什么条件下进行学习。比如发展力量素质，可以选择田径项目，也可以选择篮球项目；如果选择单手肩上投篮来发展学生的力量素质，就应该明确在篮球场的什么位置进行单手肩上投篮。另外，行为条件要进一步明确，比如 50 米跑练习中，学生在练习的过程中应该以什么样的速度进行？是尽全力还是用 60% 的速度进行练习？在教学过程中，练习的条件如果不能被学生清晰理解，学生就有可能做出与预设目标不一致的行为，从而导致学生学习的效果不理想。所以，行为条件要具体。

（4）行为结果要有标准。这种标准应该根据学生水平、教学条件等作出调整，它只是教师对教学效果预先的估计，是教师评价课堂教学效果的一个参考标准，这种标准必须是量化的。

2. 非行为性课时教学目标描述

非行为性课时教学目标是指对于学生在体育课堂上无法进行量化的态度、情感等目标，主要描述学生的心理感受、体验或者教学情境，以定性描述为主。这类目标的描述方法有以下三种：①体现学生的主体性，即使用"学生能……学生要……"之类的语句描述；②与具体的体育教学内容的基本特征相对应，比如所选取的运动项目是集体的还是个体的？有无对抗性？是否具有危险性？③体现教学实施途径和方法，以教学内容"篮球行进间运球"为例，根据以上的描述方法，认知目标描述为"学生在教师讲解的过程中集中注意力听讲，90%的学生能够说出行进间运球的要领"；情感目标描述为"学生能够在个人练习的过程中集中注意力，体验运球带来的快感与产生良好的情绪"。

（二）教学内容

教学内容作为体育课程的核心，是教师"教"和学生"学"的重要纽带，是体育教学目标与体育教学实施的中介，是体育教师在进行教学课时计划设计中首先要考虑的问题。教学内容的合理选择在教学实践中具有重要的意义。教学内容的选择在很大程度上影响着教学目标、教学方法、教学环境及教学评价等要素，是教学实践的关键之所在。不合理的教学内容不仅会使体育课的教学效果大打折扣，甚至会造成对学生身心健康不利的局面。小学体育课还承担着对学生进行体育启蒙的重要作用，科学而合理的体育教学内容对学生建立正确的体育理念、培养浓厚的运动兴趣、形成良好的运动习惯有着至关重要的作用。

教学内容是教师和学生开展教学活动的基本依据。课堂教学内容来自师生对体育课程内容与教材内容以及教学实际的综合加工。根据新课程"目标引领内容"的原则，要把具体教学内容的选择权下放给教师，还要下放给小学生，政府或者学校在设计教学内容时要遵循学生的身心发展规律，并要从小学体育教师的实际出发。只有这样，我国体育教学才能更好地达成目标。教师根据课程的学习目标、领域目标、水平目标和内容标准，结合学校、学生、场地器材等选择和创编具体的学习内容。实现同一个目标，可以选择不同的内容；同一内容，可以用来实现不同的目标。学习目标与具体内容的选择、创编并不是一一对应的，应充分发挥同一学习内容多方面的功能，通过练习与学习在实现运动技能、身体健康目标的同时，实现运动参与、心理健康与社会适应的目标，即通过某一练习实现多元目标。例如，水平二提出"通过多种练习形式（如各种跳跃游戏和跳绳等）发展跳跃能力"的内容标准，既能实现发展跳跃的能力目标，也能培养学生积极参与运动的兴趣，提高学生的社会适应能力。

（三）体育教学方式

根据学生的身心发展特点和教学内容选择教学方式是实现课堂教学目标的重要环节。在新课程背景下，体育教师在进行教学时，应避免过去小学生采用的被动的学习方式，努力使学生形成积极、主动的学习态度，促使学生学会学习。在教学上采用游戏、自主、合作、情境式教学方式，满足小学生爱玩好动、好奇心重、兴趣广泛的天性。一般来说，小学生的注意力不稳定、不持久，生动、具体、新颖的事物较易引起他们的兴趣和注意，而且会让他们很想体验。

在小学体育教学过程中，结合学生的年龄阶段心理特点，将体育游戏应用到体育教学与体育训练中，不仅可以活跃课堂气氛，激发学生的学习兴趣，还能够丰富体育课堂内容，提高体育教学效果。体育运动本身的特性之一就是合作，无论集体运动项目还是个人运动项目，在体育学习过程中都需要学生的合作。在小学体育教学中，加强学生的合作学习对从小培养学生的合作意识和精神具有深远的影响。合作可以是两人之间的合作，也可以是多人之间的合作。合作可以使学生得到更多的帮助，产生更多的灵感，得到更好的体验，获取更大的收益。

（四）教学中的师生活动

传统的课堂教学，体育教师是教学的主体，处于绝对的权威地位，并把学生放在客体的位置上，以对象化的思维看待全体学生，与学生处于相互对立的状态。这种把学生放在客体位置上的课堂教学，扼杀了学生的个性和主观能动性，教代替了学，因此学生是被教会的，而不是自己学会的，更不用说会学了。这类缺乏师生交流和互动的课堂教学，对于特殊的体育教学来说，效率低下是可想而知的。随着课程改革的深入，体育教学改革不仅强调教师的主导地位，更强调学生的主体地位。"以学生发展为本"，就是要求体育教师把学生置于课堂教学的主体地位，使学生成为体育学习的行动者。教师和学生成为两个平等的主体，教学相长。正是平等与宽松的教学环境，改变了学生原有的单一、被动的学习方式，建立和形成了学生主体性、多样化的学习方式，为学生在体育教师指导下主动地、富有个性地进行体育学习提供了可能和机会。在新的课程环境下，体育教师的主要任务在于引导学生积极主动地参与体育健身活动，并在亲身体验中不断提出和解决体育健身中所遇到的各种问题。

课时计划中教师活动的内容是具体教学策略的呈现，包括教学组织步骤、图例和教法、教学要求、注意事项、体育骨干使用以及因材施教措施等，旨在引导和帮助学生掌握科学的体育健身知识、技能和方法。而课时计划中的学生活动，则由练习队形、学练方法与步骤、学习要求和学习方式组成。有时，还要根据学生的身心特点、个体差异、体能与运动技能水平、体育兴趣与爱好等，安排切实可行的分层学习或自主学习，培养学生的自我指导能力，激发学生的学习兴趣。学习活动的实施，可以使学生的主体意识得到增强，对于培养学生的集体主义精神、合作精神和责任感，养成尊重、关心他人的习惯，获得良好的心理体验具有积极的促进作用。

二　小学体育教学课时计划制订的案例

从体育课的类型出发，体育课教案可以分为理论课教案和实践课教案。

（一）理论课教案

体育课时计划
（教案）设计
与研究

理论课教案的编写形式多种多样，它是根据教学内容按时间有序展开过程的书面表述。一般包括以下主要内容：

（1）讲授课题。就是要讲授的题目。

（2）教学目标。在深入理解与分析理论教材内容的前提下，针对学生的知识水平确定的。

（3）教学重点和难点。教学重点是本课教学内容最主要的问题，也是实现教学目标的关键之处。而教学难点是本课教学内容中学生难以理解和领会的内容。只有找准和弄清教学重点和难点，才能透彻地理解教学内容，更好地设计教学，教师有重点地教，学生有目的地学习。

（4）教学过程。根据教学内容，拟定讲授提纲。要考虑整节课的结构，如什么内容先讲，什么内容后讲，各项内容时间的分配等。

（5）课后小结。在不断总结中改进与提高教学技术和能力。

（二）实践课教案

实践课教案按教学程序进行编写，具体内容如下：

（1）教学内容。为了达到体育教学目标，要求学习者系统学习的体育知识、体育行为和运动技能的总和。一般是技术学习单元和项目。

（2）教学目标。依据学期目标和单元教学目标以及本课的重点和难点，结合大多数学生的实际水平制定的。

（3）教学步骤。合理安排实践课的各部分内容、时间和练习次数。考虑采用何种教学组织形式，如针对每一个教学内容，教师该如何教，学生该如何学，应采用哪些教与学的步骤。

（4）场地器材。计划好预计本课所需的场地、器材和用具的名称、数量、规格，要写清楚，以便课前准备。

（5）练习密度预计。为了更好地实现教学目标，提高教学效果，根据本课的教学内容、学生的具体情况，以及场地、器材与气候条件，预计本课的练习密度与全课的平均心率、最高心率以及全课脉搏曲线。

（7）课后小结。每节课后的小结，是教案中不可缺少的部分，要对本次课教学目标完成情况、主要优缺点、改进的方法等一一做简明扼要的记录。

从形式上来划分，实践课教案可以分为文字类教案和表格式教案。

案 例 1

文字类教案
水平一（一年级）跳跃单元课时教案

一、教学目标

1. 学生积极参与课中安排的各项游戏

2. 发展反应能力、灵敏性和协调能力，掌握单、双脚跳跃及轻巧落地的跳跃方法

3. 模仿或随意创新动作，以培养观察能力和思维能力

二、教学内容

1. 游戏：躲雨

2. 游戏："石头、剪刀、布"

三、教学步骤及组织

按语言激发—创设情境—引发兴趣—积极参与—师生互动—达成目标的步骤设计本课。

（一）情境导入

1. 课前出示多媒体课件《快乐的池塘》，调动学生的学习积极性

2. 学生在方形区域内散点占位（打破常规的站队形式，给学生创造一个轻松的课堂氛围）

3. 师生相互问好（语言诱导：我们来到池塘里，我们是一群快乐的小蝌蚪……）

4. 导入本课主题

（二）情境展开

1. 小蝌蚪躲雨

指定各学习小组的六名同学分别站在六个小方框中，两手侧伸做伞的形状当荷叶伞。教师喊下雨了，同学们快速跑到自己组的伞下；教师喊天晴了，就快速地跑出来做各种运动（图3-5）。

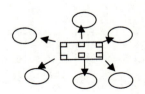 

图3-5　躲雨游戏设计

2. 小蝌蚪成长操

边做边进行语言诱导：①小蝌蚪摇摇头，②小蝌蚪动动肩（在富有节奏的音乐中进行）

3. 小青蛙学本领

（1）"石头、剪刀、布"的小游戏

单、双脚跳动做"石头、剪刀、布"的游戏，决出胜负，输的同学做小蝌蚪的游动动作

（2）跳荷叶

①语言诱导：池塘里有许多荷叶，学生进行跳荷叶游戏

②创设问题情境：

a. 怎样跳才不会踩断荷叶（要轻轻地落）

b. 怎样跳才不会掉到池塘里（要选择适当距离的荷叶进行跳跃）

③自主学练跳荷叶（用小垫子做荷叶），自行设置距离（每组 2 块小垫子）

④跳荷叶比赛（安排适当距离放置小垫子，但必须保证每个同学都能跳到，能力强的同学可以一次跳 2 块），最先到达对面小池塘的青蛙队每人手上盖一枚光荣小印章。比赛 1~2 次

（3）小青蛙捉虫游戏

（三）情境结束

种子发芽模仿，播放音乐《小雨沙沙》，使学生在优美的音乐中放松身心，模仿种子发芽做动作

（四）场地器材及教具准备

1. 场地设置

2. 教具：准备录音机 1 台，小方垫 42 块

（五）小结及课后反思

本节课尝试用多媒体进行教学。课前将学生带到多媒体教室，通过《快乐的池塘》课件的展示，使学生了解本节课的教学内容及要求。优美的画面、动听的音乐，将学生的参与积极性一下子调动了起来。室外练习时通过一系列的模仿练习、小组练习、游戏练习，使学生在整个教学过程中情绪饱满，学习积极性高涨，有效地解决了小学低年级学生上体育课注意力不易集中、不听指挥的难题。学生天真活泼，具有好动的天性，把这种天性还给孩子，让他们体验快乐，体育课堂也充满了生命力。他们把上体育课当成玩，因此对活动表现出极高的兴趣。在普通班教学时，采用戴头饰、出示青蛙卡片的方式，也收到了良好的效果。

表格式教案是运用图表的形式将教案的内容科学、合理地分配到每一个栏目中，其优点是

清楚明了。现大部分体育教师都采用表格式教案。

表格式教案

表 3-7 一年级（水平一）跳跃与投掷游戏教学教案

学校名称：×××小学
任课教师：×××
上课年级：一（11）班
学生人数：36 人
跳跃单元第二课时

教学内容：
单、双脚跳种蘑菇游戏、投掷大灰狼游戏

教学目标：
1. 学生能够积极参与跳跃练习
2. 学生要知道单、双脚跳的动作方法
3. 学生要发展跳跃能力，培养合作意识并体验成功感

教学步骤	实施步骤				
	内容	组织	教师引导	学生参与	过程目标
情景导入	1. 体育委员整队 2. 师生问好 3. 检查服装、安排见习生 4. 情景导入	⏐⏐⏐⏐ △	情景导入：上节课小白兔邀请我们去做客，这会儿他们在家里焦急地等待着我们。你们想不想马上出发？（创设童话情景）	1. 认真听老师讲解，并配合老师积极回答问题 2. 学生听口令做动作	1. 师生精神饱满，注意力集中 2. 师生融入情境
准备活动	1. 高人矮人集中注意力练习，长颈鹿代表高，小乌龟代表矮 2. 反向练习，长颈鹿代表矮，小乌龟代表高	⏐⏐⏐⏐ △ 同上，成体操队形	1. 教师讲解要求、领做，并提示变换练习 2. 教师积极参与课堂交流，要求有鼓动性	学生积极参与、认真模仿动作，活动起来	学生按要求集中注意力，使学生身心逐渐兴奋，进入上课状态

续表

艰难的行程	1. 爬过高山 2. 穿过树林 3. 走过独木桥 4. 跨过小土坡 5. 蹚过小溪	学生绕大圈行进，边绕圈边做伸展练习	1. 教师引导学生做不同的动作 2. 教师在学生通过不同地理环境时注意观察他们所做的不同动作，及时表扬做得好的同学	1. 积极参与，并尝试练习 2. 学生随音乐走成圆形队，边走边做动作	1. 发展学生的空间感知能力 2. 培养学生的创新能力
快乐的舞蹈	1. 伸展 2. 绕肩 3. 扭腰 4. 后踢腿拍手	学生在圈外随音乐做动作，身体各部位充分活动	1. 教师用提问的方式引导学生：同学们，想不想打雪仗啊？同时参与到学生的游戏当中去 2. 巡视并分别选出投掷准备姿势较好和较差的学生，然后进行比较，使全体学生都知道正确的准备姿势 3. 教师观察学生的游戏情况，并随时提示学生注意安全	积极投入地进行游戏，并注意安全	激发学生投掷的兴趣，发展学生的投掷能力
有趣的单、双脚跳	1. 单脚练习 2. 双脚练习 3. 用沙包辅助练习	学生在各小组区域内活动	1. 边唱儿歌边做动作 2. 使学生初步体会单、双脚跳 3. 指导学生并解疑 4. 和学生一起用沙包辅助单、双脚跳，表扬有创意的学生	学生积极进行活动，并体会正确姿势与不正确姿势的区别	体会单、双脚跳的动作方法，使学生身体协调用力
种蘑菇收蘑菇	1. 学生退到大圈外，用单脚跳将手中的沙包当蘑菇种到各组相应的小圈上 2. 采用接力的形式用单、双脚跳种、收蘑菇	按规则的要求进行练习	1. 教师用哨声掌握投球和检球的节奏，避免拥挤和发生危险 2. 教师讲解规则 3. 提示种、收蘑菇游戏注意事项	1. 学生积极体会单、双脚跳 2. 按游戏规则活动 3. 积极参与游戏，积极为本队加油助威	1. 发展跳跃能力 2. 培养竞争意识 3. 鼓励学生将学到的单、双脚跳技术应用于游戏

续表

制服大灰狼	1. 教师头顶体操的折叠小垫（护住头），扮演大灰狼，学生趁大灰狼睡着时投掷它 2. 大灰狼做出各种表情 3. 趁大灰狼再次睡着时捡沙包	学生参与游戏	1. 教师讲解游戏规则、方法及要求，与学生一起游戏 2. 比赛后教师简单评价，引导学生了解集体的力量是强大的，以此增强学生的集体观念	学生积极开动脑筋，仔细听教师讲解，奔跑积极	1. 同学之间团结协作、顽强拼搏、积极进取 2. 体验成功感
与大灰狼交朋友	在音乐伴奏下，师生共同进行放松活动		渗透"知错就改仍然是好样的"这一教育理念	学生积极参与，认真模仿动作	进行身体放松，使学生轻松愉快
小结	教师简单总结并评价本次课，引导学生爱护小动物，保护大自然，引出下节课的主题	原地坐下讲解，引出下节课的主题	教师总结评析	学生总结自己的表现	学生在教师引导下能对自己的表现做出评价

课后反思：

本节课继承传统教学的全面发展学生素质的优点，注意上下肢的协调配合与学生生理、心理的负荷规律，在学习单、双脚跳环节学生边唱儿歌边做动作，让学生体验单、双脚跳不轻巧落地与轻巧落地的区别。通过课前、课中的活动，创设良好的学习环境，培养学生对体育活动的兴趣，培养学生主动参与活动的态度与行为。出现个别同学走神的现象，教师提示可以和好朋友比赛，看谁单脚或双脚跳得高、跳得远，这样就很好地解决了问题。小学生爱游戏，特别对竞争性的游戏乐此不疲，各种形式的接力赛让学生兴趣高涨，但教师要在游戏前讲清楚游戏的规则与方法，否则会出现混乱局面。

场地及队伍调动：

器材：
录音机1台
小白兔头饰36个
沙包36个

本章知识结构导图

小学体育课程设计
- 学习目标的设置
  - 学习目标设置的依据
  - 学习目标设置的方法
  - 学习目标的层次性
- 学习内容的构建
  - 选择和设计教学内容的依据
  - 教学内容选择的要求
  - 教学内容选择的方法
- 教学环境设计
  - 体育教学环境的含义及构成要素
  - 体育教学环境的优化
- 水平与单元进度计划的制订
  - 水平教学计划的制订
  - 制订单元教学计划的步骤
  - 水平一与单元教学计划的制订
  - 水平二与单元教学计划的制订
  - 水平三与单元教学计划的制订
- 课时教学计划的制订
  - 课时计划的内容
  - 小学体育教学课时计划制订的案例

知识点检测

1. 请分别阐述小学体育与健康课程水平教学计划、单元教学计划与课时计划的特点，以及三者间的区别与联系。

2. 小学体育与健康课程选择和设计教学内容的依据有哪些？

3. 简述制订水平教学计划的方法。

4. 如何制订课时计划？

5. 以某一小学为对象，试制订一份单元体育教学计划。

参考答案

第 四 章
小学体育课程实施

学习目标

- 正确理解体育课的基本结构和小学体育课的密度与运动负荷的概念；
- 学会正确选择小学体育课堂教学组织的形式；
- 能够正确选择小学体育教学的方法；
- 初步具备小学体育课的组织与教学的基本能力。

案例导入

这不是我们想上的体育课

在一节小学四年级（水平二）的"趣味投掷"公开课展示活动中，为了保持良好有序的课堂秩序和安全有趣的课堂氛围，小王老师使用了小海绵球作为主要练习器材，将班上48人分成了固定的4个小组，小组的每一个练习都是在他的口令和哨声指挥下进行的。每排学生依次统一掷球、捡球，即使在最后的掷准练习中，每组的学生还是依次进行。一名来观摩课的年长的体育教师私下问学生："小朋友们，你们能说说对这节课的体会和感受吗？"第一个小朋友马上就说："这样的体育课，我不喜欢，没有自由的活动时间。"第二个小朋友则说："虽然感觉很有序，但这不是我们想上的体育课，一点都不好玩……"第三个小朋友补充道："唉！我们一点汗都没出，一节课就只轮到几次练习。"其他的小朋友也跟着一起说："就是，就是……"

本案例中整堂课的组织没有很好地把握学生的主体地位，课的组织与实施方法单一，课的密度与强度也没有得到合理调节，课堂气氛不活跃，没有有效地达成教学目标。所以，在体育教学中，教师应该采取有效的教学方法和组织形式，给予学生更多的练习时间。其实本节课的第一个练习，教师可以将练习队形分成两排面对面同时掷，这样就把1个学生在掷3个学生在看调整为每个学生都在掷，练习的次数自然就增加了；第二个掷准打靶练习，可以让 3 个学生同时从不同方向对同一个靶位进行投掷，这样就从 4 个学生同时练习调整为 12 个学生同时练习。这样的练习安排可大大增加练习密度，至于是否会造成练习秩序混乱的问题，其实是无须担忧的，这是因为当学生投入课堂积极练习时，秩序反而会更好。

在体育教学过程中，教师、学生、教学内容三者往往相互作用，使教学过程成为一个复杂的动态过程。在这一过程中，为达到教师的"教"和学生的"学"的和谐，处于主导地位的教师，需要选择恰到好处的教学组织形式，才能有效地实施教学全过程，实现体育课的教学目标。然而，教无定法，任何教学方法和组织形式都是根据一定的教学内容和教学对象的变化而变化的。因此，教学组织合理而周密是上好体育课的关键。作为一名小学体育教师，在教学过程中不仅要对小学生的身心特点进行分析，同时也要通过多种教学手段的配合使用来提高小学生对于体育的学习兴趣。本章将从五个方面向大家阐述小学体育课堂教学的实施：体育课的基本结构、小学体育课的密度与运动负荷、小学体育课堂教学组织形式的选择与实施、小学体育教学活动的组织与实施、小学体育教学方法的选择与运用。

第一节　体育课的基本结构

一　体育课结构的概念

（一）体育课结构的概念

体育课结构是指构成一堂课的几个部分，以及各部分内容、组织工作的安排顺序、时间分配等。在体育课中的几个部分以及各部分内容的安排中，既有教师教的活动，如讲解示范、帮助保护、分析技术、纠正错误动作、讲评学习效果等，也有学生学的活动，如听讲观察、互相帮助、身体练习等，它们都是按一定的组织形式合理有序地进行的。

（二）体育课的基本结构

体育课的基本结构一般划分为三个部分：准备部分、基本部分和结束部分（三段式），这种划分法从 20 世纪中后叶开始一直延续至今。虽然新一轮的体育教学改革使之受到了冲击和挑战，但"三段式"教学模式的主导地位是无法替代的。这是因为"三段式"教学模式呈现的是一个环环紧扣、层层递进、融会贯通的课堂教学程序系统；是一个围绕着学生身心发展规律，人体机能适应与变化规律，课堂教学规律及学科性质、特点、功能，用师生互动、生生联动的对接与传递来完成课堂教学任务的完整过程。在这一模式中，准备部分要为基本部分做好充分铺垫；基本部分要顺理顺势地承接这一铺垫，有效实施教材的基本教法、学法，解决重点、突破难点、提升亮点，以身体练习、体验认知、学习技术、领悟方法、掌握技能、提高运用、增强体能这一完整过程为载体，促进学生情感、态度、价值观的形成；结束部分的放松内容、方法要和基本部分密切联系，如有针对性地多安排一些本次课中负荷较大的身体部位的拉伸放松，并选择舒缓的、易使中枢神经处于抑制状态的、促进心率逐渐恢复的音乐，最终使认知、技能、情感一体化目标达到最大化（表4-1）。

表 4-1　体育课的基本结构

课的部分	各部分的特点	各部分的目标	各部分的时间 （每课时为 40 分钟）
准备部分	主要是进行生理和心理上的准备，逐步提高大脑皮层的兴奋性，使人体进入工作状态	1. 使学生明确课的目标，有组织地开始一节课 2. 培养正确的站姿，促进身体的全面发展 3. 为学习基本部分内容做好生理和心理上的准备	占课时的15%～20%，6～8分钟
基本部分	使人体工作机能处于最佳状态，大脑皮层具有最适宜的兴奋性	1. 使学生学习和掌握体育基本知识、技术和技能 2. 提高身体素质，增强体质 3. 培养优良的道德品质	占课时的60%～70%，24～28分钟
结束部分	人体出现疲劳，大脑皮层兴奋性下降，工作能力逐步下降	有组织地结束教学活动，使学生逐渐恢复到相对安静状态，对本课做简要的总结	占课时的10%，约4分钟

二　准备部分的组织与实施

体育课开始后，先要充分做好准备活动。体育课的准备活动是为了体育课基本部分的教学，让学生在身体、心理等方面做好准备。良好的准备活动，可使学生的机体处于理想状态，最大限度地发挥学生的能力，有效地防止伤害事故，较好地完成体育课的任务。通常准备活动分为一般性准备活动和专门性准备活动。

小学体育课准备活动的五宜五不宜

（一）准备部分的组织与实施步骤

（1）课堂常规练习。迅速把学生组织起来，明确教学内容与要求，集中学生注意力。具体步骤如下：师生问好、清点人数、教师讲解教学内容与要求、检查学生服装、安排见习生。

（2）一般性准备活动。通过走与跑、徒手与轻器械基本体操、原地与行进间各种操练、武术操、小型游戏等使小学生的运动系统和内脏器官充分活动起来，提高机体温度，克服机体惰性，增强生理机能。

（3）专门性准备活动。该准备活动与基本部分所学技术动作相似，运用模仿练习、专门练习、辅助练习、诱导练习等方式，展开身体练习，做好充分的准备活动。

准备活动的要求：在较短时间内调动小学生的兴趣与注意力，使他们情绪饱满、精神振奋、愉悦活泼地开始一堂课的学习；认真对待准备活动的练习，促进小学生身体发展，使他们保持正确的身体姿态，为基本部分的教学做好充分准备。

准备活动的组织方法：一般采用集体形式。

准备活动时间：40 分钟体育课，需要 6~8 分钟。

（二）准备部分案例（表 4-2）

 **案例 1**

表 4-2　水平一：二年级　执教：江科大附小（王宇）　单元课次：3/6①

学习目标	1. 通过学练，学生能较熟练地做出慢跑三步单脚起跳、双脚落地动作 2. 在学练过程中学生能发展下肢力量和上下肢协调用力的能力 3. 在学练中，学生勇于展示自我，团结互助						
学习内容	1. 跳跃：单脚起跳，双脚落地 2. 游戏：蚂蚁搬家						
学习重点	单脚起跳、双脚落地		学习难点	踏跳有力、协调连贯			
解决方法	用游戏引导学习动作		解决方法	用节奏变换强调动作要求			
教学流程	教学内容	教师活动	学生活动	组织队形安全要求	运动负荷		
					时间	次数	强度
准备 部分 8 分钟	1. 游戏：找朋友 2. 游戏：找家 3. 游戏：石头、剪刀、布	1. 向学生问好 2. 教师介绍场地和游戏方法 3. 带领学生一起游戏	1. 向老师问好 2. 认真听，积极参与游戏 3. 认真观察老师的动作，模仿练习	四列横队错开站立 * ⊙	1 分钟 2 分钟 2 分钟	3~4	中等
	设计意图：一方面在游戏中带领学生热身，另一方面把单跳双落的动作放入游戏中，起到一个引导的作用						

① 本案例选自用户名为"淡若清风"于 2019 年 6 月 22 日在百度文库发布的名为"（水平一）跳跃与游戏　单元优秀教学设计（含教学计划）"文档。

基本部分的组织与实施

（一）基本部分的组织

基本部分是体育课的主要部分，也是完成体育课任务的重要途径。其教学任务是：学习新内容，复习学过的主要内容；通过练习，促进学生身体健康，使他们增强体质，同时对他们进行思想品德和道德意志品质教育。

（二）基本部分的实施步骤

基本部分教学应注意如下几点。

1. 科学安排教学顺序

按学生的认识规律，把新教学内容和较复杂的技术性强的教学内容安排在基本部分的前半部分进行。原因是此时学生精力充沛、注意力集中、机体能力强，有利于引起神经系统的兴奋，有利于保证教学任务的完成。一般性复习内容安排在基本部分的后半部分进行。从人体生理机能活动特点看，应把技术性、速度性项目安排在前，而体能性的项目安排在后，运动负荷应从小到大。

2. 基本部分除安排主要教学内容之外，还应安排好专门练习、辅助练习、诱导练习和转移练习

当从一个教学内容转入另一个教学内容时，由于后一个教学内容的需要，应进行适应性准备活动，提高大脑皮层兴奋性及各运动系统的灵活性、协调性，这样有利于提高教学效果。

3. 合理安排运动密度和运动负荷，注意练习之间休息时间的掌握

教师要善于根据课的目标、学生特点和场地器材条件，运用符合实际的教法和练习方法，把握好课的运动负荷，合理安排休息时间。

基本部分教学组织形式由学生人数、场地大小和器材多少决定。学生多、场地小、器材少，多采用分组轮换方法；反之，则运用分组不轮换方法。

基本部分时间：40分钟体育课，基本部分需要24~28分钟。

（三）基本部分案例（表4-3）

 案 例 2

表4-3　教学对象：二年级；男生20人，女生20人　执教者：颜小琴①

| 内容设计 | 技能动作规格：连续单跳双落
体能练习：能够顺利完成不同难度的跳跃组合 | | 重点：单、双脚交换跳 | | | | |
| | | | 难点：体验单、双脚连续交换跳的节奏与身体平衡 | | | | |

| 教学目标 | 知识与技能学练 | | 体能发展 | 情意与合作表现 | | | |
| | 知道并能做出原地、行进间单跳双落的动作，体验单、双脚交换跳的节奏与身体平衡的感觉 | | 通过连续的跳跃和抛垫游戏练习，发展上下肢力量和动作的协调能力 | 能积极参与跳跃及游戏的练习，乐于展示自我，与同伴友好相处 | | | |

| 教学流程 | 教学内容 | 教师活动 | 学生活动 | 运动负荷 | | |
				时间	次数	强度
基本部分28分钟	（一）游戏："照镜子" 小组合： 手臂动作 单脚跳 双脚跳	组织"照镜子"：我在镜子外，你在镜子里；你我动作一模一样 1. 带领学生练习分解的动作 2. 引导单脚跳与手臂的动作组合学习 3. 引导双脚跳与手臂的动作组合学习 4. 在自己的垫子上完成小组合的单跳双落动作	1. 认真观察，模仿练习 2. 动作舒展优美	4分钟	20	中等
	（二）跳"一"字形的垫子拼图：分跳"平面的房子"和"立体的房子"	跳"平面的房子" 1. 组织学生摆出图形 2. 引导学生演示连续单跳双落的部分组合动作 3. 组织"小先生"互教互学	1. 小组合作，主动参与拼摆练习 2. 认真思考，仔细观察新跳法，评价同伴 3. 互教互学单跳双落及上肢的组合动作	5分钟	5	大

---

① 本案例选自用户名为"京华烟云的店"于2020年5月24日在百度文库发布的名为"体育·二年级·颜小琴"的文档。

续表

教学流程	教学内容	教师活动	学生活动	运动负荷		
				时间	次数	强度
基本部分28分钟		4. 陪伴学生一同练习 5. 组织学生代表展示 6. 组织学生翻出箭头指示的图形，边讲解边示范完整的组合动作 7. 提醒学生根据图形的布局进行相应的单跳双落练习	4. 分组集体练习 5. 找出心中的最优代表 6. 积极参与，动作连贯平稳 7. 体会借助上肢控制身体平衡，明确跳的方法	5分钟	5	大
		跳"立体的房子" 1. 组织学生在"平面的房子"上加垫子变成"立体的房子" 2. 引导学生在"立体的房子"上快乐跳跃 3. 加大难度进行自我创编手臂动作及结束动作	1. 根据提示布置活动场地 2. 在快乐的跳跃中充分展示"我会玩"的天性 3. 自我挑战，自然展示	5分钟	5	大
	（三）游戏："看谁抛得高"	1. 两人一组，各持垫子的两角，把一块折叠的垫子抛起，在熟练后可适当地增加垫子块数 2. 请学生配合演示游戏的方法 3. 启发学生探究抛高的窍门 4. 组织学生游戏	1. 积极参与游戏活动 2. 积极发表自己的意见 3. 自我评价、评价他人	5分钟	5	中等

设计意图：

1. 游戏"照镜子"：实则是学习单、双脚跳加上肢体动作的小组合。

2. 跳"一"字形的垫子拼图：分跳"平面的房子"和"立体的房子"两部分。孩子们根据图形板用小折垫合作搭建"新房子"，运用所学跳跃方法，玩转"跳房子"，通过比较、体验，从站位、上下肢配合动作、身体位移路径等几个层次解决学习重点，化解学习难度。

3. 游戏"看谁抛得高"：把小折垫尽情抛掷，不仅动手，更要动脑；是全身心的一种"本我"展示，娱乐度较高。

四　结束部分的组织与实施

体育课堂教学的结束部分是体育教学过程的整理和总结，是教学过程的最后一个阶段，是一节完整体育课的重要组成部分，它的设置是符合学生身心发展规律的。其主要目的是使学生上课时的兴奋情绪逐渐平复，使机体从剧烈运动状态逐渐过渡到相对安静状态，促进学生身心健康发展。结束部分的内容包括身心放松、检查、评价和回收器材等。

小学体育课放松活动的十个妙招

1. 结束部分的组织

放松活动是体育课结束部分组织教学的中心环节，但在组织形式上不能占用过多的时间，需要发挥结束部分的作用，同时还要达到一定的放松目的。

2. 结束部分的实施步骤

（1）体育教师要积极创编生动有趣的放松活动，满足小学生的需求。如：在侧向投掷沙包的放松活动中安排"像小树发芽""像柳条摆动"等轻柔动作，这样与生活实物相结合，学生学练的兴趣就提高了。

（2）根据本节课的重点动作进行合适的放松活动，如：投掷课就多安排上肢部分肌肉的放松；跑、跳跃课以放松下肢活动为主。

（3）对放松活动进行规范性引领，让学生懂得放松活动的意义，知道一堂体育课结束后要进行必要的放松活动。例如：在健康课上，教师讲解放松活动的生理机制、方法和重要性等。

（4）学习运用成熟的放松套路与模式，或者教师根据地区特点和教学经验自己设计高效的放松动作组合，比如把手语操、古诗操等学生熟悉的韵律动作借用到体育课的放松活动中。

结束部分的时间：40分钟体育课，结束部分一般为3~4分钟，如果选用游戏、舞蹈、韵律操可多些时间。

第二节　小学体育课的密度与运动负荷

根据《课程标准（2022年版）》的教学建议，每节体育实践课的群体运动密度应不低于75%，个体运动密度应不低于50%，且达到中高运动强度，班级所有学生平均心率原则上在140~160次/分。因此，体育课的密度和运动负荷安排是否合理直接影响体育课的效果，这需要体育教师科学的安排。

一　小学体育课密度的安排与调控

（一）体育课的密度

体育课的密度可分为群体运动密度和个体运动密度。

群体运动密度是指一节体育实践课所有学生总体运动时间占课堂总时间的比例。例如体育课总时间为 40 分钟，所有学生总体的运动时间为 30 分钟，群体运动密度为：30 分钟/40 分钟 = 0.75，即为 75%。

个体运动密度是指一节体育实践课单个学生的运动时间占课堂总时间的比例。例如体育课总时间为 40 分钟，单个学生的运动时间为 20 分钟，个体运动密度为：20 分钟/40 分钟 = 0.5，即为 50%。

体育课的密度大小，表明学生练习的多少和时间的长短，也表明了教师有目的的指导、学生休息、学生互相帮助与观察，以及组织教学之间的时间分配情况。合理安排体育课的密度对增强学生体质、提高运动技术水平是十分有效的。

体育课的密度由练习数量、练习所需时间、练习的距离决定。练习的数量是指练习的次数、组数；时间是指练习持续的时间；距离是指练习的路程。可见，练习数量多，时间长，距离远，体育课的密度就大，反之则小。

（二）合理安排和调节密度的要求

1. 根据课的任务、类型、学生年龄特征，确定课中的练习数量、时间、距离

在新授课时，由于学生的运动机能处于泛化阶段，教师讲解示范多，学生掌握动作要领和方法相对较差，纠正学生多余动作和错误动作所花时间长，学生课中身体练习时间就相对少，故密度小。教师应精讲多练，讲练结合，个别学生个别对待，以此提高课的密度。

在复习课时，由于教师讲解示范相对少，学生在掌握技术、技能上处于分化式、自动化阶段，练习次数多，时间长，距离远，故密度大。教师应采用条件变化法、程序训练法、循环练习法进行教学，逐渐加大密度，提高课的效果。

2. 根据教材性质、特点安排运动密度

教材的性质和特点不同，体育课的密度也不相同：体能项目课的密度大，技能项目课的密度小。

3. 改进教学方法

教学方法的优劣是影响体育课密度大小的重要因素。精讲多练，讲练结合，以及合理使用程序练习法和循环练习法，都可以促使体育课的密度加大。

4. 调动学生学习积极性和主动性

学生学习的积极性和主动性是实现体育课任务的基本保证，是决定体育课密度程度的重要因素。体育教师应选择良好的教学方法，严密地组织教学，积极调动学生学习的兴趣，并有的放矢地对学生进行思想教育，提高学生学习的积极性和主动性，增加练习次数。

5. 充分发挥场地与器材的作用

教师应当充分发挥主观能动性和创造性，尽可能优化场地布置，开发简易器材，增加练习

次数，从而延长练习时间，加大体育课的密度。

6. 有效利用体育课的时间

每堂体育课的时间是以分钟来计算的，合理分配好各个教学环节的时间，不浪费时间，才能保证体育课密度的加大。

7. 每次备课时进行准确预计

备课时应对本次课的密度进行预计，课后对此预计进行比对，从中总结经验，合理调节下次课的密度。

 小学体育课的合理密度与适宜运动负荷

（一）小学体育课的个体运动密度测定方法

1. 测定前的准备工作

准备测定用品：两块秒表、体育课的密度统计表与记录表。

2. 测定工作

测定一堂课的实际时间，是从师生问好开始至师生告别为止的。测定学生在课中的练习总时间，是准备部分、基本部分和结束部分练习时间的总和。测定密度时，应自始至终测定一位同学，以此分析课的密度。如果是集体练习，如准备活动时的徒手操，可以以集体练习时间为准。如果受测者与集体练习时间差距过大，可以在备注中说明。在测定时两块秒表的用法：一块测定学生练习时间（累计时间），另一块测定课的部分时间和课的总时间。测定后根据记录表中的数据进行统计处理。（表4-4）

表4-4　体育课的个体运动密度统计与记录表

课的部分	时　　间	练习时间	运动密度	练习内容与数量	备　　注
准备部分					
基本部分					
结束部分					

学校年级　　　　　　　　受测者性别　　　　　　　年龄

任课教师　　　　　　　　天气　　　　　　　　　　日期

根据《课程标准（2022年版）》的教学建议，每节体育实践课的个体运动密度应不低于50%。体育课的密度是否合理，所获数据是否准确，主要由测定的练习时间是否合理所决定。目前测定练习时间存在的问题：有些测定者认为，凡是学生在课中进行活动均为练习时间，做到人动表动，人停表停；又有些人认为，以练习开始到结束为练习时间。前者把无目的走动错认为练习时间，后者又把有目的练习拒为练习时间之外，都影响个体运动密度的准确性。

据上述可知，应确定练习时间的统一要求，以下是具体练习时间的划分。

（1）跑的练习：从预备姿势开始，到终点和缓冲过程的练习时间，如果教师要求归队的方式为跑与走交替、快走，也计为练习时间。

（2）基本体操：包括徒手操、轻器械操、辅助体操、武术操、一般发展身体练习等。如果先讲解后练习，以开始练习起至结束时间为练习时间；边讲边练习的整个过程均为练习时间；跳绳、攀登爬越、负重角力，从开始至结束均为练习时间，等待和中间停止不计算练习时间。

（3）技巧：支撑跳跃、单杠、双杠从开始至结束为练习时间，归队要求同跑的练习一致。

（4）跳跃：从开始到离开沙坑（或垫子）为练习时间，归队要求同跑的练习一致。

（5）投掷：从开始姿势到投掷后身体保持平衡为练习时间，归队要求同跑的练习一致。

（6）球类、游戏比赛：从开始姿势至结束姿势为练习时间。游戏中由于学生所处角色不同，表现积极程度不同，计算方法不同。

（7）组织教学：一般性队伍调动、取送器材不列为练习时间。如果距离较远，教师有目的的安排计为练习时间。

（二）小学体育课的适宜运动负荷

1. 体育课的运动负荷概念

体育课的运动负荷（原称运动量）是指学生在一次课中进行身体练习时，机体承受的生理刺激和心理刺激，又称为生理负荷和心理负荷。由于学生年龄、性别、运动水平、运动项目和健康状况不同，生理负荷的程度也不同。负荷过大，会引起学生疲劳，有损健康；负荷过小，又达不到锻炼身体、增强体质的目的。为此，《课程标准（2022年版）》中特别提出了每节体育实践课应达到中高运动强度，即班级所有学生平均心率原则上在140~160次/分钟。

2. 决定体育课的运动负荷因素

决定体育课的运动负荷因素为负荷量和负荷强度。

负荷量是指体育课中学生的练习时间、次（组）数量、总距离和总重量。其中，练习时间指练习占用的时间；次（组）数量指练习动作的次数（组数）；总距离是指周期运动距离累积数；总重量是指负重训练的重量累积数。负荷强度是指学生在体育课中单位时间内身体练习时肌肉紧张的程度。

负荷量和负荷强度对机体刺激所引起的反应是不同的。学生机体对负荷量反应不强烈，比较缓和，反应的适应强度也比较低，但对机体产生的适应比较稳定，消退也较慢。负荷强度对学生刺激比较强烈，能较快提高机体各器官系统的机能水平，产生的适应比较深刻，但是产生的适应不稳定，消退也较快。负荷量和负荷强度的大小与运动负荷成正比关系，与完成动作质量和运动负荷基本成反比关系。

心理负荷是指学生在体育课中机体应承受的心理刺激。它受注意力程度、兴趣、意志品质、精神状态制约；此外，也受性别、年龄、教材特点、身体素质等影响。

3. 体育课安排运动负荷考虑的因素

（1）课的任务、类型不同，运动负荷安排不同。新授课由于教师讲解示范时间多一些，学生练习少一些，运动负荷安排也小；复习课则相反。

（2）学生年龄、体质、技术水平、性别不同，运动负荷安排不同。对于年龄小、体质差、技术水平低的学生，还有女性学生，运动负荷安排应小一些；反之则大些。

（3）教材性质不同，运动负荷安排不同。教材对学生肌肉活动范围不同，练习时表现紧张程度不同，运动负荷安排自然不同。

（4）气温对运动负荷的影响。根据天气的冷热、风的大小，安排不同运动负荷。

（5）场地大小与器材多少影响运动负荷大小。

（6）组织教学好坏影响运动负荷大小。组织教学严密，教学方法新颖，减少浪费时间，调动学生学习积极性，运动负荷增大；反之则小。

（7）休息方式和时间长短影响运动负荷大小。休息时间短，以积极的方法进行，运动负荷增大；反之则减小。

（8）严格区分生理负荷和心理负荷，掌握两种不同负荷对学生的影响。

（9）确定运动负荷的依据是教学规律、学生对事物的认知规律、机体活动能力变化规律、运动技能形成规律、学生年龄特征规律。

4. 如何调节小学体育课的运动负荷

教师虽然根据课的任务、教材性质、学生特点、场地器材、天气等情况，预计好体育课中的运动负荷，然而，由于某些原因，预计的运动负荷与当堂课实际不完全符合，需要对预计运动负荷进行科学调整，从而更好地完成课的任务，一般采用的方法是：

（1）改变运动要素：增减练习距离、时间、速度和间歇时间。

（2）改变运动密度。

（3）变化练习组合。

（4）扩大与缩小场地，增减器材。

（5）增减循环练习法的周数、站数、站与站之间的距离、各站的练习数量等。

5. 小学常用运动负荷测定方法

（1）反馈法

反馈法是指学生将课中练习和课后的本体感觉（自我感觉），向教师进行汇报的方法。教师通过学生反馈的基本信息判断学生运动疲劳程度，可及时合理调节和科学安排运动负荷。此法对评价运动负荷具有一定意义，同时也是调节运动负荷的依据（表4-5）。

表 4-5　学生本体感觉内容

内容	轻度疲劳	中度疲劳	非常疲劳
兴趣	对练习有兴趣，有做练习的愿望	对练习兴趣不浓，行动缓慢	对练习不感兴趣，甚至厌恶练习，喜坐不想练
情绪	情绪正常，有说有笑	情绪低落，少言寡语	情绪烦躁，站坐低头，喜躺着闭目养神
态度	食欲正常	食量有减，饮水量增加	不想进食，遇油腻食物甚至有恶心呕吐感，饮水量大增
睡眠	睡眠正常且熟睡	睡眠不实，熟睡少而易醒	入睡难，睡不实，全身不舒服，有痛感，梦多，噩梦多，早晨不想起床
尿色	白色、浅黄色	黄色、深黄色	浅红色血尿

（2）观察法

观察法是指在课中，教师通过观察学生练习时身体的具体表现情况来安排运动负荷，以及科学调节的方法（表 4-6）。

表 4-6　观察法内容

内容	小强度	中等强度	大强度
面色	稍红	相当红	十分红，有时苍白，有时呈紫红色
汗量	不多	甚多，特别是肩带部位	非常多，特别是躯干部位、锁骨部位，运动衫背部与领部可出现盐霜
呼吸	中等速度、中等深度	频率显著加快，呼吸表浅	呼吸表浅，节律失常，有深呼吸现象
动作质量	步伐较稳，动作协调	步伐摇摆，动作协调性差，准备性差	动作不协调，不规范，不准确，不省力，伴有多余和错误动作
注意力	注意力集中，执行口令、指示正确	注意力较分散，执行口令、指示不准确，发生方向性错误	执行口令、指示缓慢，只有在较强烈刺激下才能接受，注意力分散、集中不起来

（3）脉搏频率测定法

脉搏频率反映心血管系统的生理机能。在一定范围内，运动负荷与心率的关系成正相关，即运动中运动负荷越大，脉搏频率越快。通过测定运动后的脉搏频率可以评定学生的运动负荷。

测定方法：可以采取课中教师测定中等水平学生脉搏频率的方法；也可以采取学生互测脉搏频率的方法，把具体数据汇报给老师，以便科学地控制练习的运动负荷。

练习后心率的简单测量方法：运动后静置 10 秒钟，将一只手的食指和中指摸手腕部的桡动脉或下颌骨（下巴）的颌下动脉；找到脉搏以后，计时 10 秒钟，将所得的次数乘以 6 就得到心率（次/分钟）。如果条件允许的话，佩戴心率表测量结果会更加理想。

表 4-7　脉搏频率测定法内容

所处状态	运动负荷（10 秒脉搏跳动频率）			
	超极限负荷	极限负荷	中等负荷	小负荷
练习后	34～36 次	31～33 次	26～30 次	25 次以下
恢复后	23～26 次	19～22 次	15～18 次	13 次
安静状态	16～17 次	14～15 次	13 次	13 次

从表 4-7 可知，根据脉搏频率，运动负荷指标可分为四个等级。（备注：此表中，依照普通人在安静状态下的平均脉搏频率，将 13 次设定为清晨学生醒来时的 10 秒脉搏频率）

恢复后的脉搏频率，是课后学生休息 5～10 分钟以后的脉搏频率，以此来确定运动负荷。

安静状态是指清晨学生醒来时的脉搏频率，此时也是最佳安静状态脉搏频率。学生通过体育锻炼后，其心脏功能会增强，安静状态脉搏频率也随之减慢。如果课的运动负荷影响了学生第二天安静状态下的脉搏频率，教师可对体育课的运动负荷加以调整。

第三节　小学体育课堂教学组织形式的选择和实施

组织教学要合理地选择与运用教学活动形式、教学内容、教学场地以及教学器材设备等，以提高课堂教学的质量。随着教育课程改革的不断深入，体育教学在方式、方法和结构上有了许多的改变与进步，其中体育教学组织形式也正面临着更多更深入的探究。

一　常见的教学组织形式

教学组织形式是在体育教学过程中，根据教师与学生及学生与学生之间的关系，为课堂任务的实施而确定的一种基本活动形式。有效的教学组织形式能大大提高教学效率，使整个教学过程更加切合实际，根据所教学生现状选择合适的教学组织方式，从而顺利地完成课堂教学任务。

小学体育教学过程中常见的教学组织形式有班级教学、个体教学、分组教学等。

我国体育教学组织形式的历史演变

（一）班级教学

班级教学是一种集体教学形式。它是把一定数量的学生按年龄与知识程度编成固定的班级，根据周课程安排和作息时间表，安排教师有计划地给全班学生集体上课。在班级教学中，同一个班的每个学生的学习内容与进度必须保持一致，评价标准一致。

（二）个体教学

有的也称个别化教学，在教学过程中，学生根据自身的身体条件、体育基础、学习能力，在教师的指导下自定学习步调，进行自助学习。它是新课改提倡的教学组织形式，立足于学生的个体差异，发挥学生的主体性、自主性。这样既提高了学生的体育技能学习效率，又培养了学生独立学习的能力。

（三）分组教学

所谓分组教学，就是教师根据不同标准把全班学生分为若干小组（一般是 2～4 组，每组5～10 人），对不同的小组提出不同的要求，并采用不同的教学方法进行教学。在体育教学过程中，分组教学是为了实现课程的教学目标而确定的教学组织形式，它受一定的教学思想、学生数量、场地器材以及教学内容的制约。合理选择和正确运用分组教学形式能够提高学生的学习效率。

二　分组教学

在国家大力提倡素质教育的背景下，学校越来越重视学生综合素质的培养，重视体育教学。由于学生个体身体素质存在差异，普通教学模式已不能满足每个学生的需求。而分组体育教学可以针对学生的不同情况，将学生分成不同小组，进行有针对性的分组教学，满足每一个学生的需求；同时根据学生身体素质，分别对学生进行提升性训练。分组教学是体育教师常用的教学形式之

小学体育课堂实录

一，它是以教学目标为重点，以教材为依托，以学生身心健康发展为前提，以增强课堂教学效果为目的的。

（一）常用的分组教学模式

1. 性别分组教学

小学阶段学生对性别有了初步认识，性别分组是根据男女生生理和心理的差别进行的一种分组方法。它的优点是既考虑到男女生之间生理和心理的差别，又考虑到教师个人特长的发挥。特别是在体育新课程教学中，男女生会因接受能力不同而产生学习效果上的差异，性别分组教学有利于教师针对性别特点安排教学内容，选择教学方法。

2. 配对分组教学

配对分组与性别分组相反，性别分组考虑的是性别之间的差异性，配对分组讲究性别差异的动作技术的配合。由于体育新课程教学的技术特点，在教学中经常会采用配对分组的方式进行教学。其优点是学生能够从中体会男女生动作的不同要求和动作感觉，体验双方的配合与默契，对于掌握基本动作或组合动作是极为有效的。教师的配对分组应考虑学生的技术水平，最好将同一层面学生分在一组，以便选择适宜的教学方法进行指导或提出教学要求。

3. 技术分组教学

在技术课程教学中，由于每个学生的身体条件、运动能力、技术起点和学习能力不同，个体出现错误动作的阶段、环节和掌握动作技术的程度也不同。因此根据学生的不同技术状况，将其分为若干小组，有针对性地选用不同的教学方法和手段，这样才能使教学内容更具可接受性，使教学过程更具实效性。在采用技术分组教学中，对不同组别提出不同要求，因材施教，这样有利于激发学生练习的积极性和主动性。教师可以根据学生初步完成动作的好与坏进行临时分组；然后在同一单元课程或同一运动项目临时分组的基础上把课程完成程度相近的学生进行固定分组；相对固定的分组在一定情况下，还可以再进行晋升分组，进步较大的同学可以进入更高层次的小组。技术分组教学立足于各学生掌握技术动作要领和动作完成的不同程度，具有灵活性、针对性、实效性特点。但是它也具有一定的局限性，一般适用于对学生情况有初步了解的复习课。

4. 健康分组教学

学生的身体健康状况各不相同，机体强度不同，适应程度也不同。若是按统一强度和运动量标准量化授课，很可能会使一部分同学出现运动量超负荷、运动强度过于激烈等症状，反而不利于身体健康。而另一部分学生可能由于运动量和强度不够，未能达到学习与锻炼的效果。根据学生健康情况进行分组，是一种较好的分组形式。健康分组教学，不受课程类型、教材的限制。

对学生进行分组时，首先要进行体格诊断。从纯生物学的角度看，人的身体健康状况主要是由肌肉（骨骼肌）工作能力和心血管系统的工作能力来决定的。因此，从学生的肌肉力量（收缩力量、速度、耐力、灵敏性等）和心血管系统功能（有氧代谢、无氧代谢、最大摄氧量、最大心血管输出量、肺活量等）入手进行诊断。然后，根据诊断结果，将学生分成若干个学习小组，并在进行身体练习时针对每个组的具体情况，分别施以一定的运动量和强度，从而使每个个体都能获得一定的适宜刺激，促进其体质的增强。值得注意的是，人体各系统、器官的发育和发展具有不均衡的特点。在进行健康分组时，要根据练习内容的主要运动特征，具体地进行组合。如进行下肢力量练习，应根据学生下肢力量的强弱分组；进行耐久跑练习时，应根据学生心肺功能和有氧代谢能力的强弱分组。

5. 体能分组教学

体能分组与健康分组相似，在健康的基础上，按照每个学生的身体素质、体能情况、运动能力情况的不同，将学生分为体能强、体能中等、体能弱三组。按体能分组进行授课，针对性较强，学生适应较快，且对各组学生区别对待，具有一定的可调控性。教师可以在一节课或者一个运动项目中始终按体能分组进行教学，也可以根据教材或课程类型进行临时分组。这种分组教学既保障了体能强的学生得到合适的运动强度，保持学习的积极性，也让体能中等的学生达到最佳的运动量，同时又能让体能弱的学生完成教学目标，从而促进所有学生的发展。

6. 目标分组教学

目标分组教学是在性别分组、技术分组、健康分组、体能分组的基础上进行的。它根据课堂要达到的目标进行分组教学，有利于调动学生的积极性，适用于复习课、身体素质训练课等。

7. 兴趣分组教学

兴趣分组是指学生按自己对体育运动项目的兴趣爱好自由组合成小组。兴趣分组教学有利于培养学生个性，发挥学生特长。这种组织形式，一般是在复习课、综合课或者课的结束部分中运用。在复习课中，教师安排若干个具体练习内容，学生可根据教师提出的各练习的不同要求，选择自己感兴趣的项目。对一些运动技能较为均衡发展的学生，教师可鼓励其结合个人兴趣爱好，对某个项目进行强化训练，使之有"一技之长"；对尚有弱项的学生，则应引导、激励他们，使之增强信心，消除畏难情绪，练在薄弱处，从而达到教学要求。在综合课中，学生可根据课的安排，选择自己比较有兴趣的项目进行练习，以突出特长，一专多能，达到全面提高的目的。

8. 性格分组教学

性格分组教学是根据学生的不同性格特征，将学生分为内向型、外向型，并对他们进行区别对待的一种分组教学形式。外向型学生具有果断、勇敢、独立性强的特点，在教学中注意培养他们的配合意识和协作精神，使他们谦虚、耐心、细致的品质得到发展；内向型学生往往具有犹豫、怯懦、依赖性强的特点，在教学中多鼓励他们，帮助他们树立信心，使他们果断、勇敢、独立性强，使他们的个性心理品质得到全面和谐的发展。

9. 友伴分组教学

友伴分组教学是根据学生的人际关系来进行分组教学，它以学生友情小团体为单位。教学中让学生自由结成"好友群体"，在互相指导、互相督促、互相帮助的过程中，使每个学生有充分发挥自己特长的机会，从而体验到获得成功的快乐和喜悦。同一小组成员关系协调，目标一致，彼此激励，互相配合，齐心协力，共同提高，充分调动了学习的积极性。这种形式与教师主导型的班级教学和分组教学不同，它把学生作为学习的主体，以促进自主地、协同地学习为目标，既能完成教学目标，又能促使学生之间情感和睦，有利于培养团结合作的精神。这种形式适合于游戏、团体球类、接力类活动等的教学。

10. 自由分组教学

自由分组是指由学生自己选择同伴，组合成人数差不多的小组。这种组合方法，利于学生建立互帮互学的集体，利于学生树立较强的责任心和集体荣誉感。在自由分组教学中，同学之间感情比较融洽，小组的组织纪律性明显增强，各项运动成绩和技术水平比自然组的同学提高得更快，利于教师的组织和管理。

（二）分组教学在各年级的实施（表 4-8）

分组教学方式的选择与实施受教材、授课内容、场地器械、学生等因素影响，它可以根据教学内容进行选择和改变。不同的授课内容可选择不同的分组方法，根据器械场地和学生具体情况也可调整分组教学方式。

表 4-8　分组教学在各年级的实施

学段	性别分组	配对分组	技术分组	健康分组	体能分组	目标分组	兴趣分组	性格分组	友伴分组	自由分组	备注
低年级		●		●			●★	★	●★	●	●合适
高年级	●★		●★	●	●★	●★	●	●	●★	●★	★最佳

无论选择哪种分组形式，都应符合教学的要求和学生的实际情况，使学生更好地掌握教学内容和运动技能。

第四节　小学体育教学活动的组织与实施

体育的课堂教学组织有别于其他学科，有其特殊性。因为体育课主要在室外授课，受环境和场地以及器材的影响比较大，教学组织是否合理、科学会直接影响体育课教学效果的好坏。所以教师要根据实际情况，安排教学内容，设计教学形式，不仅要能充分调动学生的学习积极性，还要确保课程顺利进行，从而提高教学的质量。

小学体育课有多种不同的教学活动的形式，它以室外实践课为主，以室内教学课为辅。室外实践课可大致分为身心发展课、运动参与课、技能学习课、效果展示课等；室内教学课又可分为室内理论课和室内活动课。

室外实践课

1. 身心发展课

身心发展课又分为身体发展课和心理发展课两个部分。

（1）身体发展课主要是带领学生积极参与各项体育活动，锻炼身体，使学生养成良好的运动习惯和健康的生活方式，有效地提高学生的身体素质。

 案例1

成功的体验（水平一）①

1. 学习目标

让学生体验成功与失败；提高动作的协调性。

2. 学习内容

争夺冠军。

3. 学习步骤

让学生分散练习手、脚并用的爬的动作，初步掌握动作要领。请一名同学尝试爬网的练习，教师在一旁进行讲解，提出重点、难点，并请演示同学谈谈攀爬的感受。然后让学生按顺序进行争夺爬网冠军活动（教师在一旁进行保护）。最后请夺冠的同学说说夺冠后的感悦，并鼓励失败的同学不要放弃，争取在今后的游戏中体验成功的喜悦。

4. 结论

在爬网过程中，往往有一部分学生会表现出一定的恐惧，但如果在教师的保护、帮助与鼓励下获得了成功，就会增强其自尊与自信；如果失败了，则会在心理上产生强烈的反差。本案例既是技能学习课又是身心发展课，从学生切身体验入手，帮助学生区分成功与失败的不同体验。

（2）心理发展课主要是通过体育锻炼增强学生自信心，帮助他们培养艰苦奋斗的品质和调整控制情绪的能力，以缓解学业带来的压力。

2. 运动参与课

通过不同的教学手段、丰富多彩的体育活动，提供一种宽松愉悦的运动环境，吸引学生主动参与，让他们在充满欢乐的环境中获得运动知识和技能，同时培养他们对体育活动的兴趣和

---

① 本案例来源于季浏、汪晓赞主编的《小学体育新课程教学法》第149页，高等教育出版社2003年7月出版。

爱好，教导学生如何正确地锻炼身体，使他们养成坚持锻炼的好习惯。

3. 技能学习课

小学体育技能教学主要以基本运动知识的运用和掌握为基础，通过对运动技能的学习，让大部分学生学会多种基本的运动技能，激发他们对体育运动的兴趣和爱好，有利于培养学生利用课堂所学加强日常锻炼的习惯。

4. 效果展示课

效果展示课与公开课相似，是另一种形式的公开课。其主角不再是老师，而是把课堂交给了学生，体现了学生的主体地位。效果展示课让学生有了充分展示自己的舞台，这样可以有效地调动学生的学习兴趣，使他们主动、积极地投入体育教学活动。

 **案例2**

汇报演出（水平一）[①]

1. 学习目标

培养参与体育活动的兴趣，发展想象力；充分发展自我，体验自我价值。

2. 学习内容

模仿操。

3. 学习步骤

让学生明确学习目标，列举可以选取的学习内容。学生自主选择练习的形式、方法。根据自己的特长，各自分散练习、排练（对有困难的学生，教师提供指导和帮助）。汇报表演时，学生选择自己的最佳动作按顺序登台表演。师生共同评议，评选"活动表现最佳奖"。

4. 结论

本案例注重让学生进行自主选择与学习，充分体现了学生的主动性，有利于学生消除消极、被动的学习心理，从而主动地进行学习；同时又培养了学生的运动兴趣，增强了学生的自我价值感。

二　室内教学课

1. 室内理论课

是指通过向学生讲授体育相关的运动知识和理论方法，让学生大致地理解运动项目的原理

---

① 本案例来源于季浏、汪晓赞主编的《小学体育新课程教学法》第152页，高等教育出版社2003年7月出版。

和基本运动知识的课程组织形式，它有利于学生结合运动实践更好地开展体育活动。

2. 室内活动课

体育课受雨雪天气的影响不能在操场上开展体育教学时，教师可以组织学生在室内开展一些简单的体育游戏课程。有条件的学校也可以安排一些体能课、健身课等。

三 课前准备

认真做好课前准备工作，才能保障体育教学目标的完成和教学质量的提升。教师长期坚持课前准备，能培养自身对教学工作高度认真负责的品质，也有助于教师保持清晰的教学思路。利用课前准备时间认真检查布置教学场地，给学生营造一个良好的教学环境和气氛，保障学生在教学过程中的安全和教学目标的完成，并提前对教学过程中可能发生的突发事件做好一定的心理准备和简单预案。同时，为了提高教学质量，教师必须认真钻研课程组织结构及教学方法。所以要上好体育课，教师必须认真地做好一系列的准备工作。

1. 深入研究体育教材

在上课前，体育教师除了要落实《课程标准（2022年版）》的要求，还需要仔细研究教材，系统地了解课堂教学的内容、意义、分布和要求，突出教学重点和难点，明确教学目的，并认真地组织和安排好课的形式、教学手段，明确教学中学生需要了解什么、掌握哪些技能，便于在教学实施过程中更好地完成教学任务。

2. 选择教学方法

为了更好地组织教学，在上课前应对学生和教学环境有充分的了解，并根据学生的身体情况、思想状况及学习情绪，结合教材内容、场地器材适用情况来选择合适的教学方法。

3. 备课与教案编写

备课是准备工作的核心，备课能让教师清楚地了解本次授课的详细步骤，以便做到对教学过程心中有数。因此每位教师都应该认真备课，以便更好地完成教学任务。备课又分为集体备课和个人备课两种。日常授课还是以个人备课为主，也可以根据需要组织集体备课，以便教师们交流经验，互相学习，取长补短，发挥集体智慧。

教案是教师备课的结晶，是建立在紧扣教材、合理运用教法的基础之上的。体育课的内容、结构、组织形式和教学方法等都应体现在教案中。编写时应当注意设置教学重点、难点，学习目标，教学目标，合理地安排运动负荷。

4. 提前到达上课地点

在体育教学规范中明确要求，教师要提前到达上课地点，等候学生上课。教师提前到达上课地点，一方面体现教师对教学工作认真负责的态度，另一方面还可以利用课前时间安排教学场地、布置教学器材等。

5. 调节自我状态

首先是教师的着装，教师上课时应身穿运动服与运动鞋，便于做示范动作。运动服更能展现一个体育教师的精神面貌。穿着整齐大方，对树立体育教师的良好形象有很大帮助，同时也能起到很好的表率作用。

其次是体育教师课前要为课堂上高质量的示范做好准备。特别是技术性较强、身体局部负荷量较大的项目（跳高、跳远、投掷等），还必须做一些专门性的准备动作，以便在课堂示范时得心应手，运用自如，呈现给学生一个完美的形象。

6. 场地的选择

为了方便教学，提高教学质量，需要提前准备好教学的场地。要根据不同教学内容选择不同教学场地，场地布置须有利于教学工作的开展，需考虑学生练习的站位空间；不同的教学内容学生站位间距不同，间距过大不利于教师巡视，间距太小学生练习时容易相互干扰。这样才能在练习过程中提高学生的学习兴趣，增强学生的学习自觉性、主动性和积极性。在布置场地时，要注意场地平整度（如塑胶篮球场地是否存在开裂、鼓包等情况）、场地画线是否规范（如跑道起点线、终点线、分道线等）、场地布置是否合理，是否存在安全隐患（如沙坑中是否存在异物等），上课场地是否和其他班级冲突等。

7. 器材的准备

首先，小学体育课程主要以基础体育项目居多，课程内容覆盖面广，综合课程相对较多，因而需要的教具器材也相应地较多较杂。所以教师在课前需要认真地做好器材的准备布置工作，减少授课时不必要的器材准备时间，这是按时完成教学任务的物质保障。其次，小学阶段学生对危险的认知能力不够，教师应在上课前检查器材是否出现破损，安装是否牢固，并在教具的选择上避免使用过于尖锐、沉重的器材，以免在教学过程中发生安全事故。

8. 了解学生情况

在上课前教师应该对所教授班级的学生有一个初步的了解，基本掌握学生的身体素质和心理状况。体育教师可以通过询问班主任，了解是否有学生患有先天性疾病，或不能从事剧烈运动的；还可以向班干部了解上一节是什么课，同学的精神状态如何；还需要掌握学生生病、受伤、请假的情况及女生来例假的情况，并让课代表把请假情况记录下来，用于期末考评。

9. 站队位置的选择

根据教学环境和教学场地的不同选择不同的站队位置，选择时需要考虑示范时是否每个角度的学生都能看到，讲解时是否每个学生都能听得清楚。安排学生站位时还需要考虑和其他场地学生的间隔。

10. 做好对体育委员、体育骨干的培养

对体育委员和体育骨干的培养也是体育教学中非常重要的一环，他们是组织教学中的得力助手，能使体育课堂教学达到事半功倍的效果。培养和启用体育干部有利于教师对教学课堂的把控，有利于教师更好地完成教学任务。要有计划地做好他们的培养工作，必要时可以和体育委员共同备课，并让体育骨干先行学习，向他们说明课程的任务、要求及组织方法，充分调动他们的积极性，合理地安排他们在授课过程中的工作方式和工作内容，培养他们独立工作的能力。这样，既锻炼了他们的组织和领导能力，增强了他们的责任心，又给其他学生树立了榜样，起到了模范带头的作用。

四　课堂教学

小学体育课往往通过大量的基础体育活动，来让学生身体承受一定的运动负荷，以达到锻炼身体的目的。一般的体育常规课程，要根据学生的生理变化规律，结合教学内容合理地组织教学。

体育教案编写
的繁与简

整个教学过程中，教师需要根据人体从相对静止到运动的三个生理阶段的规律循序渐进，既要保证有运动强度，又要避免强度负荷太大对学生身体造成损害。首先是准备部分，在运动前热身，也就是人体从相对静止状态进入运动状态，它能促进身体的血液循环，增强肌肉的弹性，避免在运动时受伤（机体活动水平控制在 10%～20%）。然后进入水平强度增大的基本部分。学生在运动练习时，机体的工作从较低水平提升至较高水平，并在最高水平保持一段时间，所以又呈稳定阶段（机体活动强度最高可达到80%，但不能维持太长时间，把运动强度控制在 60%～70%，并保持一段时间）。最后课程结束进入放松练习，大强度运动后指导学生做放松练习，缓解疲劳、防止受伤，机体活动从较高强度负荷的激烈运动逐渐变缓和恢复（机体活动强度逐渐下降至10%～15%）。

根据运动强度的规律将体育教学常规过程分为三个部分，即准备部分、基本部分和结束部分。三个部分相互联系，缺一不可，组成完整的体育教学过程。

1. 课前热身（准备部分）

教学常规：全班整队，检查出勤情况以及着装，了解请假情况并安排见习；教师宣读本节课的教学内容和目标，组织学生进行热身（一般准备活动和专门准备活动：根据教学内容选择的专门性的辅助练习）。在小学低年级阶段，一般准备活动和专门准备活动区分并不严格。通过练习，学生身体各个部位的关节、韧带和主要肌肉群都能得到充分的活动，学生身体和心理都进入一种较为兴奋的工作状态。

准备部分是体育课的开始部分，通常体育课的教学时间是 40 分钟，有效的合理的准备活

动时间在8~10分钟。一般常见的热身活动有慢跑、行进操、徒手操等，这些活动对注意力相对集中、自控能力较强的高年级学生效果稍好，但是对认知能力较差的低年级学生来说，这些活动虽然能够起到一定的热身作用，但是反复单调的练习容易使学生感到枯燥、厌倦，对课堂的兴趣也就慢慢降低了，达不到热身的效果。体育教学准备活动是体育课程开展的前提，教师可以根据不同年级层次、不同教学任务安排不同的准备活动，以吸引学生的注意力，创造轻松的课堂氛围，缓解学生的心理压力，最终实现体育教学目标。

（1）根据小学阶段不同年级的教学活动目标和学生身体的特点，准备活动可以设计得更加新颖，以激发学生的兴趣，吸引学生投入。

①小学低年级（1~2年级）的学生，年龄较小，不适合太高强度的运动，可以采用模仿操、表情舞、幼儿游戏等形式进行。通过轻松欢快的音乐和有趣的游戏，带领学生们在愉快的气氛中完成必要强度的准备活动。

 案例 3

动物模仿操①

安排学生们在一处阴凉的空地上坐下，播放歌曲《智慧树》。先让学生们熟悉一遍，然后让学生们模仿歌词中出现的角色做动作。

智慧树

唐老鸭，扁嘴巴，摇摇摆摆嘎嘎嘎。

唐老鸭，扁嘴巴，摇摇摆摆嘎嘎嘎。

米老鼠，穿花裙，跳起舞来擦擦擦。

米老鼠，穿花裙，跳起舞来擦擦擦。

猪八戒，胖乎乎，蹲在地上呼噜噜。

猪八戒，胖乎乎，蹲在地上呼噜噜。

孙悟空，本领大，翻个跟头空空空。

孙悟空，本领大，翻个跟头空空空。

猫警长，胡子翘，捉到老鼠喵喵喵。

猫警长，胡子翘，捉到老鼠喵喵喵。

虎大王，真威武，张大嘴巴啊——呜。

虎大王，真威武，张大嘴巴啊——呜。

---

① 本案例改编于 https：//zhidao.baidu.com/question/244687592.html，发布于2017年11月24日。

 案例4

表情舞《太阳眯眯笑》①

安排学生们围成一个圆圈，并顺时针旋转。教师站在中央，边念儿歌边模仿儿歌中的表情和动作。学生也跟着老师一起做。

太阳眯眯笑

太阳眯眯笑，（两臂曲肘上举，掌心向前，虎口相对比作太阳，然后两臂放下）

看我起得早，（双臂向上自然伸展，做伸懒腰的动作，然后放下）

举起小榔头，（双臂自然曲肘，两臂半握拳，在胸前做拿榔头的样子）

叮当叮当敲。（右手向左手敲击五次）

太阳眯眯笑，（两臂曲肘上举，掌心向前，虎口相对比作太阳，然后两臂放下，停在胸前）

看我身体好，（曲臂，用手掌拍击胸口两次）

拿起小篮子，（弯腰，伸手做出提篮子的动作）

田里去拔草。（两脚屈膝，同时两手在小腿前做拔草动作，由前下向后上，重复三次）

太阳眯眯笑，（两臂曲肘上举，掌心向前，虎口相对比作太阳，然后左臂放下，右臂停留在头顶）

看我长得高，（右手轻轻拍击头顶两次，然后放下）

开着小飞机，（双臂伸直，做出握方向盘的动作，左右各扭一下，腰部跟着左右扭动）

飞呀飞得高。（两臂侧平举，上体向左右各侧曲两次，双臂同时上下挥动）

太阳眯眯笑，（两臂曲肘上举，掌心向前，虎口相对比作太阳，然后两臂放下）

看我做早操，（曲肘做扩胸运动）

蹦蹦又跳跳，（双手叉腰上跳三次）

锻炼身体好。（双臂前平举，四指握拳，大拇指竖立，比出很棒的手势）

②小学中年级学生（3~4年级），可以适当地增加一些运动量，采用跑、跳类的体育游戏，如贴膏药、网鱼、听数抱团、钓鱼跑、托球跑、运球跑、接力赛、障碍赛等。这类游戏跑动跳跃较多，可以提高学生的兴奋度，取得很好的热身效果，其中口令游戏能使学生注意力高度集中，团队游戏能发展学生团结合作的品质。

③小学高年级学生（5~6年级），学习情绪和注意力相对比较稳定，在教学内容的难度和技能水平、运动强度上可以有所增加。这时候普通游戏热身难以达到效果，可以组织学生进行

---

① 本案例改编于 https://v.youku.com/v_show/id_XNjc5NjEwMDY0.html，发布于 2014 年 3 月 2 日。

一般准备活动，待身体舒展开以后，再根据具体教学内容进行一些专门性的准备活动，小游戏可以把学生的运动状态调整到最佳的水平，又不会令学生感到枯燥，还能为接下来的授课做好充足的准备，如高抬腿迎面接力、指令折返跑、持乒乓球小步跑、跨步跳木头人、运球接力赛等。根据课程的内容，可以选择不同类型的运动游戏。

（2）结合教学内容制订相应的准备活动。通过安排与教学内容相符的运动游戏，调整学生的运动状态，让学生身体保持在一个良好的运动水平，为接下来的教学起到一个很好的过渡作用。

2. 课程内容教学（基本部分）

基本部分这一环节，是课程的主体教学部分，是完成教学内容的实施阶段。可以根据教学计划，按照说明课程内容、明确目标—教师讲解、示范动作要领—学生分组练习、相互纠正—分组展示、互相评价—纠正练习、提高技巧的程序组织教学。经过充分的热身活动后，学生的身体和心理都已经调整到最佳的状态，根据课程标准和教学内容，组织学生学习、复习和练习，使学生掌握基本的运动知识和技能，实现教学目标。

（1）说明内容，明确目标。

首先讲述本堂课的教学内容和教学的目标，通过谈话或情境创设等方式，让学生明确学习内容和要求。

（2）讲解、示范动作要领。

教师通过完整的示范，将本堂课所要学习的动作展示给学生，使学生初步了解动作要领。讲解动作要领，要突出重点与难点。有时候还要有针对性地提出具体问题，启发学生的思维，以便使学生在练习中做到边思考边观摩边练习。同时讲解"帮助与保护"的方法、措施。

（3）分组练习，相互纠正。

先练习分解动作和辅助动作，再做完整的动作；可以前后排相对站立，先一组练习一组观摩，然后交换，互相纠正。教师在一旁巡视指导，观察学生动作，发现问题及时纠正。

（4）分组展示，互相评价。

随机分组让学生进行演示，并进行相互评价，指出对方示范的优点和存在的错误，并提出改正办法。最后针对练习中容易出现的错误，再系统地梳理一次，重点讲解。

（5）纠正练习，提高技能。

纠正易犯错误以后，教师再次组织学生进行练习，要求掌握动作要领，动作准确，以达到提高技能的教学目的。

在进入教学内容前，教师应注意教学内容导入的环节，充分抓住课堂切入的最佳时机，设计出具有趣味性的游戏进行导入，创造良好的教学氛围，让学生对教学的内容产生浓厚的兴趣，提高学习的主动性和积极性。游戏导入对小学生而言具有很大的吸引力。在导入环节中，既要让学生动起来，也要营造一种积极向上的乐学氛围，将学生的体育学习兴趣激发出来。游戏导入控制在3~5分钟为宜，时间不宜太长，会消耗学生的精力和体力。

在组织教学活动时，教学内容组织形式的好坏，直接影响教学质量和效果的好坏。小学课堂离不开兴趣的引导和激发。在教学过程中，教师应摆脱"填鸭式"的死板教学模式，树立"以学生发展为中心"的教学理念，加强师生互动、学生间的互动，以消除学生消极、被动的学习心态。针对小学生认知力和自制力相对较差、情绪变化较大、注意力容易分散的特点，可以根据教学内容给学生创立一个有趣和愉快的故事情境，调动学生的学习热情，从而使他们自主地在故事情境中学习知识，提高技能。

3. 放松恢复（结束部分）

体育课教学训练结束后，由于人体长时间处于激烈、紧张的状态，容易出现疲累、兴奋度下降、学习能力下降的情况。因此，当学生上完体育课或者参加完剧烈的体育活动时，全身各个系统特别是运动系统会处于相对疲劳的状态，如果不及时放松，学生的肌肉可能会受到损伤，同时会伴随疼痛和运动能力下降，这样就会使学生对体育运动产生不良的情绪，影响学生对体育锻炼的热情。生理学研究证明，运动后充分做好整理放松活动，对消除疲劳、调整内脏器官和心理放松有很好的效果。因此，教师在课程结束后，应该组织有针对性的放松训练，通过积极充分的放松活动，使学生身体从高度兴奋的状态逐渐过渡到相对安静的状态，预防学生肌肉拉伤，防止肌肉和关节的劳损。心理情绪从高度紧张到逐步放松，能让学生有个较好的精神状态，以便投入下一节课的学习。

根据课堂内容选择一些逐步降低运动负荷和促进学生身心放松的恢复性练习，如轻松的慢跑放松、徒手放松、游戏放松、舞蹈放松以及意念放松等。

（1）慢跑放松。慢跑3~4分钟，缓解肌肉紧张状态，恢复肌肉弹性，防止拉伤。

（2）徒手放松。用徒手操来放松肌肉，从高度紧张的状态逐渐过渡到安静的状态。

（3）游戏放松。通过游戏在玩耍中达到放松的目的。

（4）舞蹈放松。舒缓的音乐加轻盈的舞蹈，转移大脑皮层的兴奋中心，达到心理放松的目的。

（5）意念放松。这是一种自我暗示的心理放松方法，学生想象自己身处一个安逸舒适的环境中以调节状态；还有一种方式是接受意念放松，按教师的提示语进行练习。

五　课后延伸

课堂教学完成以后，课堂结束并不代表体育教学的结束，教师还需要关注教学的效果，听取学生对课程的评价，分析课程安排、组织结构的不足之处，不断进行总结、反思和改进。要通过课后反思教学过程中的得与失，及时改进教学方法。"得"是指教学过程中自己感觉比较满意的部分，要积累经验、保持状态，为进一步探究更好的教学模式奠定基础。"失"是指根据学生反馈和教学任务完成情况，对教学过程中不得当的、达不到教学效果的部分进行及时反思，并通过改变教学方法和手段，弥补之前的不足，确保今后的教学工作顺利完成。

2010 年发布实施的《国家中长期教育改革和发展规划纲要（2010—2020 年）》明确规定"保证学生每天锻炼一小时"，使学生养成自觉锻炼身体的好习惯。教师在关注课程的后续效果的同时，还应该考虑如何把体育运动延伸到课外。根据学习情况和学生喜好，开展早操、大课间、阳光长跑等活动，组织各类大、中、小型运动竞赛，加强学生的兴趣和参与感，培养学生坚持锻炼的习惯。课外体育活动与课内体育教学工作相结合，相互补充，不仅很好地锻炼了学生的身体，还可以更好地发展学生的各项运动技能，有利于教学质量的提高。

第五节　小学体育教学方法的选择和运用

一　体育教学方法及分类

体育教学方法是在体育教学过程中，教师为实现教学目标、完成体育教学任务而采取的不同层次的、教与学相互作用的活动方式。就是说，教师不仅要注重教学方法是否得当，考虑学生的可接受性，还要注意在练习中调动学生积极性，促使学生主动完成练习。

根据体育教学的外部形态和学生的认知活动，可以将教学方法分为五类。①以语言传递信息为主的体育教学方法，如讲解法、提问法、讨论法等。②以直接感知为主的体育教学方法，如示范法、演示法、预防与纠正错误法等。③以身体练习为主的体育教学方法，如完整法、分解法、练习法等。④以游戏和比赛活动为主的体育教学方法，如游戏法、比赛法等。⑤以探究式活动为主的体育教学方法，如发现法、小群体教学法等。

二　小学体育教学方法的应用及要求

（一）以语言传递信息为主的体育教学方法

顾名思义，以语言传递信息为主的体育教学方法是指教师运用语言向学生传授体育知识与运动技能的教学方法。主要有讲解法、提问法、讨论法等。

1. 讲解法

讲解法指教师通过生动有趣、简单明了的语言，向学生系统地说明教学目标、动作名称、动作要领、动作方法、规则和要求等，传授体育知识、运动技能以及卫生保健的相关知识。教学时通常采用简单易懂的讲述形式，使学生学会一些基本的体育知识和保健理论。如在进行立定跳远教学时，学生初步了解动作概念以后，教师可以用语言告诉学生动作要领，通过讲解使学生更容易掌握立定跳远的技术动作，还能有意识地自己练习，体会动作要领。

讲解法要求：

（1）讲解的语言要生动、形象并有趣味性。

（2）讲解目的明确，根据教学目标与教学内容，进行有针对性的讲解，概念内容准确。

（3）加强师生互动，启发学生自主思考的能力。

（4）讲解应正确运用口诀和术语。

（5）讲解时应充分考虑学生的理解能力，专业术语的运用要由学生的年级特点来决定，便于学生理解。

（6）还要注意讲解的时机和效果。

2. 提问法

提问法是教师和学生以口头问答互动的方式传递教学信息，完成体育教学任务的方法。其中包括回顾性提问、归纳性提问、总结性提问和判断性提问。提问法多用于复习和巩固知识，让学生用新掌握的知识回答教师提出的问题，以巩固教学要点。提问法的优点是利于启发学生思维，培养学生的思考能力和语言表达能力，唤起和保持学生的注意力和兴趣。例如针对立定跳远提问：摆手与蹬腿为什么要同时进行才能跳得更远？

恰当地运用提问法不仅能唤起学生的学习积极性和主动性，创设良好的教学环境，还可以让学生对所学的知识进行进一步巩固和深入，对新知识有初步的认识和继续探究的兴趣。提问法在运用时应恰当地把握时机。（1）课程开始时提问。提问的内容一般是上节课所学的知识，目的在于检查学生上节课的学习情况和教师的教学效果，同时起到安定情绪、集中注意力的作用。（2）在课中的提问。一般是在授课阶段提问，此段时机又可以分为三种。

①在讲解示范时提问。可以在讲解示范时提问，把一些易犯错误以提问的方式展示出来，让学生思考如何避免，有利于培养学生的鉴别技术和及时发现、纠正错误的能力。

②在练习过程中提问。这时候教师可以根据动作要领的重难点向学生提问，让学生简要地说说自己对练习内容的体会，加深学生对技术动作的理解和掌握。

③在课程结束时提问。这时对一堂课所学的知识进行总结性提问，以便获得课堂学习效果的反馈信息，了解学生对教学内容的掌握情况。

提问法要求：

（1）应在把握教材的重点、难点的基础上进行提问。

（2）根据教学内容和教学目标提出问题。

（3）正确把握提问时机和方式。

（4）把握学生实际水平，确定问题难易程度。

（5）提问要有科学性，尽可能地使用准确、精炼的体育术语。

（6）提问时要有一定的程序，提问后要给学生一定的独立思考或者相互交流的时间。

（7）注意问题的启发性和趣味性，同时一节课提问次数不宜过多。

（8）要多鼓励不善表达的学生，哪怕回答错误也不要批评他们，应正确引导，帮助他们激发思维。

3. 讨论法

讨论法是指学生在教师指导下，通过围绕中心问题展开讨论来掌握体育知识或获得运动技能的一种方法。讨论法具有提升学生学习积极性、增强合作意识和思考能力的特点。如对于"腿部抽筋"的知识，学生只是有初步了解，此时教师可以设置问题："同学们知道睡觉时小腿突然抽筋是什么引起的吗？""运动时腿部抽筋是什么原因，该怎么预防？"通过相互讨论，能使学生更好地掌握相关知识。

讨论法要求：

（1）设计好讨论的内容和主题。

（2）为防止学生讨论无序化，要巡回指导和管理。

（3）对于讨论的结果要进行归纳总结。

（二）以直接感知为主的体育教学方法

此教学方法指教师通过实物或直观教具的演示，使学生利用各种感官感知客观事物或现象而获得知识的方法，如示范法、演示法、预防与纠正错误法等。

1. 示范法

示范法是体育教学中最常用的一种直观教学方法，是指教师（或者指定的学生）以具体动作为范例，指导学生进行学习，使学生了解所学动作的形态、结构、要领和方法。在言语不能轻易表达或学生对复杂技术的讲解不甚明了时，教师可以通过示范正确动作更为直观地呈现教学内容，便于学生理解和学习。

示范法又分为以下四类。

（1）正面示范：教师与学生相对站立进行左右移动的练习。（球类等项目）

（2）背面示范：教师背对学生站立进行左右动作、路线复杂的动作示范。（武术类等项目）

（3）侧面示范：教师侧向学生站立进行的前后动作示范。（田径类等项目）

（4）镜面示范：教师面向学生站立进行的与学生同方向的简单动作的示范。（徒手操类等项目）

动作示范应注意以下五个要素：

（1）速度：根据不同情况选择不同速度。

（2）距离：学生观察动作的距离，要根据活动范围、学生人数、安全需要等来确定。

（3）视线：教师与学生的站位越垂直越有利于学生观察。

（4）视线干扰：学生背对或侧向阳光、风向。

（5）多媒体配合：运用多媒体配合讲解。

示范法要求：

（1）示范目的性明确，突出重点。教师要根据动作的难易程度放慢示范动作，让学生仔细观察。

（2）示范动作要正确、娴熟、美观。教师要给学生一个清晰的概念，激发学生模仿的兴趣。

（3）应注意示范的站位。教师示范的站位对示范的效果有直接的影响。

（4）示范和讲解相互结合。示范时可根据动作难易程度进行简单或详细的讲解，便于学生消化动作难点。

2. 演示法

演示法是指教师在体育教学中通过展示各种实物、模型等直观教具或利用幻灯片、多媒体软件等设备进行演示，让学生通过观察获得运动知识的教学方法。在教学中，根据教学需要，教师使用相关的模型、片段或完整的影像资料或演示图片等，帮助学生掌握教学内容。如"流鼻血的处理办法"，教师通过播放一段教学视频，直接演示在自己或者他人流鼻血时应采取的办法。

演示法要求：

（1）根据教学内容选择合适的教学道具和形式。

（2）提前准备好教学视频资料，确保影像资料的清晰度。

（3）在演示过程中适当地进行讲解和提问。

（4）引导学生安静地观看，认真思考演示内容。

3. 预防与纠正错误法

预防与纠正错误法，是指针对学生在练习中产生的错误动作，采取有效的手段和措施，纠正或防止学生做出错误动作的方法。在教学的过程中，学生因某种原因未能熟练掌握技术动作，从而产生动作不正确或不规范现象，教师应积极主动地纠正或防止学生的错误动作。学生反复练习错误的动作，若没有及时得到纠正，会影响教学目标的完成。

预防与纠正错误法要求：

（1）上课前教师必须认真钻研教材，掌握正确的动作要领，把握好动作难点和易犯的错误。

（2）从学生和教材的实际出发，有效地安排教学内容。

（3）教师要善于观察，及时找出造成学生动作错误的原因，并加以修正。

（三）以身体练习为主的体育教学法

以身体练习为主的体育教学法，是指通过身体反复练习某一个技术动作，使学生达到巩固运动技能、掌握技术和锻炼身体的方法，如完整法、分解法、练习法等。

1. 完整法

完整法是指动作从开始到结束，不分部分和段落，完整地持续地传授某种运动技能的方法。完整法教学有利于学生对整套动作的理解，但是学生学习整套动作的难度较大，不易掌握动作的关键和难点。所以此类教法一般仅限于简单动作的教学。

完整法要求：

（1）在教较为容易掌握的动作时，先进行整套动作的示范，再让学生进行完整的练习。

（2）在教比较复杂的动作时，应注意突出重点，先掌握基本动作，再对难点部分重点练习。

（3）降低动作难度，简化要求。

（4）借助辅助性练习帮助学生体会动作要点。

2. 分解法

分解法适用于较难动作的教学，是指将一套完整的动作合理地分成几个部分或段落，然后按部分逐个进行练习，最后掌握整套动作的方法。分解法可以将一套复杂的动作简单化，有利于对动作的困难部分进行详细讲解，帮助学生较快地掌握动作，提高学生学习的信心。但是如果动作分割不合理，容易破坏动作结构，使动作衔接受到影响，甚至影响正确动作的学习。所以，一般在整套技术动作长而复杂，完整法教学不便于学生掌握时，可采用分解法教学。分解法又可分为纵向分解和横向分解。纵向分解是按照动作技术结构，将教学内容分成若干部分或段落。横向分解是将动作按身体结构分解，如分为上肢动作、下肢动作和躯干动作等部分。

分解法要求：

（1）应根据教材和技术特点合理地分解完整动作，并注意各部分的联系，不能影响动作结构特点。

（2）要在考虑学生水平和接受能力的基础上进行分解。

（3）学生要清楚分解部分在整体动作中的位置以及相互联系。

（4）运用分解法应适当地与整体法相互结合，避免分解的时间过长，影响学生整体动作的连贯性。

整体法和分解法相互影响、相互联系，教师应合理地运用，才能使学生更好地掌握动作技术的难点和保证整套动作的连贯性，达到最佳的学习效果。

3. 练习法

练习法在体育教学中运用比较广泛，是指根据教学任务，学生在教师的指导下，有目的地进行反复练习，进而达到锻炼身体和掌握、巩固、提高运动技能的方法。

在体育教学中，常用的练习法有重复练习法、循环练习法和变换练习法。其共同特点是时间性和指向性。重复练习法是指不改变动作结构和运动负荷，在相对固定的条件下，按照动作的基本要求进行反复练习的方法。如教授"投篮"时，用标准的投篮姿势反复进行投篮练习，从而提高投篮的命中率。重复练习法可分为三种方式，即单一重复练习、连续重复练习、间歇重复练习。

循环练习法是指根据教学任务与要求，选择若干练习手段，设立若干作业点，让学生按照规定顺序、路线和练习要求，依次循环练习的方法。其特点是练习简单适用、技术要求不高的技能，多用于发展体能。循环练习法可以采用流水式循环和分组轮换式循环两种方法。

变换练习法是指根据练习任务需要，在不变换条件的情况下进行反复练习的方法。其主要特点是练习的条件不变，改变练习对机体所起作用的因素。变换练习法可分为连续变换练习法和间歇变换练习法两种。

练习法要求：

（1）根据不同的教学内容选择合适的练习方法。

（2）明确练习的目的，对学生提出练习要求。

（3）学生练习过程中教师要用各种方法调动学生的积极性和主动性，并给予技术上的指导。

（4）应时刻关注学生练习的情况，特别是关注技能掌握较差的学生。

（四）以游戏和比赛活动为主的体育教学方法

游戏和比赛活动是指通过丰富的运动体验陶冶学生的性情，提高学生运动能力及运动参与兴趣的教学方法，如游戏法、比赛法等。

1. 游戏法

游戏法是指在体育教学中，教师通过组织学生做游戏来完成教学任务的一种教学方法。以游戏的形式进行教学，不仅能使学生在游戏中掌握技能，还能培养学生兴趣，发挥他们的主动性和创造性。如采用一些追逐类的"贴膏药"的游戏进行跑的练习，既可以提升学生对跑的兴趣，又能在游戏中进行跑的锻炼。

游戏法要求：

（1）选择游戏时应结合教学任务合理设计，以便更好地为教学服务。

（2）要控制和调节游戏的运动负荷。

（3）指导并参与其中，加强师生互动。

（4）游戏结束时应掌握时机，公正地评价游戏结果以及学生的表现。

2. 比赛法

比赛法是指利用竞赛的形式，组织学生锻炼身体、学习技能与技术的方法。它的主要特点是富有竞争性和挑战性，有利于激发学生的进取心和学习热情。比赛的形式多种多样，可以是游戏比赛，也可以是教学比赛或者专门性的测试比赛。比赛方式的选取需根据学生技能的掌握情况和教学情况来安排。如"4×100米接力"的教学可以先进行迎面接力比赛，让学生学习接力赛的基本方法。

比赛法要求：

（1）必须在学生掌握一定技能的基础之上再进行相关的比赛。

（2）要符合学生的身体状况。

（3）选择比赛的项目要紧密结合教学内容。

（4）合理分组，各队实力大致相当。

（5）公正地主持比赛进程，评定比赛成绩。

（五）以探究式活动为主的体育教学方法

探究式教学也可以叫发现式教学或者研究式教学，是指在体育教学中，鼓励学生通过观察和探究等途径发现问题与处理问题，从而获得目标知识的教学方法，具体包括发现法、小群体教学法等。探究式教学具有自主性、实践性、过程性和开放性等特点。

1. 发现法

发现法是由教师提供一定的线索和问题，利用学生的好奇心，让他们通过观察、思考、讨论等方式去进行探索，掌握相应原理和结论的方法。

发现法运用的基本过程：

（1）创设问题情境。向学生提出要解决或研究的问题，让他们根据问题去探究。

（2）验证学习方法。学生利用有关材料和经验，通过小组或者班集体提出假设或得出答案，并反复练习和验证。

（3）组织开展讨论。让学生通过练习法去体会和检验，并引导学生就不同结论和观点展开讨论。

（4）教师对结论做出补充、修改和总结。在教师的引导下掌握正确的知识要点。

2. 小群体教学法

小群体教学法也被称为"小集团教学模式"，是指在体育教学中通过学生之间的相互帮助、相互学习来提高他们的学习主动性和学习质量，并达到对学生社会性培养的教学方法。小群体教学法形式多样，一般在单元的开始都有一个分组及小集体形成的过程。在这个过程中，小组要具有一定的凝聚力，要有各自的学习目标。在单元的前半段，一般以教师指导小组学习为主；在单元的后半段，一般则以小组主动学习为主，此时教师主要起指导和参谋的作用。单元的前半段以学习活动为主，单元的后半段则以练习和交流活动为主；单元结束时，一般有小组间比赛、小组总结和全班总结等步骤。

小群体教学法要求：

（1）根据教材特点和学生实际，提出发现探究的问题。

（2）创设一个有利于学生进行发现探索的良好情境。

（3）有计划地组织教学，引导学生积极探讨问题、提出假设、验证结果。

本章知识结构导图

小学体育课程实施
- 体育课的基本结构
  - 体育课结构的概念
  - 准备部分的组织与实施
  - 基本部分的组织与实施
  - 结束部分的组织与实施
- 小学体育课的密度与运动负荷
  - 小学体育课密度的安排与调控
  - 小学体育课的合理密度与适宜运动负荷
- 小学体育课堂教学组织形式的选择与实施
  - 常见的教学组织形式
  - 分组教学
- 小学体育教学活动的组织与实施
  - 室外实践课
  - 室内教学课
  - 课前准备
  - 课堂教学
  - 课后延伸
- 小学体育教学方法的选择和运用
  - 体育教学方法及分类
  - 小学体育教学方法的应用及要求

知识点检测

1. 运用电脑或手机搜集小学优质示范课的一个教学视频，进行学习并将视频剪辑为三个部分。

2. 通过学习准备、基本和结束三个部分的组织、实施与案例，请你从水平一至水平三选取三个不同水平的教学内容，完成三篇教案的撰写。

参考答案

3. 十三人为一个小组，一人充当教师，其余十二人充当学生，分别对准备、基本和结束部分进行模拟教学。

4. 运用所学的测定方法，五人为一小组，对一节小学体育课进行密度和运动负荷的测定，并对测定结果进行分析。

5. 体育课的分组教学，一般分为（　　）和（　　）两种形式。

6. 名词解释：分组教学。

7. 针对本章所学内容，设计出一节完整的室外体育游戏课。

8. 结合所学，写出一篇体育室内课教案。

9. 结合所学，说出体育课最常用的五种教学方法。

第 五 章

小学体育教师专业技能训练

 **学习目标**

★ 掌握基本的口令、队列术语及其概念，并能够应用于实际教学中；

★ 能够针对不同的体育教学内容，在合适的位置和时机，进行规范的讲解和示范；

★ 了解体育游戏创编的概念、分类及特点，掌握体育游戏的创编原则、创编方法，能进行简单、基础的体育游戏创编；

★ 通过说课能力学习，了解体育说课的概念和内容，具备说课 PPT 的制作及说课的能力；

★ 具备小学体育教师的基本教学技能。

案例导入

新体育老师的疑惑

刘老师是来自某师范院校体育教育专业的实习生，专业能力强，对上课有着自己独特的想法。在一次公开课中，刘老师上了一堂体育游戏课。想法很好，通过设计层层游戏关卡，以通关的情境模式，带领学生们完成游戏教学任务。为此，刘老师不仅写好了教案，还写了一份说课稿，可以说做了充分的准备工作。随着上课铃声响起，刘老师按照教学设计的程序展开了自己的教学。一开始，同学们听到老师对于本堂课的介绍，都表现得十分期待和饶有兴趣。但是，随着时间的推移，学生们开始失去了耐心。原来刘老师的课讲得多，学生们参与得少。每一个游戏环节，刘老师都兴高采烈地介绍了游戏的规则和要求。并且，整堂课设计了多个通关环节。学生们在炎炎烈日下，课上得是越来越无趣。课后，学生们也叹着气谈论着："开始我还以为有多好玩的，原来都是听老师在讲，太阳晒得我脸都红了，一点也不好玩。"刘老师自己也明显感受到了课堂气氛的变化，课后一脸无奈地向老教师诉苦："这堂课我整整准备了一周，原以为是一个气氛热烈、学生喜爱的游戏课堂，最后怎么会这样呢？"

通过上面的案例，我们可以看到刘老师还是做了很多准备工作，对待教学也是积极认真的。不过课堂的表现反映了刘老师的教学存在诸多问题：第一，没有落实教师主导、学生主体的教学思想。整堂课，刘老师以自己为主，牢牢地把控着课堂，学生只能被动地接受。第二，对于队列队形及讲解示范的应用，组织实施不够正确合理。学生说脸都晒红了，正是因为刘老师在集合整队和讲解示范时没有遵守"三背三向一平行"的原则，从而导致学生从身体到思想上都产生了想尽快结束课堂的想法。第三，说课稿的撰写脱离了实际。对教材内容、学情等，没有进行实事求是的分析，从而脱离实际，也就谈不上因材施教了。这样一来，教师理想的教学效果未能在实际教学中得以实现，也就十分正常了。

本章我们将系统地介绍体育老师应当具备的各项教学基本技能和训练方法，以供未来的体育老师学习。我们将从以下四个方面向大家介绍小学体育教师基本技能训练：口令及队列能力、讲解与示范能力、体育游戏创编与教学能力和说课能力。

 **第一节 口令及队列能力**

队列、口令是班级活动、体育教学、大型集会活动等必不可少的内容，是体育老师必须掌握和教授的基本内容之一。如能很好地掌握和应用队列、口令，则能够达到有效辅助体育教学组织、提高课堂效率的作用。通过队列及口令的应用和练习，更能加强学生纪律和集体意识的培养。在实际教学中，体育老师既要掌握该项技能，又要在思想意识上予以足够的重视，从而为提升体育教学质量奠定扎实基础。

在体育教学中，队列指挥口令分为原地口令和行进间口令。在对原地和行进间口令及队列练习进行介绍前，学生应对队列及口令中的基本术语进行了解。

（1）队列，是指学生站立方向前后左右关系的表现形式。例如，前后站立为一路纵队，左右站立为一列横队。

（2）队形，是指队列所呈现出来的基本形状，它分为原地队形和行进间队形。

（3）列，是指学生左右成排站立，称为列或横队。

（4）路，是指学生前后重叠成一行，称为路或纵队。

（5）翼，是指队形左右两端部分，分为左翼、右翼和轴翼（指在行进间转弯内侧一翼）。

（6）横队，是指两个及两个以上学生左右站立成列所组成的队形。

（7）纵队，是指两个及两个以上学生前后重叠站立成路所组成的队形。

（8）伍，是指两列及两列以上横队中前后重叠的学生为一伍。

（9）排头，是指纵队第一个或横队右翼的学生。

（10）排尾，是指纵队最后一个或横队左翼的学生。

（11）基准学生，是指教师所指定的行动目标学生。

（12）集合，是指学生按照教师要求，由不受约束状态呈规定队列队形站立的状态。

（13）解散，是指学生离开原来位置，不受队列队形约束的状态。

（14）口令，分为连续口令和拉长口令。拉长口令是由预令和动令组成。一般口令的前面部分为预令，后面部分为动令。其中，连续口令只有动令没有预令。例如：向前（预令）——看（动令）；立正、稍息（没有预令）。

一　原地基本口令及队列练习

在体操和体育教学过程中，原地口令及队列是组织教学、提高效率的有效保证。原地基本口令及队列包括：立正、稍息、集合、解散、向右（左、中）看齐、报数、原地间转法、一列横队变二列横队及还原、一路纵队变二路纵队及还原。按照其表现形式的不同，又可以将以上口令及队列分为三类：第一类为集合整队常用动作，如立正、稍息等；第二类为原地间转法，如向右（左、后）转、半面向右（左）转；第三类为原地队列变换，如一列横队变二列横队及还原等。

《中国人民解放军队列条例》

（一）集合整队常用口令及队列

1. 立正

（1）口令：立正！

（2）动作要领：两脚跟靠拢并齐，两脚尖向外分开约60度；两腿挺直；小腹微收，自然挺胸；上体正直，微向前倾；两肩要平，稍向后张；两臂自然下垂；手指并拢自然微屈，拇指尖贴于食指的第1节，中指贴于裤缝；头要正，颈要直，口要闭，下颌微收，两眼目视前方（如图5-1所示）。

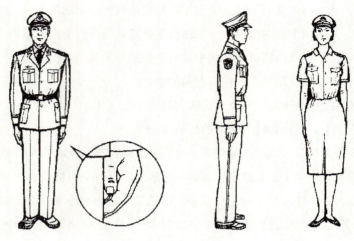

图 5-1

2. 稍息

（1）口令：稍息！

（2）动作要领：左脚朝脚尖方向伸出约全脚的 2/3，两腿自然伸直，上体保持立正姿势，体重大部分落在右脚。

3. 向右（左）看齐

（1）口令：向右（左）看——齐！

（2）动作要领：基准学生不动，其他学生向右（左）转头约 45 度，眼睛看向右（左）邻人的腮部，前 4 名能通视基准学生，自第 5 名起以能通视到本人以右（左）第 3 人为度。后列人员向右（左）看齐，余光向前对正，通过碎步进行快速调整。

4. 向中看齐

（1）口令：以××同学为基准，向中看——齐！

（2）动作要领：基准学生不动，其余同学按照向右（左）看齐动作要领行动。基准学生听到"以××同学为基准"时，左手握拳高举，听到"向中看齐"后，将手放下。

5. 向前看

（1）口令：向前——看！

（2）动作要领：基准学生不动，其余学生立即收头转正，恢复原来的立正姿势。

6. 报数

（1）口令：从右（左）至左（右）——报数！

（2）动作要领：从右（左）至左（右）报数时，学生向左（右）转头以短促有力的声音报数，最后一名同学不转头。

7. 集合

（1）口令：成×列（路）横（纵）队——集合！

（2）动作要领：按照老师口令，基准学生迅速就位，其他学生向基准学生看齐，并以立正姿势站立。

（3）教师手势：①成纵队集合时，教师将右手握拳，手臂成 90 度角于体前上举。②成横队集合时，教师将左手握拳，手臂成 90 度角于体侧上举，右手握拳，手臂于体侧平举。

8. 解散

（1）口令：解散！

（2）动作要领：听到"解散"口令，学生迅速离开原位。

（二）原地间转法

1. 向右（左）转

（1）口令：向右（左）——转！

（2）动作要领：以右（左）脚跟为轴，右（左）脚跟和左（右）脚掌前部同时用力，向右（左）转 90 度，重心落在右（左）脚，左（右）脚靠拢右（左）脚，转时，两腿挺直，大腿内侧夹紧，上体保持立正姿势。

2. 向后转

（1）口令：向后——转！

（2）动作要领：按向右转的要领向后转 180 度，转动时两大腿靠拢并保持适当的用力。

3. 半面向右（左）转

（1）口令：半面向右（左）——转！

（2）动作要领：按向右（左）转动作要领，向右（左）转 45 度。

（三）原地队列变换

1. 一列横队变成二列横队

在一列横队的基础上报数，单数学生不动，双数学生左脚后退一步，接着右脚后撤，顺势向右横跨一步，左脚向右脚靠拢，成立正姿势站在前一单数学生后面。

2. 二列横队变成一列横队

在一列横队变两列横队的基础上，双数同学左脚左跨一步，右脚顺势向前跨一步，左脚向右脚靠拢，站到单数同学左侧，并自行看齐。

二　行进间基本口令及队列练习

在体操和体育教学的过程中，根据教学需要对学生队伍进行组织和调动，行进间的口令及队列对于有效、有序地调动学生队伍有着积极而重要的作用，好的行进间队列及口令能够令教学达到事半功倍的效果。行进间口令及队列包括：齐步走、正步走、跑步走、踏步、立定、向左（右）转走、向后转走、横队方向变换、纵队方向变换、一列横队变二列横队、一路纵队变二路纵队等。根据行进间口令及队列的特点，本书将其分为行进间队列动作、行进间转法和行进间队列变换三类。

（一）行进间队列动作

1. 踏步

（1）口令：踏步！

（2）动作要领：两脚在原地上下起落，抬起时，脚尖自然下垂，离地面约 15 厘米，上体保持立正姿势。听到"前进"口令，继续踏两步，再前进。

2. 齐步走

（1）口令：齐步——走！

（2）动作要领：左脚先往前迈，步幅约 75 厘米，右脚同理。行进中，上体正直，微向前倾；两手微握拳；两臂前后自然摆动，向前摆时，小臂稍向里合；手约与第五粒衣扣或肚脐同高并不超过衣扣线。行进速度为每分钟约 120 步。

3. 正步走

（1）口令：正步——走！

（2）动作要领：左脚踢出（脚掌离地面约 20 厘米并与地面平行，腿要绷直）约 75 厘米处适当用力着地，身体重心前移，右脚照此法行进；上体正直，微向前倾；手指轻轻握拢；摆臂时，向前摆肘部弯曲，小臂略平，手腕摆到第三、四粒衣扣或胸腹之间，离身体约 15 厘米，手心向内稍向下，向后摆到不能自然摆动为止。行进速度为每分钟约 116 步。

4. 跑步走

（1）口令：跑步——走！

（2）动作要领：听到预令，两手迅速握拳提到腰际，拳心向内，肘部稍向里合。听到口令，上体微向前倾，两腿微弯，同时左脚利用右脚掌的弹力跃出约 80 厘米，前脚掌着地，体重前移，右脚照此法行进；两臂自然摆动，向前摆不露肘，小臂略平，稍向里合，两拳不超过衣扣线，向后摆不露手。行进速度为每分钟约 180 步。

5. 立定

（1）口令：立——定！

（2）动作要领：齐步和正步都是左脚向前大半步，右脚靠拢左脚，成立正姿势。跑步时，继续跑两步，然后左脚向前大半步，右脚靠拢左脚，同时将手放下，成立正姿势。踏步时原地立定。

（二）行进间转法

1. 向左（右）转走

（1）口令：向左（右）转——走！

（2）动作要领：右（左）脚向前半步，脚尖稍向左（右），身体向左（右）转90度，同时出左（右）脚，向新方向行进。

2. 向后转走

（1）口令：向后转——走！

（2）动作要领：左脚向前半步，脚尖稍向右，以两脚掌为轴，从右向后转180度，出左脚向新方向行进。转时，两臂自然摆动，不得外张。

（三）行进间队列变换

行进间队列变换形式多样，在此仅介绍最为基本的行进间一列横队变二列横队，二列横队变一列横队和行进间一路纵队变二路纵队，二路纵队变一路纵队。

1. 行进间一列横队变二列横队

（1）口令：成二列横队——走！

（2）动作要领：听到口令后，单数学生继续前进，双数学生原地踏脚两步，第三步则进到单数学生的后面，并随之继续前进。

2. 行进间二列横队变一列横队

（1）口令：成一列横队——走！

（2）动作要领：行进间要使二列横队变为一列横队，先使各学生离开一步的间隔，然后下口令。听到口令后，单数学生原地踏脚两步，双数学生向左跨一步，右脚不靠拢左脚而是向前跨一步，进到单数学生的左边，并随之继续行进。

3. 行进间一路纵队变二路纵队

（1）口令：成二路纵队——走！

（2）动作要领：听到口令后，基准（排头）学生以小步行进；双数学生即进到单数学生的右方，各学生按规定间隔和距离，仍以小步行进；直到听见"照直前进"或"立——定"的口令为止。

4. 行进间二路纵队变一路纵队

（1）口令：成一路纵队——走！

（2）动作要领：听到口令后，左边一路的基准（排头）学生照直前进，其余学生则以小步行进，待留出双数学生的空隙后，双数学生向左插入单数学生的后面，并按规定的距离，继续以原步幅行进。

第二节 讲解与示范能力

与其他课程相比，体育课具有其独特性。讲解与示范是体育教师实现体育教学目的，传授体育基础知识的基本途径。其他学科领域的教师向学生讲授教学内容时，可以有多种途径和方式，但体育教师几乎只能依靠动作示范和语言讲解的方式。动作示范在小学体育课教学中尤其重要。

 一　讲解与示范的合理位置与示范技巧

（一）教师确定讲解和示范位置

教师在教学中示范和讲解的位置要有一定的合理性。合理的位置，便于学生观察教师的动作示范，便于学生模仿和学习。这就要求教师能正确合理地调整学生的队形，保证所有的学生都能清晰地看到教师示范。体育教师必须始终关注教学中的各种情况，并有意识地、合理地选择不同的站位以便每时每刻都能观察全班学生的活动。一旦学生集中了注意力，教师必须确定好自己下一步教学任务示范和讲解的位置。

教师讲解和示范的位置应尽量避免分散学生的注意力。例如，如果是在户外进行体育教学，那么，教师自己应该面对太阳，这样学生就不会因太阳光刺眼而分散注意力。如果和其他体育教师共用体育场馆，教师所处的位置应尽量减少班上学生受到其他班学生上课的干扰。最后一点，在体育教学中教师的站位应该确保全班的学生都能听到教师的讲解。如果学生成分散队形进行练习，就听不到教师的声音了。因此，在进行讲解之前，教师必须将学生召集到身边，以确保他们都能清楚地知道需要怎样进行练习。

（二）示范技巧

有效的示范不是自动产生的，它需要仔细地设计。体育教师在做动作示范时可以运用如下示范技巧。

1. 示范完整动作

重要的一点是在强调部分或一个动作要点前，教师要示范整套动作。事实上，示范的应该是以合适的速度完成的整套动作，包括在课堂开始时一个完整的动作示范和整节课的任务介绍。教师容易犯的一个错误就是只示范某一技术的一部分，这会让学生不明白演示的这部分动作是如何和整套动作联系起来的。教师最好假设至少有一个学生对于课堂上所教动作是完全陌生的，这样会有利于教师更专注于讲解分解动作和整个动作是如何连贯完成的。

2. 关注动作重难点

为了帮助学生轻松地理解动作的要领和重要的技巧，教师在做动作示范时需要格外关注动作的重难点。这些动作重难点的学习往往是影响学习效果的主要因素之一，是学生学习中最重要的部分。需要牢记的是，小学生通常一次只能记住一个技术动作的一部分，因此教师在做动作示范时对重难点的讲解需要循序渐进。部分教师教学时一次性给学生灌输很多内容，但是有经验的教师往往会专注于一个部分的重难点练习，从而提高学生的学习效率。实际上，信息量太大会过度刺激和迷惑学生，阻碍学生在脑海中形成完整的动作表象。因此，高效率示范的关键在于关注动作重难点，在于"精讲多练"。

3. 提供正确的动作示范

提供具有精准信息的动作示范对于学生最终获得正确的学习方式是至关重要的。学生更专注于他们从视觉上获得的内容，因此动作示范中的错误将会被学生模仿。教师可以通过正确的技术示范，借助专业人士、学生、图画、音频等，或者其他一些科技手段来展示正确的动作示范。

4. 灵活运用组织形式

在小学体育教学中，教师需要灵活运用组织形式，使班级、小组等集体成为帮助学生学习的一种"动态的集体力量"。例如在体育教学时，教师不要急于讲解新授知识的动作要领，而是先创设教学情境，在进行完整的动作示范之后组织学生以学习小组为单位展开讨论，使学生在热烈探讨的气氛中积极参与思维的过程，自然而然掌握了新授知识的内容。此外，灵活运用组织方式可以节省管理和指导的时间，减少学生的困惑。

5. 示范常见的错误

教师在示范中应反复强调那些常见的错误，从而使学生避免犯错。在篮球跳投练习中，学生经常跳向篮圈的方向而不是垂直向上跳。体育教师可以给学生示范这一常见错误。当然，这个错误的示范应该在正确的示范动作之后进行，最后再次示范正确的动作。这样能督促学生向着正确、成熟的动作技能方向进步。

6. 学生参与示范

有的学生认为体育教师应在课堂上示范全部的技术动作，但是很少有教师能够对每个技术动作都很精通。事实上，学生可以通过观察同班同学的示范并从中获益。同班同学间的技能水平相差不大，这样同班同学的示范动作比教师的示范动作更让他们感兴趣。同时，学生参与示范能够让教师有更多的精力来观察其他学生的表现。明智的教师会选择那些乐于表现的学生来示范，并且给他们提供平等的示范机会。同时教师也要鼓励那些害羞的学生来做示范，以增强他们的信心。

二　徒手操讲解与示范

1. 徒手操的讲解

教师在讲解徒手操时，用语言向学生说明所学动作的名称、要领、方法及要求，讲清动作方向、路线、部位及身体各部分的配合方法，以简明扼要、生动形象、通俗易懂的语言，加深学生对动作的理解。讲解时应注意：

第三套中小学学生广播体操七彩阳光（完整口令）

（1）讲解要有重点，针对性强。如两臂侧平举，掌心向下。

（2）讲解内容要正确，符合小学生的接受能力和理解能力。简单动作可完整讲解，而对于复杂多变的动作需要分解讲解。

（3）讲解应注意积极启发学生思维，讲解要富有感情，声调、口令、表情、节奏要有变化，有时要伴以手势和动作。

（4）注意讲解的位置和时机。

2. 徒手操的示范

示范是教师用具体动作做范例或演示的直观形式，可以让学生了解要学习的动作、方法和要领，不仅可以建立正确的动作表象，还可以提高学生学习的兴趣。示范时应注意：

（1）示范要有明确的目的。学新动作时，以建立正确动作表象为目的；复习动作时的示范，以规范动作为目的。

（2）示范要正确，力求熟练、轻快。高质量的示范会激发学生的积极情绪，继而让他们跃跃欲试，积极模仿。

（3）选择合适的示范面和示范速度。徒手操教学中，教师示范的形式有三种，即镜面示范、侧面示范、背面示范。镜面示范，一般适用于简单的动作，既便于学生模仿，又便于教师观察学生的学习情况；侧面示范，一般适用于显示前后方向的动作；背面示范，一般适用于动作方向、路线及配合比较复杂的动作，以便于学生跟着做。三种示范形式各有优点，教学中应结合实际灵活运用。对于某些四肢、躯干配合比较复杂的动作，可采用分解示范和局部部位示范的方法。对于简单动作，可用正常速度示范，而对于复杂或者难度较大的动作，可用慢速示范、边讲边示范、重复示范等方法。

徒手操的讲解与示范应结合运用，使直观与思维相结合，在生动的直观教学中引导学生学习和思考。

三　田径基本技能讲解与示范

田径基本技能的讲解是指教师用语言向学生说明教学目标、动作名称、动作要领、动作方法规则与要求等，指导学生进行运动技能学习，进而掌握运动技能。动作示范是指教师或指定学生，以具体动作为范例，使学生了解所要学习的动作结构、要领。

在田径教学中，教师正确运用讲解和示范，可以使学生更快地建立和形成完整的动作概念，有助于学生掌握跑、跳、投等运动项目的正确技能和技术，提高田径教学质量。教师在讲解时应做到：

（1）讲解要突出重点，具有启发性。

田径项目繁多，而且每个项目的技术动作比较复杂，它的完整技术动作是由几个部分动作组成的，但其中必定有关键技术动作或者技术动作的主要部分。教师应该熟悉教材，抓住技术动作的重点进行讲解和示范，使学生学习有重点，练习有目的，从而较快地掌握正确的技术动作。

（2）讲解要生动形象，简明扼要。

在田径教学中，教师要善于借助学生在生活中已经接触过的事物或已经学过的运动技术，与所学技术动作紧密联系。讲解语言生动形象，举例得当，可以提高学生学习的兴趣，使他们对所学动作要领理解快、印象深、记得牢，从而能收到更好的教学效果。

（3）注意讲解的时机和效果。

学生只有认真学习和领会，才能产生好的教学效果。队伍调动以及学生注意力不集中和激烈运动后呼吸尚未稳定时不宜讲解。而在学习或练习前要系统讲解，学生出现错误动作时要及时进行纠正和讲解，学生对某技术动作产生疑惑时要进行讲解，强化技术细节时要重点讲解，学习、练习后或在小结时也可进行讲解。

（4）灵活运用讲解的多种形式。

讲解可采取集中与分散、集体与个别相结合的形式。

当大多数学生出现相同错误动作或对某个动作的概念理解不清时，可以停止练习，采用集中讲解的形式把产生错误的原因及纠正方法做进一步阐述，使学生进一步了解动作概念，逐步掌握技术环节和要领；分散讲解是针对学生存在的不同问题分别给予指正，而不中断全班的练习，只中断需要指导的个人或小组的练习。前者常用于学习开始阶段，后者用于复习巩固阶段。

四　球类基本技能讲解与示范

（一）讲解法在球类基本技能教学中的运用

讲解是指对球类运动的技术动作进行概念、原理及方法方面的解释、分析和论证。讲解是球类教学中的主要方法之一。讲解时必须做到言简意赅、恰到好处，同时还要注意利用通俗易懂的语言及专业术语和口诀进行讲解，这样学生不仅可以了解球类技术动作的相关知识及动作概念，而且还可以利用自身的思维来建立科学的动作概念。讲解法在球类基本技能教学中的运用具体要注意以下方面：

（1）突出重点。首先，教师应根据教学内容及要求，结合教材，抓住每个技术动作的要点进行讲解。其次，讲解要精辟，要掌握并着重讲解技术动作的关键环节和重点部分，使学生能够清楚地了解技术动作的关键点，不要面面俱到，而要突出重点。

（2）语言要生动、形象。球类运动的技术动作名称具有明显的形象化特征，教师在讲解时应注意语言的生动性和形象性，在教学时应多利用贴切有趣的比喻使学生能迅速理解所要学习的知识。

（3）注意讲解的顺序。在进行技术动作的讲解时要特别注意讲解的顺序，通常来说，技术动作讲解的顺序是先下肢站位、步法，再上肢手形、手法，依照顺序进行讲解可让学生准确掌握相关技术动作。

（4）讲解要突出重点和把握时机。教师在讲解球类运动技术动作时切忌拖沓冗长，应言简意赅地精讲，将有效信息传授给学生，给学生留下更多的练习体会时间，这就要求教师熟悉球类运动教材的重难点，了解每一项技术动作的特点和学生的素质，善于将每一项技术动作重新拆分教学，让学生在比较中学习，提高课堂授课效果。同时球类运动教学讲解要求及时，时机选择要恰到好处，学生在学习球类运动动作的初期，由于对技术动作理解有限，很难做到标准，教师要适时为学生详细分析技术动作要领，纠正错误的动作，帮助学生夯实基础，经过反复地练习和纠错，学生能细致地体会技术动作的特点。

（二）示范法在球类运动教学中的运用

示范法是球类运动教学中最常使用也最直观的教学方法，主要是指通过教师的动作示范让学生了解所要学习动作的表象，并让学生掌握所要学习动作的结构和要领。在进行球类运动教学的过程当中，正确的示范可使学生迅速获得所要学习动作的直接感受，提高学生掌握动作的效率，同时通过教师的示范还可有效激发学生兴趣，提高学生学习的主动性和积极性。示范的方法非常多，不同方法可达到不同的教学效果。

1. 球类运动教学中的示范方法

球类运动教学中的示范方法主要包括完整示范法、分解示范法、对比示范法、图片与视频示范法。完整示范法是教师将球类运动某一技术动作的发生过程进行完整演示，通常球类运动基础动作采用此种演示方式，教学效果明显。分解示范法是教师将难度大、技术要求细的动作，通过教师的分解演示，将技术动作的重点与要领传授给学生，使学生形成直观的表象认识，通过大量的模仿练习，最终掌握难度较高的技术动作。

2. 示范时要讲究示范的位置

球类运动教学示范位置有三种，队列前示范、队列中示范、错队斜位示范。队列前示范是

ant
第五章 小学体育教师专业技能训练 **121**

教师位于横队的前端，要保证队列两端也能够看到教师的动作示范。队列中示范是教师位于两队平行队列的中间，球类运动教学可以采用此种队列示范。当学生人数较多时，采用错队斜位示范。在球类运动教学中采用哪一种队形和方位示范，教师要根据技术动作的特点和学生的需求进行选择。

3. 示范力求准确优美

球类运动对青少年极具吸引力，教师在做动作示范时，应保持身体的放松、协调，动作的优美、洒脱，这样会对学生产生感官上的直接触动，激发其学习球类运动的兴趣，为良好的课堂教学效果奠定基础。

4. 示范要突出教学重、难点

学生在学习球类运动技术动作时，主要就是学习该技术动作的重、难点部分，因此教师在示范技术动作时，一定要将技术动作的重、难点部分演示出来，配合详细的讲解，使学生清楚地了解技术动作的关键，掌握技术动作。

（三） 球类动作示范实例分析

1. 篮球原地单手肩上投篮

教师做投篮示范时，学生往往更关心教师能否把球投进篮圈，而忽略了观察投篮动作。为了吸引学生观察教师的示范动作，教师可以指定一名学生站在教师对面接球，教师做投篮示范时把球投向对面学生，避免其他学生把注意力集中在观察教师能否投中上，而忽略了观察投篮动作。当然，合适的时候教师还要面对篮圈示范，以便学生观察投篮时球的运行轨迹。投篮示范时，要让学生站在两侧观察，这样能更完整地看到单手肩上投篮时的各个动作环节之间的关系。投篮的示范一般多采用侧面示范，也可在侧面示范后再做一次正面示范，以便学生了解投篮时肘关节的方向和全面、多方位地观察投篮动作。投篮示范的重点是投篮的预备动作和投篮时的用力。

2. 排球正面双手垫球

为了让学生看清垫球动作中的击球点和击球部位，可找一名同学配合教师进行示范，让学生面对其他学生，做好正确的手型，教师持球置于其正确的垫击部位。演示垫球手型的示范位置距离学生要近一些，以便学生清晰地进行观察。完整的垫球动作应先做正面和侧面示范，然后再讲解。也可边讲解边做慢速的徒手示范。完整示范要做侧面示范，着重示范手臂的下插抬臂、击球点、身体的协调用力等。

五 体操、武术基本技能讲解与示范

（一） 体操基本技能讲解与示范

体操课程区别于其他学科课堂的特点是：学生处于动态的大环境，主要以身体练习与思维活动作为学的手段、方法，并在练习中需要大量的保护与帮助。特别是单杠、双杠等技术类体操学习，教师在讲解与示范技术动作的同时，也要对保护与帮助的动作进行讲解与示范，让学生在安全、有序的情况下进行动作练习。教师讲解、示范的水平与能力如何，直接影响体操课程教学的效果。教师在讲解和示范时应努力做到以下几点：

（1）讲解要抓住教材关键，突出重、难点。

首先，体操教师在讲解技术动作过程中要根据不同项目的动作和要求，在认真钻研吃透教材的基础上，抓住动作的关键点。其次，讲解要精炼，对于技术动作的重、难点环节部分，要加以分析和反复讲解，力求讲得透彻，讲得通俗易懂，使学生明确技术的关键点，使其在最短的时间内牢固掌握动作要领。

（2）讲解要准确精练、生动形象。

讲解的内容必须正确，具有科学性，富有一定的逻辑性。用最精炼的术语、最有效的时间，把技术动作的概念、技术要领，直观形象地讲明白，把各种练习方法及手段，有层次地交代清楚，使学生一听就懂，便于学生理解、记忆。如在讲解自由体操项目侧手翻技术动作时，可把动作结构及概念生动形象地创编成口诀，即空中一个面，地上一条线。

（3）讲解形式要多样化。

在体操课程教学过程中，教师要根据教材的内容进行讲解与分析，可采用不同的形式讲解。对于比较简单的动作可用完整讲解，对于比较复杂的技术动作应用分段讲解；可集中讲解，也可分散讲解。讲解时不但要讲解正确的动作要领，也要讲解易出现的错误动作，同时分析造成错误动作的原因，这样可以加深学生对正确技术的概念理解。

（4）示范目的要明确。

示范的目的是使学生了解某种动作的形象，它告诉学生这种技能的动作结构是什么样子的。所以，在体操教学中，教师应根据教学任务以及学生的实际情况进行示范，如初学教材，为了使学生建立完整的动作概念，应先做完整技术动作示范，再根据教学要求讲解示范，对关键技术动作要重复示范。示范前教师必须向学生讲清观察示范的方向、部位和时间，使学生尽快地明白如何根据自己完成动作的情况观察教师的示范，达到抓住重点、突破难点的目的。另外，教师的示范动作要力求规范、连贯、完整、优美。实践证明，教师准确、熟练、轻快优美的示范可消除学生的心理障碍，激发学生兴趣，调动学生的学习积极性，这对促进学生掌握正确的动作要领十分重要。

（5）示范的位置、方向要正确。

示范的目的是要给学生做范例，这就得让全体学生都听得见、看得到。因此，教师的示范不仅要规范，还要特别注重示范的位置和方向。示范的位置要根据学生队形、动作性质以及安全的要求来选择最佳位置进行示范及带领学生练习。示范的方向，应根据动作的结构和要求、学生观察动作的部位而定。教师应尽量让示范动作的方向、路线与学生跟做的方向、路线相一致，可采用正面示范、背面示范、侧面示范和镜面示范等形式。如果教师示范的位置和方向选择不当，会使部分学生因看不清完整、连贯、正确的动作而产生错觉，形成错误的技术概念，示范就失去了作用，直接影响教学效果。

（6）示范的形式要多样化。

示范要根据学生的实际情况，做重点完整示范、分解示范以及正常速度和放慢速度的示范。如对于新技术动作，教师就应先用正常速度示范一次完整的技术动作，使学生初步了解动作的完整技术结构，后再根据本节课内容用慢速度分解示范，使学生了解动作的要领、要求等，建立一个完整的动作表象。另外，也可用直观教具进行示范，如录像、图解等，以弥补示范不足和增加讲解的实效性。还有在练习的过程中，教师应针对学生存在的问题的具体情况，让掌握技术动作较好的同学进行示范练习，然后教师加以分析，必要时教师可模仿学生的错误动作加以对比，这样，正确的技术动作会在学生的脑海中留下深刻的印象，从而提高了教学效果。

（7）讲解与示范应结合运用。

讲解与示范结合运用的形式有先示范后讲解、先讲解后示范、讲解为主示范为辅、示范为主讲解为辅、边讲解边示范，旨在提高教学效果和教学质量。

（二）武术基本技能讲解与示范

武术是以技击动作为主要内容，以功法、套路和搏斗为运动形式，注重内外兼修的中国传统体育项目，它经历了漫长的历史发展过程，逐渐成为我国特有的一种内容丰富精深、社会价值广泛、文化色彩浓厚的体育文化形态，是我国传统文化的重要组成部分。按运动形式可将武术分为功法运动、套路运动、对抗性运动三种。按技击方法可将其分为拳法、掌法、腿法三种。

田径运动项目
分类

1. 武术讲解的内容

（1）基本技法和基本规则。例如，向前冲拳、推掌，要求拳高不过肩，掌不过眉，眼随手走，力达拳面、掌根；而收回腰间抱拳时，总是拳心向上。以便于学生掌握好动作技术。

（2）动作规格。便于学生明确动作的质量标准和技术要求。例如弓步，前腿弓，膝关节弯曲成90度左右；后腿蹬，全脚掌着地，上体与地面垂直，两脚左右相距约一脚。

（3）动作的攻防含义。武术的任何一个动作都具有攻防含义，在练习时明确动作攻防含义，使学生明确所学动作的具体内涵，有助于学生准确理解和掌握动作的攻防转换的技术要求。

（4）关键环节。教师明确地讲解掌握动作的关键所在（如冲拳时要拧腰送肩），能帮助学生较快地理解和学会动作。

（5）易犯的错误。多讲解动作易犯的错误（如虚步时不曲膝，站立），能帮助学生较快地理解和学会动作。

2. 武术讲解的方法

（1）形象化讲解：如讲解"提膝亮掌"，犹如金鸡独立。

（2）口诀化讲解：如讲解弓步，口诀"前弓步，后腿蹬、挺胸、立腰、别晃动"。

（3）单字化讲解：如讲解"腾空飞脚"蹬地跳起、摆腿提腰，击拍过程归纳为蹬、摆、提、拍四个字。

（4）术语化讲解：如"沉肩""坠肘""插步"等，采用术语讲解，可使讲解动作更为简明扼要，提高学生的学习效果。

讲解动作要领，尽量用少的语言进行讲解，如"搂手、左弓步、冲拳"，用简单的动作要点提示或动作名称提示，由慢到快，由单一动作演练到几个动作连贯演练，教师结合学生练习情况，采用个别辅导或集体纠正。

3. 武术的示范

武术套路属于技巧类的运动技术，尤其需要准确、生动的示范，这既可给学生一个深刻的初步印象，又可激发学生的学习激情。在示范时，为了使学生能比较清楚地观察到示范动作，教师应注意对示范位置的选择和对示范面的运用。

（1）武术教学示范一般分为完整示范和分解示范两种。

教师对所学动作进行完整示范，可以使学生了解动作的全貌，通过表象训练建立起动作的整体性概念。一般在下列情况下采用完整示范：

①首次教授武术动作。

②学习结构简单和难度不大的动作。

③对有一定武术基础且对所学动作已有所了解的学生。

分解示范是为了方便学生感知和了解所学动作的细节，提高学生掌握动作的准确性。一般在下列情况下采用分解示范：

①结构比较复杂、方向路线变化较多的动作。

②攻防因素较多、动作转换较快的动作。

③有轻重之分或突然改变方向的动作。

教师在采用分解示范时应注意分解的合理性，不宜将动作分解得过细，在完成合理的分解教学后，应尽快过渡到完整示范。

（2）武术示范的位置。

示范位置有讲解示范位置和领做示范位置两种。

讲解示范位置：

①教师在横队的排头、排尾的连线构成的等边三角形的顶点位置示范。（图5-2）

②教师在相向而立的二列横队之间的空地位置示范。（图5-3）

③教师在半圆形或马鞍形的队形中间位置示范。（图5-4）

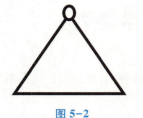 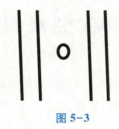 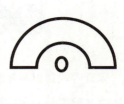

图5-2　　　　　　　　　　　　图5-3　　　　　　　　　　　　图5-4

由于武术动作方向变化较多，无论采用哪种示范位置，教师都要以大多数学生能看到示范动作为原则来选择示范位置。

领做示范位置：

领做示范在武术教学中最为常见，教师领做示范的位置通常在学生排面的左前方，可让学生队伍的奇数排向右半步走形成无遮挡队列，从而兼顾到所有学生；当运动方向转向行进时，教师需要更换位置，为了避免教师换位造成练习停顿，可以采取在练习队形的四角安排基础较好的学生进行领做的方法加以辅导。基础较好学生的四面示范作为教师示范的一种补充，可以用来弥补因动作方向变化而出现示范中断的情况。教师示范应着重放在新授动作的讲解和示范动作的准确、规范上，而较为复杂、需要分解的动作教学则更需要教师的示范。

（3）示范面。

武术教学的示范面有背面、正面、侧面、斜面等多种示范面。在具体教学时要遵循以下原则：

①身体侧向行进的动作，镜面示范或背面示范。

②身体正向行进的动作，侧面示范。

③不能采用正面、背面或侧面示范的动作可做斜面示范。

④为了让学生看清动作的几个不同部位，同一个动作也可选用若干个示范面进行示范。如为了让学生看清马步两脚开立的距离要求，可做正面示范；为了让学生看清马步要挺胸、立腰，可再做侧面示范。

讲解与示范是不可分割的，要根据教材的难易程度和学生的水平，将二者有机结合起来。武术教学可以先讲解后示范，也可以先示范后讲解，还可以边讲解边示范。一般来说，对水平较低的初学者，示范是主要的；对有一定基础的练习者，讲解与示范并重。

第三节　体育游戏创编与教学能力

体育游戏是以身体练习为基本手段，通过游戏的形式表现，有规则和制度约束，以不断增强体质、愉悦身心和陶冶情操为目的的体育活动。

一　体育游戏的创编原则

创编体育游戏应遵循以下几个原则。

（一）健身性原则

体育游戏以身体练习为基本手段，学生通过体育游戏要达到锻炼身体、增强体质的目的，健身性原则是创编体育游戏的基本原则。

（二）趣味性原则

趣味性是体育游戏的根本所在。少年儿童好奇心强，好胜心强，喜欢参与，喜欢挑战，喜欢竞争。因此创编得有趣，有吸引力，且带有比赛性质的游戏，往往更受他们的欢迎。

（三）教育性原则

教育要体现以人为本，体育游戏也不例外，青少年思想与行为可塑性比较强，编写的体育游戏的思想内容要积极健康，要使少年儿童在游戏活动中得到正面教育，促进他们健康成长。

（四）针对性原则

创编体育游戏不仅要考虑教学任务、学生实际情况，也要考虑天气、场地、器材等因素，需要灵活地运用教材，要因材施教，也要因地制宜，要有针对性。

（五）适量性原则

少年儿童争强好胜，参与感兴趣的体育游戏时，往往全力以赴，不遗余力，以致造成过度疲劳甚至伤害。所以创编体育游戏时应考虑游戏的性质、游戏的完成难度、活动的密度、强度和总的运动量等因素。

二 体育游戏的创编方法

（一）程序法

体育游戏创编的全过程，遵照一定的逻辑程序，按先行普遍运用的模式进行编写，这是必须掌握的方法。

1. 根据设想和条件及已有的资料，提出创编游戏的目的和任务。

2. 经过构思设想，选定内容，选择格式，设计游戏的基本模型。

3. 反复实验，推敲，仔细观察，逐一修改，验证游戏的科学性、可行性。

4. 制作，修订，完善，定型，并按游戏目的、游戏准备、游戏方法、游戏规则和教学建议等五个方面的内容进行编写。

运球绕杆接力

（1）游戏目的：提高控球、运球能力和身体的协调性。

（2）游戏准备：篮球4个，篮球场1块，标志杆若干。

（3）游戏方法：将参加游戏的学生分成人数相等的四队，按顺序排在起跑线的一侧，排头的同学拿球，比赛开始后，排头的同学运球出发，依次绕过标志杆，跑完最后一根标志杆后折返跑，跑回起跑线将球交给第二位同学，第二位同学接着运球绕杆，排头的同学到队伍的末尾排队，以此类推，全部做完，以速度快的一队为胜。

体育游戏：运球绕杆接力

（4）游戏规则：

①运球前进时，如球滚离，必须捡回原处再继续运球前进。

②运球到端线交接球时，只能运球，不能传球。

（5）教学建议：

①该游戏难度适中，适于篮球各技术层次的学生参加。

②如再增加难度，可进行运双球跑、曲线运球、障碍运球等。

（二）思维法

创编游戏首先要善于提出问题，分析矛盾的主要方面和次要方面，然后运用比较法进行鉴别分析。一是横向比较，把已知的同类的游戏联系起来进行比较，合理利用其他方面的成果，使认识提高，想到更多的问题或方法；二是纵向比较，体育游戏有其自身发展变化的规律，要学会利用发展规律去创编。

（三）实验法

创编体育游戏应该遵循构思、实验、创编、修改、再创编的过程。比如利用木块创编《投石过河》的游戏，怎样投石、怎样踩脚才能使游戏具有趣味性和教育性，这些都要拿到学生中去实验，听取意见，观察实效，再经过必要的修改，才能创编出让学生满意的游戏来。

（四）移植法

这是一种行之有效的方法。将教材中较为实用的游戏，从内容、组织形式到方法手段进行移植改造，使创编的新游戏更符合教学的实际。比如田径的接力赛，可采用改头换面的办法，移植跑的内容，改变跑的形式，创编出圆圈接力跑、变向接力和迎面接力等新游戏，创编出运球接力、搬球接力、负重接力、跳跃接力等新游戏。

（五）变化法

教师可选择容易变通的游戏，通过变化和发挥，创编出新的游戏。比如，"斗鸡"是由两个人在圈内进行对抗的游戏，根据这个游戏的特点，稍加变化，可创编出推人出界、直立推手、跨跳推手等创新游戏。

（六）提炼法

将一些民间游戏、乡土游戏去粗取精，加以提炼，从而创编出新的游戏，方便易行，不受任何条件限制，学生玩起来兴致浓厚，而且可以进行大范围推广，使更多学生受益。

（七）收集法

根据学生平时从事体育活动的情况创造一至两个游戏。然后，继续修改加工，从而创造出一些锻炼价值高、学生感兴趣、参与度高、思想性强的游戏。比如：根据学生提供的在练习者胸和膝之间放个篮球或排球的短跑游戏，会使单调的接力赛游戏趣味性更强。

（八）模仿法

游戏来源于生活和大自然，少年儿童日常生活中的模仿能力很强，他们学猩猩爬、学企鹅走、学小兔青蛙跳，学得快且动作神似。根据这一点，创编《猩猩走路》《青蛙跳跃接力》等模仿练习的游戏，能激发学生的兴趣。

（九）组合法

根据游戏创编的基本原则和教学的排列组合原理，将不同类型的体育游戏进行组合，或者将游戏形式与其他运动手段进行组合，便于系统地创编出更多的游戏。

三　体育游戏的教学方法

体育游戏的教学方法运用是否得当，直接影响教学效果的好坏。根据体育游戏的形式和特点，主要分为以下几种教学方法：

（一）体育游戏的教法有：讲解法、示范法、完整法、分解法、预防与纠正错误法、口令信号法等。

浅谈体育游戏
的组织与教法

讲解法：教师通过简练生动的语言，引出体育游戏的名称、目的和任务，使学生明确游戏的方法、规则和要求。

示范法：教师通过示范、图片、视频等直观的方式，让学生进一步了解和明确游戏进行操作的方法和全过程，建立游戏活动的正确表象。

完整法：是从游戏的开始到结束，不分部分和段落，完整、连续地进行教学和练习的方法。

分解法：是从掌握完整游戏或动作出发，把完整的游戏按其特点分成几段或分成几个部分，逐段或逐部分进行教学，最后完整地掌握游戏的方法。

预防与纠正错误法：是教师为了防止和纠正学生在游戏中出现的错误动作或防止学生违反游戏规则所采用的方法。

口令信号法：是从游戏开始或在游戏过程中，教师为传达某种意图，让学生突然进入游戏的另一环节或阶段而采用的一种简易方法。

（二）体育游戏的学法有：模仿练习法、分解练习法、完整练习法、比赛练习法等。

模仿练习法：是游戏中学生通过模仿教师示范、图片或视频展示的动作或游戏过程的练习方法。

分解练习法：是将游戏按照难易程度、完成先后顺序分解成若干部分且有选择地进行练习的方法。

完整练习法：是从游戏的开始到结束，不分部分或段落，完整、连贯地进行练习的方法。

比赛练习法：是在游戏比赛的条件下组织学生进行练习的方法，对于这种方法，学生兴趣大，参与度高。

四　体育游戏教学的组织与管理

（一）体育游戏的准备

教师要根据少年儿童的特点、教材内容有针对性地创编体育游戏，课前对场地、器材进行检查，做好场地、器材准备，有利于体育游戏教学的开展。

（二）体育游戏的讲解

教师除了对游戏内容进行讲解外，还应该对游戏的组织队形、活动规则、安全注意事项进行仔细说明，使每一名参与者都了然于胸，做好充分的思想准备，是体育游戏教学组织与管理的前提条件。

（三）体育游戏中的组织管理

1. 教师要组织学生做好热身活动，使身体处于进行体育游戏的兴奋状态。要观察活动过程中场地、器材的安全性，要观察参与者的体能状况，要及时解决由于参与者之间身体接触碰撞产生的矛盾冲突，加强教育管理，确保体育游戏过程的安全。

2. 培养体育骨干，发挥学生的自我管理作用。教师要加强纪律和队形管理，及时提醒参与者要遵守规则，保持队形。用言语激励参与者，调节参与者情绪，为他们加油助威，让他们更加自信，更加投入。一轮游戏后，在保持队形的基础上进行简单小结，确保接下来的游戏组织流畅，管理到位。

3. 裁判工作是游戏顺利组织、取得良好效果的重要保证。认真细致、客观公正的判决对于学生遵守游戏规则、课堂纪律起着至关重要的作用。

（四）游戏的结束

表扬成绩和表现好的队伍，批评散漫的队伍，激励落后的队伍，指出在执行规则、运动技战术、发挥团队精神方面的优缺点，为以后成功组织不同类型的体育游戏打下基础。

第四节　说课能力

 说课

（一）说课的概念

目前，说课作为教学研究、交流、比赛的一项重要内容，既能满足集体教研的需求，又对教师个人的理论素质、专业成长和发展大有裨益，因而越来越受到教师的重视。

说课是教育教学理念与实践实操的完美结合，它不仅体现了教师在教授过

《排球正面双手垫球》说课稿

程中的显性思维——"教什么""如何教"，还对一些在课堂中不易体现出来的隐性思维——"为什么这样教""为什么这样做""理论依据是什么"进行了直观的表述。因此，说课是教师面对专家领导、教师同行及其他听众，对自身的教学内容、教学设计及理论进行系统阐述，旨在提高自身素质、教学质量、教研实效的一种教研形式。

体育说课是在结合体育学科特点的基础上，根据说课的基本原理及流程，对体育授课内容中的指导思想、教学目标、教材学情、教法学法、教学重难点、教学过程、运动场地和器材、运动负荷及教学评价，进行科学合理、系统全面的阐述过程，旨在使听课者明白说课者在课中教什么、怎么教、为什么这么教。

（二）说课的目的及意义

1. 说课的目的

通过说课，增强教师个人理论素养，加快教师专业成长速度，促进教师交流沟通，提高教研活动的实效性。同时，加深教师对于所教授内容的理解程度，从而有利于达到实现课程目标、提高教学效率和教学质量的目的。

2. 说课的意义

从说课的概念中我们可以了解到说课即是指解决"教什么""怎么教""怎么做""为什么这么教""为什么这么做"的问题。通过说课的准备实施与反馈，有利于全面提升教师理论素养、专业水准、教学水平、教研能力。体育是一门以身体练习和技能学习为主要形式的学科，因而技能学习的指导思想和理论依据在课堂中体现得不够具体明确。说课能够很好地将"健康第一""终身体育""阳光体育"等思想和理论依据进行系统详尽的阐明，其意义主要体现在以下几个方面：

第一，说课丰富了教研活动形式，有利于提高教研活动的实效性。

第二，说课可以促进教师的专业成长与发展，有利于提高教师自身专业素养。

第三，说课是一个说—听—评的有机整体，有利于提高教师的备课质量。

第四，说课能够有效地提高教师的教和学生的学的效率。

第五，说课能够促进教研活动的全方位开展。它不仅提升说课者的教育教学理论和专业水平，在理论基础、教育方针政策、课程标准、教学策略、专业素养等方面对参与管理和评价的人员也提出了很高的要求。

（三）说课的内容

根据说课的定义可知，说课的内容主要围绕着"教什么""怎么教""怎么做""为什么这么教""为什么这么做"展开。具体来讲，可以分为按课堂流程来说课，说教学设计、说教学过程、说教学结果、说教学反思；按课堂教学要素来说课，说目标、说内容、说学生、说过程、说教法手段、说教学评价等；按说课的范围来说课，包括整体性说课和局部性说课。本书则按照课堂流程分类及课堂教学要素分类，对说课内容进行综合性的阐述。

说课是一个严格遵守程序的教研活动，因此在进入说课场景后、需要向专家领导、同行老师进行自我介绍，并对所说课题的学段、年级、教材版本、章节等进行说明，而后通过对以下内容的详细阐述，展开自己的说课（图 5-5）。

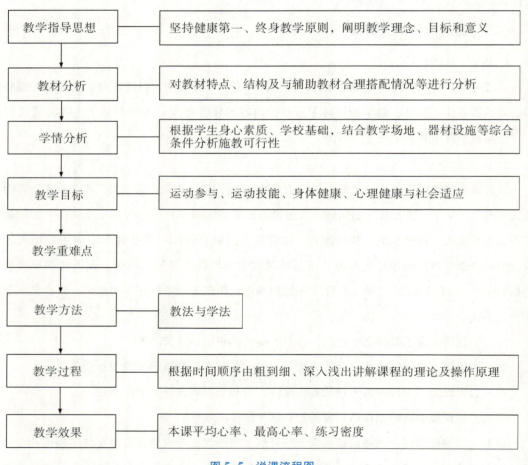

图 5-5　说课流程图

1. 说指导思想

体育说课的内容应在《课程标准（2022 年版）》、国家教育方针政策和立德树人、培养学生核心素养的思想指导下进行设计。

2. 说教材

教材是说课的基本环节，在说教材时，应对教材的作用、地位、特点和意义进行全面阐述，从而充分展示自己对教材的把握和驾驭能力。说教材的内容主要包括：第一，明确教什么。在认真研读课程标准，分析教材编写思路、特点的基础上，按照课程标准对本年级学生学习方面的要求，简要阐述所选内容在本学段、年级、单元及本课题中的地位、作用和意义。第二，解释如何教。说出所选内容中各项知识与技能的关系，学习重、难点及其依据，等等。

3. 说学生情况

说学生主要是对学生学情的分析，体现在两个方面：一是学校大环境的情况，例如场地设施、班级情况、学习风气等；二是学生基础及生理心理特点，例如学生的年龄、身心发展规律、已有知识技能学习基础、接受能力等等。说学生学情，旨在为教师设计教学过程的教法、学法提供依据。因此，说学情时切忌空泛，应做出具体的表述。

4. 说教学目标

说教学目标，主要是根据体育课程标准，结合学生特点、教材特点，从而提出教学目标，并说明确定目标的原因。

5. 说教学策略

和学新在《教学策略的概念、结构及其运用》一文中指出："教学策略是为了达成教学目的，完成教学任务，而在对教学活动清晰认识的基础上对教学活动进行调节和控制的一系列执行过程。"体育教学策略则是体育老师为了达成体育教学目标、完成教学任务，根据教学实际情况而采取的教学程序、方法、手段、技巧等。因此，在说教学策略时，说课者要说清楚在体育教学过程中教学流程安排顺序的原因，采用教学方法、手段、技巧及组织形式等的考量和依据，体育教学媒体、教具应用的思考，等等。

6. 说教法学法

结合具体的教学内容和学生实际情况，说出本次课选用的教学方法，说出本次课学生的学习方法，包括如何调动学生积极思维、如何激发学生的学习兴趣和主观能动性、如何培养学生的能力等。

7. 说教学流程

教学流程是教师教学思想、教学风格的重要部分，因此教学流程是说课的重点内容。教学流程主要考察教师针对上课的主要环节的教学设计与组织能力，是否符合"学生为主体，老师为主导，练习为主线，发展为主旨，思维为主心"的教学宗旨。通过教学流程的述说，可以考察教学目标是否完成，教学方法是否得当，教学组织是否合理。

8. 说运动负荷

顾明远在《教育大辞典》中指出：运动负荷亦称"运动量""运动刺激"。体育课的运动负荷包括生理负荷和心理负荷两个方面。决定生理负荷大小的主要因素是练习的数量的多少和强度的大小。

说运动负荷往往是说课者对本堂课练习的数量和强度，即练习的次数、组数、时间、距离、重量和练习在单位时间内用力的量、机体紧张程度，一般以练习的密度、动作的速度、投掷的距离、所负的重量、间歇的时间为说明对象，表明其设计的合理有效性，同时也是评课者对说课者课堂组织设计在符合人体生理机能、运动规律、科学性方面的重要鉴定内容。

9. 说教学评价

教学评价是以教学目标为依据，按照科学的标准，应用一切有效的手段，对教学过程及结果进行测量，并给予价值判断的过程。体育教学评价作为其组成部分，旨在以体育教学目标为依据，通过科学、系统的方法和标准，应用一切有效手段，对体育教学过程及结果进行测量、分析和评定。

二　说课课件制作

随着教学改革的深入发展，多媒体技术早已应用到课堂教学中，已成为现代教学的重要技术手段之一，是教育手段现代化的重要标志，是教育现代化的必然趋势。同样，多媒体信息技术已广泛应用到体育教学中。根据多媒体的独有特性，在现代体育说课中辅助应用多媒体技术，真实又立体地展现说课内容，通过图像、声音、视频等多种媒体信息的综合运用，使说课过程有序化、整体化、形象化及趣味化，令人赏心悦目且简明扼要，从而提高体育说课的实际效果，使听课者易于明白。因此，把教学设计（也就是教案）转化为课件，即PPT，这是说课的必备环节，更是每一个说课者必须掌握的技能。

说课的主要目的是向听课者讲述本堂课的教学内容是什么，教学目标是什么，如何进行教学，为什么要这样进行教学，教学过程中教师和学生如何互动，等等，说课者一味地想要用语言表达陈述清楚这些内容较困难，而借助于多媒体的图片、视频、音频等手段能有效地化繁为简。

（一）　制作多媒体说课课件的步骤

1. 准备相关资料

要制作好多媒体说课课件，首先要撰写好教学设计、教案，同时也要搜集相关的多媒体素材，如模板、图片、音视频等素材。

2. 确定需要用多媒体展示的内容

将教学设计用多媒体展示，不能一味地照搬全抄，而应根据说课的逻辑顺序，选择性地展示主要内容和重点知识。

3. 将内容根据说课的逻辑顺序插入多媒体页面内

确定内容后，将内容按照说课的逻辑顺序插入对应多媒体页面内。需要注意的是，在每一张多媒体页面，既要层次分明、突出重点，又要注重简洁美观。

4. 课件美化和课件熟练操作练习

将内容插入多媒体页面内后，还需要美化课件，文字颜色、字号大小，文图、音视频搭配，页面过渡，动画处理，都是需要考虑的问题。只有搭配合适，课件所展示的效果才能达到最佳。课件制作好后，说课者需要反复操练以至熟练，图片、音视频的衔接跳转要运用自如，以免在说课中出现意外或操作不熟练的尴尬局面，影响说课实效。

（二）多媒体说课课件展示的页面

1. 封面页

展示本次说课题目、说课人的基本信息（除比赛规定不能出现个人信息外）。页面背景图选用跟主题相关的图片或元素，突出重点，页面简洁，不要添加多余的文字、图片或动画。

2. 目录页

展示本次说课的主要框架结构，让听课者对本次说课的内容有一个全面的了解。体育说课一般包括指导思想、教材分析、学情分析、教法分析、学法分析、教学过程、教学反思等。当然个人可根据个性需要自定说课的结构，但说课的流程和主要内容不变。

3. 内容页

根据说课的时间和逻辑顺序，依次展示各部分的具体内容。先要确定好多媒体演示的内容，有针对性地编辑文字、图片、动画及音频、视频等各种教学资源，这些资源都应围绕这次说课主题进行制作，简明扼要，突出重点，切不可将说课稿文字照搬全抄。说课时能用图片说明的就不用纯文字展示，能用音频、视频或动画说明的就不用静态图片展示，要能给听课者生动的、有层次的视觉体验。

4. 鸣谢页面

说课结束后，应当对听课、评课的同行、专家、评委表示感谢，并虚心请求他们的批评指正。

三　体育说课训练与案例分析

（一）体育说课训练

　　根据教育教学的要求和体育说课的实际，体育说课者应具备教师基本素质、说课课件制作能力和说课能力实践训练。其中教师基本素质包括：体育教学设计理论知识的掌握、语言表达能力、良好的仪表仪态、板书书写及设计能力。制作的说课文档主要包括体育教学设计、体育教案、多媒体课件，三者的内容都是针对体育教学内容而制定的。

说课案例解析

1. 基本素质的培养

　　（1）体育教学设计理论知识的掌握。体育说课必须要有现代体育教学设计理论的支撑。在课程目标的要求下，体育教师不仅要具备和掌握现代新式的教学理念、教学方法，还要对体育教学有新的审视和理解，因此就如何上好体育课，应该怎样上体育课，如何创新体育课必须要具备体育教学设计的理论知识。

　　（2）语言表达能力。体育说课主要是以语言表述为媒介展示出来的，所以语言表达能力尤为重要。可通过朗读诗歌、文章，或进行专项语言训练，提高语言表达能力。

　　（3）仪表仪态。体育说课一般是以讲解说明为主，不需要大幅度的肢体动作和运动，可着正装，凸显教师的个人气质。说课中的仪表仪态以自然、有活力的状态为最佳，可平时多在讲台上进行仪表仪态练习。

　　（4）板书书写与设计。说课者除了用语言和多媒体传递信息外，也要根据实际情况需要，有效地利用黑板传递自己的说课内容。一般用于用语言表达不清楚的情况，如体育说课中的组织队形及队形调动等情况时，板书效果会更直观。板书设计时，要对黑板的大小有充分的了解，整体规划，力求板书设计美观。当然，有多媒体课件辅助体育说课，可直接在课件中把板书设计展示出来。

2. 说课课件制作能力

　　说课者必须具备初步的 PPT 制作能力，不但要比较熟练地掌握 PPT 的基本制作方法，如字体设置、文本框操作、图片处理等，还要多浏览一些比较好的 PPT 设计网站，下载一些好的 PPT 范例。只有不断地实践，才能逐步提高 PPT 的设计制作能力。

3. 说课能力实践训练

　　体育说课训练，说课理论知识学习是必需的，但更需要在实践中提高。说课能力实践训练的方法有：个人训练、小组练习、情景模拟、向长辈和同行请教、观察和学习他人的说课视频、多参加说课比赛等。

　　检验教师教学水平和能力的重要标准之一就是上课，说课源于上课。因此，说课能力的培养最终要体现在上课上。

（二）体育说课案例分析

　　体育说课内容很多，本书就体育说课中的教学过程这一重要部分根据案例来进行分析。

　　教学过程是一堂课最重要的部分，教师所有的教学理念、教学设计、方法手段等，都是通过教学过程的精准实施得以实现的。因此，它既体现了教师的教育教学基本功，又体现了教师的教育智慧、教学创新能力。在 PPT 的制作过程中，制作者要把握住体育教学的特点，按照 PPT 制作的配图、配色、排版等方面的原则对设计内容进行编辑制作，既要达到说课的要求和目的，又要体现课件的简洁美观，让人赏心悦目。

　　体育教学过程是由四个部分组成的，即开始部分—准备部分—基本部分—结束部分。因此，在进行说课时首先应从整体上体现教学框架，让人有一个全面直观的认识（见图 5-6）。

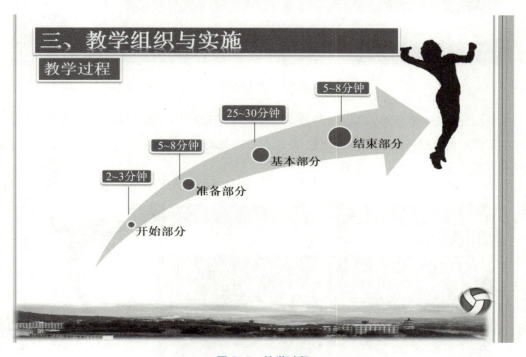

图 5-6　教学过程

　　其次，教师从开始部分依次展开自己的说课。说课 PPT 的制作在简洁美观的原则下，体现教学常规的基本内容（见图 5-7）。

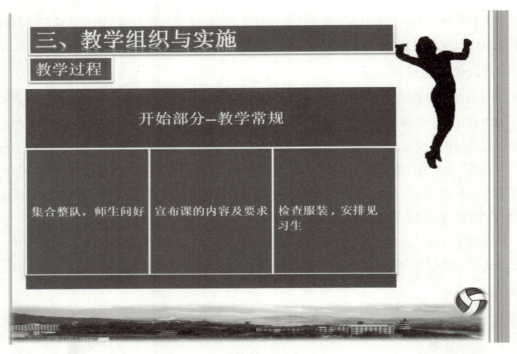

图 5-7　开始部分

　　准备部分是体育教学导入的重要环节，通过该环节使学生全身心做好上课的准备，如果学生对本节课兴趣盎然，课堂效果则更佳。在此，只需对准备部分的内容进行简单描述，或者简单命名（见图 5-8）。

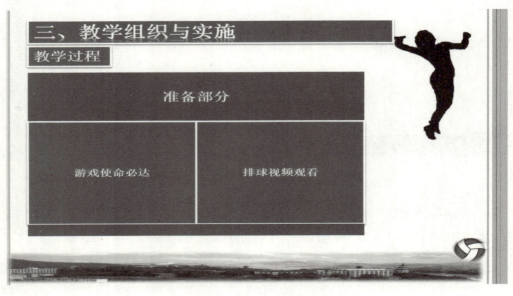

图 5-8　准备部分

　　基本部分是教学过程中的重点内容，科学合理设计基本部分的内容，对于实现教学目标和突破教学重难点有着决定性的作用。在基本部分环节中，PPT的制作应当在遵循运动规律、教学原则和本课设计理念的前提下，运用文、图、表等不同形式简单明了地向听众展示说课者的设计理念、教学目标、教学效果等等。

　　本案例的基本部分通过挂图观看、自主合作探究等学习方式，引导学生自主思考和学习；教师经过讲解示范，使学生进一步明确本节课的内容。教师通过设计模仿练习、固定垫球、一抛一垫、两人对垫、垫球接力赛等一系列练习，突破化解了本节课的重难点（见图5-9）。

图 5-9　基本部分

　　结束部分是体育课堂教学的结尾，教师通过放松活动促使学生在身心上恢复机体的正常水平；经过师生的小结评价回顾本堂课，对存在的问题予以强调和纠正；督促学生回收器材，宣布下课。在PPT的制作过程中，只需把相应程序步骤予以体现即可（见图5-10）。

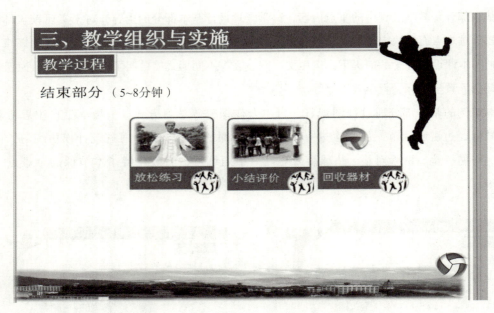

图5-10　结束部分

—本章知识结构导图—

口令及队列能力
- 原地基本口令及队列练习
- 行进间基本口令及队列练习

讲解与示范能力
- 讲解与示范的合理位置与示范技巧
- 徒手操讲解与示范
- 田径基本技能讲解与示范
- 球类基本技能讲解与示范
- 体操、武术基本技能讲解与示范

小学体育教师专业技能训练

体育游戏创编与教学能力
- 体育游戏的创编原则
- 体育游戏的创编方法
- 体育游戏的教学方法
- 体育游戏教学的组织与管理

说课能力
- 说课
- 说课课件制作
- 体育说课训练与案例分析

知识点检测

参考答案

一、选择题（正确答案可能是一个或多个选项）

1. 徒手操动作的路线比较复杂时一般采用（　　）。

　　A. 正面示范　　　　　　　　B. 镜面示范　　　　　　　C. 背面示范

2. 体育游戏的创编原则：健身性原则、趣味性原则、教育性原则、（　　）、适量性原则。

　　A. 针对性原则　　　　　　　B. 公开性原则　　　　　　C. 平等性原则

3. 以下关于说课的内容和方法不正确的是（　　）。

　　A. 说课说好了就一定能上好课

　　B. 说课要从表述形式和表述内容两方面下功夫才能取得良好的效果

　　C. 说课有课前说课和课后说课两种形式

4. 关于说课的说法，以下正确的是（　　）。

　　A. 说课就是教案

　　B. 说课是一种集体备课的教研活动

　　C. 说课是教师阐述个人对课程标准的把握、对教材的理解、对学情的分析、对教法的构想、对教学过程的总体设计

5. 一般来说，说课的内容包括（　　）。

　　A. 按课堂流程来说课，说教学设计、说教学过程、说教学结果、说教学反思

　　B. 说教法、说学法是说课的亮点

　　C. 说教学程序要把教学过程说全了

二、名词解释

1. 队列

2. 徒手操

3. 体育游戏

三、简答题

1. 体育教学中，讲解与示范相结合的方法有哪些？

2. 简述田径技术教学中教师讲解时应注意的问题。

3. 体育说课的概念。

4. 说课 PPT 制作的步骤。

小学体育课程资源的开发与利用

 学习目标

- ✦ 掌握小学体育课程内容资源的开发与利用；
- ✦ 理解小学体育场地、器材等设施资源的开发与利用；
- ✦ 了解小学体育乡土课程资源的开发与利用。

 案例导入

老师，我想当大力士

体育课上，一组同学在扔纸飞机，还有的小组在扔小沙包，同学们个个满头大汗、满场飞跑。那边一组同学在掷垒球，前面还画了一条条的标志线，上面标有刻度，原来同学们是在比赛看谁掷得远，现场秩序井然，个个跃跃欲试。远处还有一组同学在干什么呢？走近一看，他们投的球又大又沉，原来他们投的是实心的沉甸甸的铅球。有同学在窃窃私语，为什么我的力量大但投得不远？老师对投铅球技术进行了讲解示范，并精心安排了基本站位、手部动作、推球用力顺序的练习，然后是出手的动作练习。同学们投得一次比一次远，把操场当擂场，个个争当大力士了。

看上面的案例，整个练习过程，学生都可以自由变换练习器材和场地，也可以自由组合练习的伙伴。选择性的学习活动，为学生的自主性学习提供了广阔的空间，学生每变换一种器材，每更替一次场地，都会有新鲜的感觉，都会产生新的兴趣和一种自主支配学习的激情，从而调动了学生学习的主动性，最终使学生学会选择，形成个性，体验成长的快乐。

长期以来，由于受竞技体育的影响，体育课程主要以竞技运动项目为主要内容。小学体育课程教学从动作的学习到场地、器材的配置规格，都是竞技化、成人化的，很少考虑学生的兴

趣、需求和可接受性，使得原来的体育课程内容很难突破竞技体育的框架，从而导致体育课程内容单调。充分利用和开发课程资源，是提高课程适应性和教学质量的重要举措和必经之路。因地制宜地开发和利用课程资源，可以发挥体育课程资源应有的教育优势，体现课程的弹性和地方特色。体育课程资源主要包括人力资源、器材设施资源、课程内容资源、自然地理资源、信息资源、时间资源等。结合小学教学实际，尤其要关注小学体育课程内容资源、小学体育课程器材设施资源和小学体育乡土课程资源的开发与利用。

第一节　小学体育课程内容资源的开发与利用

小学体育课程内容资源的开发对《课程标准（2022 年版）》目标体系的构建和利用十分重要，尤其是对学生运动能力、健康行为、体育品德等核心素养的培养具有现实意义。课程内容资源主要包括原有的竞技运动项目、新兴运动项目、民族民间传统体育等。体育与健康课程除继续重视一些传统的运动项目外，还鼓励各地各类学校对传统的运动项目进行改造，并大力开发新兴运动项目（如野外生存训练、轮滑、现代舞、攀岩等）、民族民间传统体育项目（如蒙古族的摔跤、朝鲜族的荡秋千、黎族的跳竹竿等）。挖掘与学生日常生活密切相关的健康教育内容，利用和开发课程内容资源有助于丰富学校课堂教学内容，有助于激发学生体育学习和活动的兴趣，有助于形成学校的体育特色。

一　竞技运动项目的开发与利用

竞技运动是一种具有竞争性、挑战性、规则性、不确定性和娱乐性的身体活动，是以竞争和竞赛为主要目的的活动过程。其中，竞争性和娱乐性最为突出，竞技运动具有教育、娱乐、政治、经济等多种功能，通常表现出以下特征：竞争竞赛、休闲消遣、娱乐观赏、荣誉自尊、挑战自我、悬念刺激、自我显示、精神激励、情绪宣泄等。竞技运动最基本的表现形式是比赛。

对竞技运动项目的多重利用是课程内容资源开发的一个新方向。现有竞技运动项目资源十分丰富，但能真正满足学生的兴趣爱好和实际利用的资源是有限的，为此，必须在新课程标准框架内对已有竞技运动项目资源进行重新整合，并加以开发，方能真正适合小学生的学习和发展。体育课程资源开发的重要内容是要求各地学校和教师依据学生的年龄特征、身心发展规律和实际发展需要来加强对竞技运动项目的开发和利用。所谓竞技运动项目的改造，一是指对竞技规则的简化和异化，二是指对运动项目内容多种功能的开发。对竞技运动项目进行改造，有利于激发学生的学习兴趣，有利于学生更好地锻炼身体、增强体能、增进健康、发展个性，有利于学生适当掌握一些最基本的运动技术技能，为终身从事体育健身活动奠定良好的基础。竞技运动经改造，就不能仅去追求其竞技价值，还要追求其健康效应。体育与健康课程选用部分一般水平的大众竞技项目作为教材内容，其目的是促进学生身心健康，而不是按竞技运动的目的进行训练，使之成为适合小学生的兴趣和爱好，有利于促进小学生身心健康发展的教学内容。

（一）竞技运动项目改造的基本原则

1. 主体性

以"一切为了学生，为了一切学生，为了学生的一切"为指导思想，遵循学生身心发展规律，以学生的需求、兴趣、能力及已有的知识经验为基础，充分体现学生的主体地位，使竞技运动切实转化为广大小学生喜爱的、有益于增进身心健康的教材内容。

2. 主动性

不受高水平竞技运动规律与目标的制约，根据体育教育目标，从宗旨、目标、方法、形式等多方面进行改造，形成健身手段的完整体系。

3. 实效性

根据强身健体、育心的原则，竞技运动项目应成为具有显著效果的身体锻炼手段，便于学生进行自主锻炼。

4. 可接受性

对竞技运动项目进行改造要考虑到学生的身心发展特征、体能和运动技能基础、兴趣爱好等，要能吸引学生主动、自觉、积极地参与体育学习和活动。

5. 全面性

要按照促进学生身心全面发展的原则去改造和创编竞技运动项目，避免专项化的倾向，同时要尽可能设计和组合能增进学生身心健康的运动处方。

6. 选择性

部分一般水平的大众竞技项目，可通过加工改造，成为学生锻炼身体的手段；对那些既与体育教育目标相一致，又与学生身心发展特点相符合的、简便易行的竞技运动项目，可直接引入体育课程中，不必进行改造；对那些偏冷门，且完全不适合学校开展或完全不适合小学生身心发展的竞技运动项目，不能强行选择和引进。

7. 教育性

竞技运动项目的改造，要能体现健身育人的作用，要能体现作为体育手段的教育价值以及在实现育人这一体育最高目标中的教育功能。

8. 趣味性

竞技运动项目的改造，要力求突出健身性、趣味性和科学性三位一体的特点，以保证学生能在愉快的气氛中获得知识和技能，促进身心的协调发展。

9. 安全性

安全是健身的前提，对竞技运动项目进行加工改造时，要充分估计学生的客观条件，必须取消那些危险性大、易发生伤害事故的内容和规定，做到防患于未然。

（二）竞技运动项目改造的基本方法

在竞技运动项目改造的具体操作中，要根据《课程标准（2022 年版）》的精神，遵循体育规律和健身原理，在充分研究竞技运动项目的教育性、教师的可操作性和学生的可接受性的基础上，从运动的方向、形式、路线、距离、顺序、节奏、规格、场地、器材、规则要求、参加人数等运动学、动力学及文化学方面，对竞技运动项目进行加工改造，使其成为确实有健身价值的、适合小学生身心发展的体育教学内容。竞技运动项目的改造，通常要辅以教学方法和组织形式等环节的优化，才能确保实施的可行性与有效性。其基本方法为：其一，简化技术结构，减小运动难度，使其既能增强体能、增进健康，又能减轻学生运动时的生理和心理负担；其二，调整场地器材规格，修改竞技比赛规则，使其能适应广大小学生的实际，有利于激发学生的学习兴趣，使他们全身心地投入其中；其三，降低负荷要求，使运动负荷易于控制在最佳范围内，满足学生健身需求；其四，在组织教材内容时，调整和转换传统教材的竞技运动特点，充分挖掘运动项目的多种功能，更多地考虑教材的健身、育心以及促进社会交往方面的功能。

需要强调的是，经过改造的竞技运动项目，应尽可能针对不同学生的特点和个体需求，有目的地组织实施"健身运动处方"，使竞技运动项目改造取得最佳锻炼效果。体育课程的教材内容由一般水平的大众竞技项目的引入，到竞技运动项目的改造，再向突出健身性、实践性并能使学生终身受益的方向发展，这是小学体育与健康课程的发展趋势。

（三）竞技运动项目改造的范例（案例 1、案例 2）

现有运动项目资源十分丰富，在开发时为了适应和满足小学生的实际需要，各地、学校和教师应该根据学生的身心发展特征，加强对运动项目的改造工作，这是课程设计的重要内容，也是教师发挥主导作用的重要方面。这里所说的运动项目的改造主要是指简化规则、简化技战术、降低难度要求、改造器材等。

对现有运动项目的改造，是一项十分艰巨的工作，但有着广阔的应用前景，其中重要的一点，就是要用整体健康观对运动项目进行课程设计。课程设计应当有利于调动学生体育学习的积极性，有利于培养学生体育锻炼的兴趣和习惯，有利于学生核心素养全面发展，有利于发展学生终身体育锻炼的能力。对现有运动项目的改造，主要包括以下几个方面：

规则简化——只保留能调动学生兴趣、使学生能"玩"起来的简单规则。

修改内容——去掉不适合学生"身体健康、心理健康与社会适应"两方面发展的、复杂而又陈旧的内容，弱化竞技成分，淡化终结性的"达标"评价内容，不过分强调内容的系统性和完整性。

降低难度——要求——降低运动难度、动作难度，不苛求动作的细节，调整器械规格，改变器械功能等。

简化技战术——只保留简单的基本技战术。

改造场地、器材——使场地、器材适合小学生的年龄、性别、身高的特点，满足学生的兴趣和需求。

"赶小猪"接力赛[①]

1. 活动目的：发展速度，提高控制球的能力，培养集体主义精神。

2. 准备内容：篮球两个，接力棒两根。画两条相距15～20米的平行线，在起跑线前各放一个篮球做"小猪"，距起跑线10米处画一个圈。

3. 活动方法：将学生分成人数相等的两队，成纵队站在起跑线后，排头手持一根接力棒，做好起跑准备。教师发令后，各排头用接力棒推着篮球（小猪）往前跑，把球推进圈内，然后跑到终点线回转，再把球推回起跑线前，把棒递给第二人，然后站到本队排尾，第二人按同样的方法进行，依此类推。以速度快、控制球稳的队为优胜（如图6-1所示）。

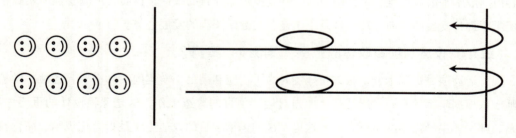

图6-1 "赶小猪"接力赛

4. 活动规则：

（1）球进圈内必须稳住，如滚出圈外必须再放回原位；

---

① 本案例改编来源于《小学体育新课程教学法》第182-187页，高等教育出版社2003年1月出版。

（2）不允许用脚踢球或用手拨球，否则判为失败；

（3）交接棒时，接棒人不得踩线。

端线篮球赛[①]

1. 活动目的：提高传球和运球技术，培养战术意识和对抗意识以及团结、协作的精神。

2. 准备内容：在篮球场两端线内侧 1 米处画一条与端线平行的直线交于两边线作为禁区，篮球一个。

3. 活动方法：将学生分成人数相等的两队，每队 5~10 人，各队选一人作为接球员站在禁区内，其余的人分散在场内。比赛开始，两队在中圈争球后，双方展开攻守对抗，把球传给对方场内禁区的本方接球员即得 1 分，由对方在端线外发球，比赛继续进行。以先得 20 分的队为胜（如图 6-2 所示）。

图 6-2　端线篮球赛

4. 活动规则：

（1）执行篮球比赛的有关规则。

（2）接球员不得在禁区外接球，其他队员均不得入禁区，否则由对方发边线球。

（3）发球时不得将球直接发给接球员。

5. 活动评析：篮球比赛是小学生非常喜爱的一项运动，由于受竞技运动的影响，许多学校的篮球场地都是标准比赛场地，而小学生（特别是女生）对于篮圈的高度望而生畏，这大大降低了他们对篮球活动的兴趣。而对现行篮球场进行改造，采用端线篮球赛，能激发学生的学习兴趣，使他们积极地参与体育活动。

---

① 本案例改编来源于《小学体育新课程教学法》第 182-187 页，高等教育出版社 2003 年 1 月出版。

二 民族民间体育活动的开发与利用

（一）民族民间体育项目的开发

作为一种大众的体育健身活动形式，民族民间体育既是全民健身的重要组成部分，也是我国传统文化的一个重要组成部分，这是体育与健康课程应当大力开发和利用的宝贵资源。作为一个多民族的国家，我国的民族民间体育项目种类繁多，具有鲜明的民族性、传统性和地域性，如蒙古族的摔跤、藏族的歌舞、维吾尔族的舞蹈、朝鲜族的荡秋千、白族的跳山羊、锡伯族的射箭、侗族的抢花炮、壮族的抛绣球、苗族的爬坡杆、瑶族的打猎等民族民间体育活动，深受各族人民的喜爱。学校体育与健康课程应当探索民族特色，这有助于各校形成特色，也使课程内容与学生的生活经验紧密相连。民族民间传统体育项目有很多内容，要根据学校的地域特点、环境因素、学生情况等进行选择，也可以对其中一些内容进行改造，使它们更适合小学生的身心特点。经过改造的民族民间传统体育项目，将成为具有中国特色的新时代体育与健康课程内容。

民族民间传统体育课程内容大体分为以下几类。

（1）以嬉戏娱乐为主的民族民间传统体育课程内容。这类课程内容以闲暇消遣、健身娱乐为主要目的，虽有一定的规则，但不严格。主要有：藏族的跳背过人；维吾尔族的九子连、六子连；土家族的打鸡毛球、挤油渣；朝鲜族的荡秋千、跳板；瑶族的打泥脚、抛花包；佤族的鸡棕陀螺；彝族的跳花鼓；黎族的跳竹竿；白族的老虎护崽、跳马；乌孜别克族的抢花帽；满族的滚铁环；布朗族的传布朗球；纳西族的东巴跳；壮族的投绣球；苗族的走竹竿、踢枕头；毛南族的射棋、母子棋；哈萨克族的滑雪；等等。

（2）以竞赛为主的民族民间传统体育课程内容。这类课程内容既有游戏娱乐的成分，又有竞赛的内容，是一种以体力、技巧、技能竞赛为内容的娱乐体育活动。主要有：藏族的抱石头；回族的木球、八极拳；满族的珍珠球、双飞赛跑；维吾尔族的叼羊；达斡尔族的摔跤；黎族的打狗上坡、跳竹竿；景颇族的扭杠、顶杠比赛；苗族的穿针赛；彝族的射弩；土家族的打飞棒、土拳；羌族的推杆比赛；高山族的投背篓球；壮族的群龙争珠、壮拳；傣族的孔雀拳、傣拳；德昂族的左拳；瑶族的打陀螺；等等。

（3）配合节庆习俗的民族民间传统体育课程内容。节庆习俗是一个民族特有的传统庆典活动，是一种寓意深刻的、独特的文化表达方式，在文化传递中起着重要的作用。通过参与这类体育课程内容，可以使学生去接触社会和认识社会。主要有：壮族的喜庆节日"跳灯"；苗族的"龙船节"划龙舟；藏族的"望果节"转地头；保安族的"花儿会"抱腰；土家族的"纳顿节"轮子秋；瑶族的"游泳节"游泳；东乡族的"花儿会"摔跤、拔河、射击；哈萨克族的"纳吾鲁孜节"躺倒拔河、摔跤；还有放风筝、登高、郊游、踏青、秧歌、踩高跷、跑旱船、舞龙舞狮等。

（二）民族民间传统体育项目的范例（案例3、案例4）

民族民间传统体育项目种类繁多，形式多样，这里介绍几个比较适合小学生开展的案例活动，这些案例可以使学生在学习过程中发展速度、力量、耐力、灵敏性、反应能力等，磨炼意志，陶冶情操，促进身心健康发展，同时培养民族自尊心和社会适应能力。

 案例3

"东方橄榄球"——抢花炮①

1. 活动目的：通过抢花炮活动，发展奔跑能力，锻炼抢花炮技巧和对抗意识，培养机智灵活、勇敢顽强、敢于拼搏和团结协作的精神。

2. 活动准备：可利用自然地形进行，如学校操场，在场地边角设置若干炮台区（与队数相等），场地中心为发炮点，自制花炮一个。

3. 活动方法：将学生分成若干队，先让其中一队为主队，负责游戏的组织与裁判，每个炮台区派一人接花炮。采用裁判抛花炮的方法，进入比赛各队开始争抢，抢到花炮的一方可通过奔跑传递、交手、掩护、抱人、拉人等技术将花炮迅速传递给本炮台区的主持队队员。其他各队队员也应该努力进行争夺，阻止其将花炮送进炮台区。抢得花炮并将其送交给本炮台区内主持队队员者为胜。然后由该队替换原主持队主持，活动继续进行。也可以以时间作为限制，在规定时间内抢到花炮次数多者为胜。

4. 活动规则：可采取各种技术抢花炮，但不可打人、踢人，违者取消比赛资格。

案例评析：抢花炮是我国少数民族传统体育项目之一，最初在侗族、壮族、依佬族等几个民族中流行，1986年国家体委将抢花炮正式列入第三届少数民族传统体育运动会的比赛项目。通过抢花炮教学活动，可以展现一个民族的风貌，培养学生传承一个民族古老文化的意识。将这项活动引入课堂，既丰富了课堂教学内容，又加强了各民族之间的团结，是学生走向社会、接触社会、认识社会、适应社会的极好途径，应该大力利用与开发。

---

① 本案例改编来源于季浏，汪晓赞主编的《小学体育新课程教学法》第182-187页，高等教育出版社2003年7月出版。

 案例4

滚铁环①

1. 活动目的：通过滚铁环运动，发展灵敏性、协调能力等，掌握铁环的多种运动、娱乐方法，提高学生的学习兴趣和创新意识，培养其竞争意识、团结协作的精神和积极参与的意识。

2. 活动准备：铁环若干个（可用铁丝或粗铅丝焊接而成，直径为40厘米左右），铁钩若干个（用粗铅丝制作，长约60厘米，下端弯曲，手握处做一柄状，以便把握），平整场地一块，道次牌若干个。

3. 活动方法：将学生分成若干组，进行以下练习：

①丢回缩圈练习，利用环的特性可做回缩运动，单手抛环，必须抛出2米以外，按规定回到所站位置得一分，各组累计得分多的为胜；

②迎面滚铁环接力比赛，学生10人一组，相距20米相对站立，进行迎面滚铁环接力比赛；（如图6-3所示）

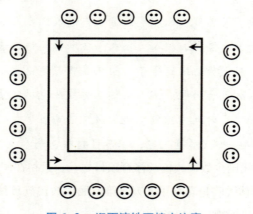

图6-3　迎面滚铁环接力比赛

③滚铁环绕杆接力比赛，学生10人一组，在距20米处插一标志杆，学生进行滚铁环绕杆接力比赛。（如图6-4所示）

---

① 本案例改编来源于季浏，汪晓赞主编的《小学体育新课程教学法》第182—187页，高等教育出版社2003年7月出版。

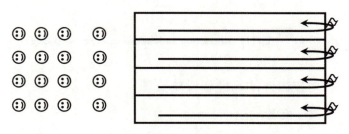

图 6-4　滚铁环绕杆接力比赛

4. 活动规则

①丢回缩圈时，单手抛环，环必须抛出 2 米以外，回缩滚动到起抛点；

②滚铁环接力比赛时，铁钩搭在铁环外沿，令铁环垂直于地面；推动铁环前进，若铁环倒地，必须扶起重来。

5. 教学建议：铁环的玩法多种多样，可根据它的特性，让学生展示自己的创新能力，开发多种玩法，如丢圈套物、铁环操等。

案例评析：滚铁环运动是满族的一种民间游戏活动，深受小学生的喜爱，集运动和娱乐为一体，不受场地、器材及人数的限制，易于开展。游戏性和竞争性较强，容易激发学生的学习兴趣，对发展学生的速度、灵敏性、协调能力等，促进学生身心健康均有良好的效果。

第二节　小学体育课程器材设施资源的开发与利用

体育场地、器材是体育课中必备的教学资源和活动载体，学校应按照教育部发布的《小学体育器材设施配备标准》建设相关场地，配齐器材、设施，保证体育与健康课程有效实施，教学活动中如果缺失了这一重要载体将会极大地影响教学质量。长期以来，由于各地在经济、地理环境、民俗等方面存在较大差异，国家对各地学校的体育教学资源的配备不能统一，不同学校的体育场地、器材设施存在一定的差异。相对于大中城市而言，那些处于地理位置偏远、经济欠发达地区的农村学校基础教育资源比较落后，各校的体育场地、器材更是极度匮乏，严重制约着体育课教学的质量。为了实现体育与健康课的课程目标，要积极开发和充分运用其他场地、器材、设施资源，不同学校要根据自身的实际情况，体育场地、器材的配备要因地制宜，挖掘潜力，努力提高教学效果，促进学校体育活动的开展。

一　体育场地的开发与利用

（一）开发与利用校内外的场地和设施资源

1. 充分利用和改善学校现有的体育场地

许多学校不仅缺乏标准化的体育场地，而且即使少数学校统一配备了体育场地和设施，绝大多数也是按照成人化标准设计的，并不适合小学体育活动的开展。为了更合理地让小学生参加安全、适合身心发展的各项体育活动，条件成熟的学校可以根据小学生的年龄、身高、体重等特征，进行大变小、少变多、高变矮的改建，将成人化的场地改造成适合本校小学生活动的运动场所，并且努力向功能多样化的方向发展。例如，缩小足球场、篮球场、排球场的面积，节省下来的场地用来增加场地数量；降低篮球架、排球网、足球门的高度；在足球场内适当设立篮球场或排球场，让一块场地充分发挥多种功能。还要让改造后的场地成为小学生的运动乐园，满足体育课及课外体育活动的需要，发挥出更大的作用。

旧城区体育场地设施——屋顶空间开发与利用

2. 因地制宜、就地取材

学校可以根据自身地理环境，对现有的空间进行科学规划，合理利用各种开放场所。把学校中的空地、广场、台阶、上下坡、山体等自然环境改建成能够共同使用的各种小型场地、健身操场、专项训练场、攀岩等体育活动场地，不断完善和补充，让校园成为一个多功能的体育场所，尽可能提高校园所有场地的利用率。

3. 校外体育健身场所的利用

充分发挥学校周边的基础健身设施的作用。有些社区、公园中的体育健身配套设施还是比较完善的，可以在成年人工作时间无法锻炼的间隙，带领学生开展丰富多样的健身活动，做到就地取材，科学错时利用资源。

4. 自然地理资源的利用

在切实提高安全性的前提下，大胆带领学生离开课堂、跨出校园。学校附近的树林、山地、水域、海滩、丘陵、田野、草原等都可以进行体育场地的开发与利用。师生共同亲近大自然，不仅能够促进学生的身心发展，培养学生利用自然环境进行健身活动的习惯，还能进一步陶冶学生情操，促进学生的观察力、适应自然地理环境的能力及心智的成长，更好地实现体育与健康课程的目标。

（二）体育场地的多功能利用范例（案例1）

案例1

篮球场地实心球击准①

1. 活动目的：提高学生抛地滚球的命中率，训练学生的抛球技术，提高学生的方向感和手感，培养学生高度的注意力。

2. 活动准备：篮球场一块、实心球十个。

3. 活动方法

将五个实心球平均摆放在篮球场地中线上，安排五位同学站在实心球旁边，随时进行实心球的位置还原和记分工作（击中一次得1分），将另外五个实心球放在篮球场地一侧对应的底线上，甲、乙两队学生成五路纵队排在篮球场地两侧底线对应位置上。活动开始，第一队同学上前持球准备，在教师的统一指挥下抛地滚球击打篮球场地中线上的球，完成后退到本队最后一排，场地对面第一排同学捡球后站到底线上准备，当中线同学完成摆放后，继续第二排的击打……以此类推，所有同学完成击打后，以得分多的队为胜队。（如图6-5所示）

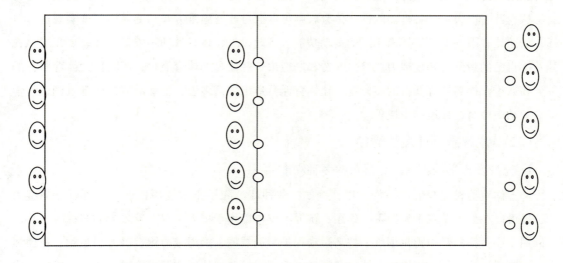

图6-5　实心球击准

---

① 本案例来源于山东省淄博师专附属小学。

4. 活动规则

①两队人数相等。

②所有同学在抛球时脚不能越过底线。

③中线上的摆球队员可适时进行轮换。

5. 教学建议

捡球队员注意用脚踩停球，防止手部受伤。

案例评析：击准运动娱乐性强，提高了学生的观察力和判断力，锻炼了学生身体的协调性，非常受学生的欢迎。活动对于场地条件要求较低，即使没有标准篮球场，在一块空地上画上三条线也可以完成该项活动，因此容易组织，易于开展，既愉悦了学生身心，又锻炼了学生身体，活动效果非常好，非常值得推荐。

二 体育器材的开发与利用

（一）体育器材开发的意义

体育器材陈旧和匮乏，是当今许多农村学校切实存在的一个普遍现象，广大农村体育教师为了避免长期指导学生进行单一、枯燥的徒手运动，面对学校配备的为数不多的体育器材，要尽可能地发挥其一物多用的功能，提高它的利用价值，进一步解决体育器材短缺的问题。体育器材从设计上讲大都具备多功能性，体育教师可以通过改变思维方式和变换视角来实现这一目标，从而让有限的器材发挥出无限的运动功能。除此以外，体育教师不能等、靠、要，应该充分发挥自己的想象力和创造力，努力改造和制造出一些简易的体育器材，不断扩大体育器材的种类和数量，提高体育器材的多样性，让体育课营造出丰富多彩、生动活泼的课堂氛围，使学生在运动中健身，在运动中快乐。

（二）体育器材开发的途径

1. 充分发挥学校现有体育器材的多种功能

许多体育器材完全可以一物多用，例如，各种球类除了正常使用以外，还可以充当接力棒，也可以在许多游戏中发挥重要作用；跳绳不仅可以用于单人、双人及多人的多种练习，还可以用于小负荷的牵引力量训练、技巧运动保护帮助器械、跳绳接力跑、二人三足跑、花样绳操、小型拔河比赛等；体操棒、体操凳不仅可以练习轻器械体操和器械体操，还可以用来完成体育课上的各种热身活动，还能配合篮球、排球、呼啦圈等器材进行许多体育游戏；实心球不仅可以进行各种方法的投掷练习，还能进行保龄球掷准练习，也可以当作障碍物、标志物来使用；跳箱、鞍马、山羊等器械不仅可以进行支撑跳跃运动，也可以当作标志物和障碍物；接力棒除了用于接力比赛以外，还可以设计一些轻器械体操，也可以当作木哑铃编排哑铃操；手榴弹不仅可以投掷，也能配合球类进行击准练习，还可以编排轻器械体操；标枪除了投掷以外，还能配合进行足球运球过杆练习、篮球运球变向练习等；橡皮筋除了可以跳皮筋操以外，还可以当作跳高横杆、跨栏栏杆使用；跨栏架不仅能在跨栏跑中使用，调整相应高度后还能在不同年级中充当钻越的器械。

2. 利用其他物品进行改造，制造简易体育器材

师生都可以开动脑筋进行废物利用，制造出简易的体育器材，例如，直接利用旧轮胎充当障碍物、钻越物、举重物，还可以进行滚轮胎练习、拖轮胎跑训练等；利用废旧报纸也能开展许多体育活动，如纸飞机比赛、铺路过河比赛、滚动履带等等；利用几块砖头就可以完成搭桥过河的迎面接力比赛；旧麻袋、旧纸箱等可以作为道具进行体育游戏；矿泉水瓶、各种塑料包装条等物品都可以用来编排轻器械体操；等等。此外，师生自制的沙包、沙袋、毽子、铁环、陀螺、呼啦圈等各种简易体育器材都能在体育课上发挥重要作用。

（三）妥善保养场地和器材

学校要通过优化管理，加强对场地和器材的维护与保养，提高使用效率，延长使用寿命。

（四）体育器材的开发与利用范例（案例2、案例3）

 案例2

勇闯独木桥①

1. 活动目的：提高学生快速通过障碍物的能力，训练学生远距离投掷的技术，培养学生相互配合的意识和勇敢顽强的作风。

2. 活动准备：空地一块、排球三个、体操凳数条、体操垫数块。

3. 活动方法：人数相等的甲乙两队分别扮演过桥部队与狙击部队，将数条体操凳纵向摆成独木桥，桥两侧地面铺好体操垫，狙击队员在独木桥两侧10米外手持排球等待狙击，过桥队员成一路纵队在桥头旁等待指令。比赛开始，过桥队员依次上桥并迅速跑到桥对岸，狙击部队则利用手中的三个排球远距离击打过桥队员，过桥队员过桥期间尽量躲避对方的排球，被一个排球击中则跳回地面，扣一分，一轮结束后，双方互换角色，最后以扣分少的队为胜队。（如图6-6所示）

4. 活动规则：狙击队员狙击时必须站在线后。过桥队员无论被击中与否，掉下桥即扣分。被击中队员必须下桥，不得负伤逃窜。

---

① 本案例来源于山东省淄博师专附属小学。

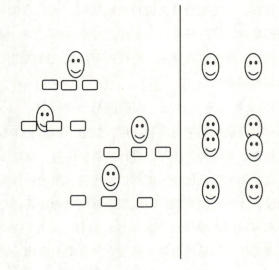

图 6-6　勇闯独木桥

5. 教学建议：该项活动适合在小学高年级段开展，注意安全措施，桥两侧一定要摆上体操垫子。

案例评析：充分发挥体操凳、排球的一物多用功能。小学高年级段的同学在奔跑、跳跃、躲避、跨越等能力上都有了一定的基础，通过该活动提高了学生的速度、灵敏性、爆发力等身体素质，更重要的是锻炼了学生勇敢、果断、勇往直前的意志品质。同时，因为炮弹相对较少，而且必须在线外击打，狙击队员之间的快速捡球、传接球配合也很重要，培养了学生的协同配合意识。

架桥过河①

1. 活动目的：发展学生的速度、灵敏性、柔韧性、耐力等身体素质，提高学生的手脚配合能力，增强学生的方向感和判断力，培养集体主义精神。

2. 活动准备：空地一块、砖头数块。

3. 活动方法：将学生分成人数相等的四队，各队按照迎面接力的队形站好，队员之间画两条相隔十五米的直线作为河岸，各队第一位同学手持三块砖头站在线后准备。比赛开始，队员将第一块砖头放入河中，左脚踩到砖头上，接着将第二块砖头往前放，右脚踩上去，然后将第三块砖头往前放，左脚踩上去，马上回头捡起第一块砖头往前放，右脚踩上去，再回

---

① 本案例来源于山东省淄博师专附属小学。

头捡起第二块砖头往前放，左脚踩上去……以此类推，直到到达河对岸与队友进行接力，河对岸的同学用同样的方法完成过河，最后以先完成的队为胜队。(如图6-7所示)

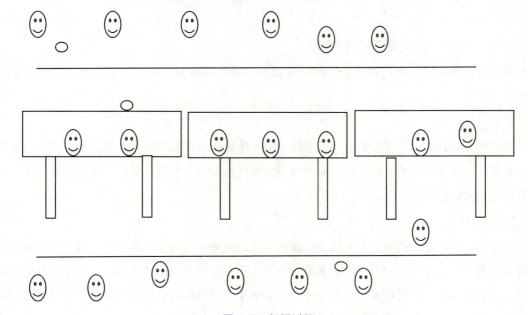

图6-7 架桥过河

4. 活动规则：比赛期间队员如果不小心将砖头放远了可以下河进行调整，但不准故意跨入河中快速取砖。队员之间交接棒必须在岸上完成，不准提前跨入河中。

5. 教学建议：队员过河后立即退到本队指定地点进行加油助威，做到人员清晰明了，避免与未参加的队员发生人员混乱。

案例评析：利用几块简单的废砖头展开一项能锻炼身体的迎面接力比赛。该活动运动量较大，提高了学生的柔韧性、耐力等身体素质，增强了学生的方向感和判断力，培养了同学们团结一致、力争上游的集体主义精神。

第三节 小学体育乡土课程资源的开发与利用

一 乡土课程资源开发的方法

体育乡土课程资源的开发与利用是体育教学的补充，对于农村地区及少数民族地区而言更具有现实意义。体育乡土课程资源的开发不能随心所欲，应从实际出发，结合体育与健康课程改革的需要，遵循科学的开发准则，体现乡土体育的特性，开发的结果真正做到为教育教学服务。

（一）乡土课程资源开发的原则

对于乡土课程资源开发必须坚持科学性原则、适应性原则、从实际出发原则、经济实用原则。

1. 科学性原则

做任何事情都要以科学发展为前提条件，对于体育乡土课程资源开发所要涉及的内容进行科学的认证，确保知识素材选择的真实性与可靠性，最重要的是可重复性，这样才有利于乡土课程资源开发后的推广。

2. 适应性原则

体育乡土课程资源的开发与利用在确保科学性的基础上还要保证适应性原则。体育乡土课程资源的开发与利用首先要考虑的就是适应性，它不仅要符合当地民俗风情、学生现有的基本知识、技能和素质，同时还要考虑教师群体对于乡土课程资源的了解与熟知程度，只有这样才能保证体育乡土课程资源开发与利用的顺利进行。

3. 从实际出发原则

一切乡土课程资源的开发均应从实际出发，体育乡土课程资源内容丰富多彩，精彩纷呈，但并不是每种乡土资源都可以通过开发转化成为体育课程资源，原因是部分乡土资源过于简单或过于复杂，要确保具有一定的健身娱乐价值，并可推广。

4. 经济实用原则

经济实用是指花钱少，效果好的特点。乡土课程资源的开发是一个复杂烦琐的过程，需花费大量的人力、物力，还需要政府、教育行政主管部门在政策和财力上的鼎力支持，因此，在开发的过程中要遵循花小钱办大事或办实事的原则。

乡土课程资源的开发在坚持科学性原则、适应性原则、从实际出发原则、经济实用原则的基础上还需要让教师增强乡土资源开发利用的意识，同时在乡土资源的价值取向、功能等方面必须与课程标准保持一致，又要充分体现地方特色，各个学校及地区又存在地域性，因此在进行乡土资源开发的时候应以校为本，充分体现校本特色，达到师生共赢，与时俱进，随乡土资源素材的不断变化而及时进行调整更新。

（二）乡土课程资源开发的特点

1. 多元性和民主性

乡土课程资源的开发过程是一个多主体共同参与开发的实践活动过程。乡土课程资源的开发需要学校管理者、教师、学生、课程专家、家长及社会人员积极参与、共同开发，每个主体都有表达自己思想和观点的权利。

2. 地域性

乡土课程资源的本质属性在于其地域性，不同地域的师生和所在学校，反映当地的民族特色及地域文化。民族地区自然和人文方面的乡土课程资源开发就要有当地民族及地域特色。

3. 过程性

乡土课程资源的开发具有过程性，贯穿乡土课程实施的始终，它的开发与利用并不是一成不变的固定程序，而是要视学校的具体情况而定，并且跟随乡土课程的深入实施不断做出调整和改变，因此，乡土课程的开发与实施本身就是一个不断完善、不断修正的过程。学校管理者、教师乃至学生都要跟随实施状况的变化而做出某种适应性的调整，以切合乡土课程资源开发与利用的实际需要，这也对教师的专业成长和学生的个性发展具有长远的意义。

（三）乡土课程资源开发的方法

掌握了体育乡土课程资源开发的原则，就可以在正确的原则指导下进行乡土课程资源的开发。

1. 利用法

所谓利用法就是合理地利用资源开展有效活动。利用法可以分为自然资源有效利用、民族体育有效利用、民间体育有效利用以及器材有效利用。

自然资源有效利用就是指教师充分利用当地的自然资源。如山区可以开展登山、爬坡、定向越野等项目。农村地区可以有效利用自然环境特点开展一系列的体育活动，做到因地制宜，根据季节变换以及农忙时节的特点安排内容，如春天可以组织学生进行放风筝、春游等活动；夏秋可以组织学生进行插秧、采茶、稻田捉鱼等活动；冬天可以组织溜冰等活动。

民族体育有效利用则指民族地区根据本民族特点以及习俗，找到适合当地学生锻炼的体育项目进行校本课程开发。如根据民族特色可以选择苗鼓、土家族摆手舞、抢花炮竞赛、竹竿舞等内容进校园、进大课间。

民间体育有效利用则是把民间较为流行且适合学生练习的体育项目引入校园，发展为体育教学内容。如斗鸡、跳房子、花样跳绳等游戏。

器材有效利用则是指器材多用法，也就是一种器材采用不同的玩法，设计出不同的课的内容。教师要积极地改变自己的思维定式，深入挖掘出每一种器材潜在的功能，有效利用资源，使器材的功能得到充分的发挥，彻底解决农村学校中资源短缺的问题。如橡皮筋是很多农村学生的最爱，它不仅可以作为跳皮筋活动的器材，而且可以代替跨栏的栏杆、跳高的横杆等。

2. 变化法

所谓的变化法就是指通过改造体育项目变化出不同的玩法以及创编出新的体育内容。如高脚马是民族传统体育项目，在竞赛过程中具有激烈性和对抗性，仅适合专业运动员参与。对于小学甚至是幼儿园的儿童来说，高脚马项目太难且容易受伤，不可能在小学阶段有效地开展。这时教师就应该对体育器材进行改造，把原来高且重还很难操作的高脚马变成用绳子穿起来的易拉罐，小朋友踩在易拉罐上，然后提着绳子让自己模仿高脚马走路，这就有效地解决了高脚马高且重的难题。因此，教师应该通过对体育器材或者项目玩法进行有效变化的方法很好地为体育教学服务。

3. 移植法

移植法的原理是各种理论和技术之间的互相转移。它是现有成果在新情境下的延伸、拓展和再创造。而乡土课程资源开发的移植则是通过对人民生产生活场景中的动作情形进行移植改造，创造出适合体育教学的项目。如对于在农村进行的搬运体力活，我们在课堂上可以用蚂蚁搬家等情境进行创设，开展搬运接力赛；农村供人行走的独木桥，我们在学生练习平衡能力时可以利用画线或者窄木板模拟过独木桥的情境；瓜果丰收时节，农民通过筐进行采收，而我们可以练习投准活动，如拿小垒球投准、呼啦圈投准等。因此，教师应该充分利用移植法创设不同情境或者不同项目进行体育教学。

4. 搜集法

搜集法是指对民俗民间文化、民族传统体育项目、研究成果等进行搜集整理，找出适合乡土课程资源开发的内容及项目。搜集是一项困难且艰巨的工作，不仅需要大量的人力物力，还需要大量的时间，同时也需要相关人士的配合。因此，我们应该充分发挥广大人民的力量。正所谓人多力量大，学生、家长都可以参与进来。这样，整个搜集过程会变得轻松很多。

5. 一物多用法

一物多用法是指同一种体育器材和道具采用不同的玩法和规则而产生出不同锻炼意义的体育项目。乡土课程资源开发就是要充分运用一物多用法，尤其是在器材、道具欠缺的农村及贫困地区，这个显得尤为重要。如报纸游戏，一张报纸怎么能让它充当我们的体育器材呢？在不用手拿、不用其他部位夹和咬的基础上，运用快速跑动使报纸贴着身体不会掉的原理巧运报纸；可以用报纸充当"石头"，交替踩着两张报纸"过河"；还可以集体踩报纸，所有人踩在报纸上，看哪组可以将报纸折到最小且全组的成员都踩在报纸上。

二　乡土课程资源开发案例

我们了解了乡土课程资源开发的原则及方法，接下来我们来看两个案例。

 案例 1

吉首市雅溪小学特色体育活动"大课间活动"

为了贯彻国家教育部"健康第一"的指导思想，坚持"以人为本"，发挥学校体育的育人功能，我校积极采取有效措施，构建了具有民族区域特色的"大课间活动"，以保证学生每天一小时的体育活动时间，提高学生的体质健康水平。

一、背景分析

我校位于湖南西部武陵山连片贫困地区，是苗族和土家族聚居地。以"英雄引领，立德树人"为办学理念，以培养现代化人才为目标，以创新教育为途径，培养全面发展的好学生。多年来，我校在继承中华民族优良传统方面作了许多探索和思考，发挥基础学科在民族传统教育中的渗透作用，推进民族传统项目进校园，以提升学生探究能力和文化自信。

二、合理定位

"大课间活动"由吉首市教育局具体组织和指导。在这之前，都是以课间操的形式进行体育锻炼，并且每天在班级之间进行评分排名，由于时间短，锻炼效果不尽理想。自从出台了实施大课间的具体要求后，学校根据本校学生年龄的特点，本着科学性、规范性、群体性、多样性、实效性的原则，从内容、形式、时间的要求和活动的密度、强度、负荷以及德育、美育与大课间活动的关系等方面进行立项，充分挖掘本地各种实践资源，体现地方性特色。同时，确定一个以英雄名字命名的武术操，这样不仅让学生强身健体，拥有健康的体魄，还通过文化的熏陶强化学生的民族意识，以达到积极向上、充满青春气息的良好体育锻炼作用。

三、指导思想

根据《国家基础教育课程改革纲要》精神，着眼学生发展需求，促进教师专业发展，以"健康第一"为指导思想，"面向本土，来自本土，服务本土，体现地域性、本土性、针对性和实用性"，充分挖掘民族传统文化的实践资源，用英雄精神引领学生全面发展。

四、设计与实施方案

(一)大课间内容

大课间内容选择上既要有一定的健身价值,还要具备一定的强度,同时满足学生对于新鲜事物的需求,因此在大课间内容的选择上,我们选择了花样跑与英雄(荣光)操这两个内容。荣光操是由本校教师根据武术基本动作以及地方特色苗拳的基本动作进行创编,既体现了武术的文化底蕴,很好地将英雄文化展现出来,又提高了文化自信,同时增强了学生保家卫国的信念和民族自豪感。

(二)大课间时间

大课间开展的时间是第二节与第三节课之间的课余时间,相比于原来的课间操时间增加了 5 分钟,时间达到 10 分钟。

(三)大课间组织形式

1. 入场

每班体育委员领队,班主任在最后,在播放的音乐中依次进场。

2. 武术操(5 分钟)

体育委员在前面领做,每班 2 路纵队。播放音乐《土家族摆手舞跳起来》。

3. 花样跑(5 分钟)

音乐伴奏下每班由体育委员领队,站成一路纵队,进行花样跑。花样跑包括慢跑、绕 8 字跑、慢走,班级与班级之间交叉跑,音乐间歇做放松练习。

4. 退场

体育委员带队,班主任跟在最后,依次退场回到教室。

(四)大课间实施

学校制订计划后对教师进行培训,教师分班教学指导。培养学习骨干,督促班级练习。

(五)大课间评价

利用学校微信公众号进行宣传,并且进行日常检查评比,对于不积极参加的同学进行批评,对于优秀班级进行表扬,把大课间纳入班级考核,督促班主任积极管理。

该案例来自湖南省湘西土家族苗族自治州吉首市雅溪小学,该学校自从实施了荣光操大课间活动后,学校的锻炼氛围明显加强,学生的民族自信心和自豪感提升。因此,对于乡土课程资源的开发应合理利用地方民族文化,满足学习的需求。我们从中可以获得一定的启示。

让寂寞的操场热闹起来①

我校位于城乡接合部，是一所只有14个教学班，不足700人的乡管"农中"。因为客观条件限制，生源不足，场地小，体育器材奇缺，给正常的体育教学带来诸多不便。但是，学校的体育工作并不落后。校田径队在一年一度的市级春、秋季田径运动会上，连续多次挤进八强；男、女中长跑队员，在开封市越野跑团体比赛中实现了"七连冠"。回顾取得的佳绩，得益于"让寂寞的操场热闹起来"活动的开展。具体做法如下：

1. 器材解放

从校情出发，充分利用场地、器材，让学生随时都有自己喜欢的体育器材可玩。具体行动分四步走。

（1）借出去。

在不影响体育课堂教学的前提下，由体育委员负责把轻便易保管的小器材借到班上供同学使用。例如篮、排、足三球；乒、羽、板三拍；等等。

（2）摆出来。

分班轮流值日，将山羊、跳箱、跳高架、垫子等大型器材按事前规定好的时间抬出来摆放在指定位置，随时欢迎学生使用。

（3）土法添配。

要求体育教师勤于动手，土法自制简易器材供学生使用。如用尼龙绳系一块泡沫板，悬挂在教室附近的树枝上，让学生练习摸高；用几米长的铁丝套一段铁管，斜拴在两棵树上，作为掷标枪的练习器；利用两个滑轮和一条绳，制成一套推拉器做铅球的模仿练习；在树干上拴几条橡皮带练臂力；在沙坑两侧边沿砌上水泥面，画上尺寸线；在教室或走廊旁边的空地上画上立定跳远的优、良、及格标准线；在爬杆（绳）上标出高度；在铅球投掷圈的圆心上配一根标有尺码的布条；等等。

（4）个人带。

为了弥补体育器材的不足，根据不同阶段活动项目的需求及季节特点，发动学生自制自带器材。如冬季要求同学三带，即带沙包、带毽子、带跳绳。夏季要求学生两有，有皮筋、有沙包。

① 本案例选自《中国学校体育》2000年第3期，第51页。

2. 经常比赛

我们每学期开学的头一天，就把学期内要举办的竞赛项目和时间张榜公布。我校举行竞赛活动的规律是一个月一次。例如一个月按四周计算，当月的第一周为活动宣传发动周。第二、三两周要求各班积极准备、认真训练。第四周举行比赛。第二个月第一周周一的晨会，既是对上个月比赛活动的总结表彰颁奖会，又是下一个赛事活动的宣传发动动员会。由于竞赛活动一个接一个地举办，学生的精神经常处在比、学、赶、超中，处在团结紧张、严肃活泼的气氛之中。

3. "两点"不忘

我们说的"两点"，一是指几个小课间休息时间，二是指在校一日中的到校未上课前和下午放学后滞留校园未走的一段时间。

上述时间的支配权属于学生，是学生个性充分体现的良好机会。如何教学生科学管理、合理安排使用这"两点"时间，值得我们去认真研究，并不失时机地去启发引导。

小课间休息时间，我们通过广播站、集会、板报、体育课堂等多种形式反复向学生宣传教育，讲解小课间休息时间一定要走出教室、到户外放松一下的科学意义，并把小课间各班同学是否全部走出教室、开展活动列入班级考评项目之一。

早晨学生到校未上早自习之前的时间，只建议部分学生适当地练一练体育加试项目的弱项。下午放学后一小时的时间，体育教师带领由体育骨干组成的业训辅导小组进行训练。

业训辅导小组就是对事前约定好的业余训练小组进行培训辅导。分两种：第一种是在事前摆放好的大型器材前练习，第二种是预约辅导。业训辅导小组的组成完全采取自由结合的形式，分村、分片、分年级等。业训辅导小组要求进行辅导训练之前，需要写一张纸条，说明参加的人数、要求辅导的项目、小组负责人的班级姓名等并送交体育室，体育教师就会通知该组参加辅导的时间。实践证明，上门预约接受辅导的学生没有班级界线，自觉守纪，全身心投入练习的劲头高，这在体育课堂教学中是不多见的，完全展现出了"自发组合群体"的练习效应。我们也从中真正品尝到了"让操场热闹起来"的原汁原味。

本章知识结构导图

```
                          ┌ 小学体育课程内容资源的开发与利用 ┌ 竞技运动项目的开发与利用
                          │                              └ 民族民间体育活动的开发与利用
小学体育课程资源 ─────────┤ 小学体育课程器材设施资源的开发与利用 ┌ 体育场地的开发与利用
的开发与利用              │                                  └ 体育器材的开发与利用
                          └ 小学体育乡土课程资源的开发与利用 ┌ 乡土课程资源开发的方法
                                                          └ 乡土课程资源开发案例
```

知识点检测

1. 竞技运动项目改造的基本原则和方法有哪些？

2. 试设计一个民族民间体育项目开发的案例。

3. 利用校园内的坡道设计一个体能训练场地，编排一套体能训练组合动作。

4. 利用体操垫、呼啦圈、跨栏架等器材编排一个障碍接力游戏。

5. 乡土课程资源开发的原则及特点是什么？

6. 乡土课程资源开发的方法有哪些？对于器材、场地缺乏的农村如何有效地进行课程资源开发？设计一个适用于农村的体育大课间活动。

参考答案

第 七 章

体育教学评价

 **学习目标**

✦ 收集教师与学生两方面的准确信息，在对所得信息进行诊断的基础上提出改进教与学的对策，从而促进教师和学生的共同发展；

✦ 让学生了解自己体育学习目标达成情况，明确学习中的努力方向，促进自己的进步与发展；

✦ 引导教师反思自己的课程设计是否科学合理，帮助教师改进教学工作，促进教师自身发展和教学水平的不断提高。

 **案例导入**

老师，能不能这样玩①

体育课上，同学们在玩钻山洞的游戏，这个游戏以前课上玩过，气氛热烈，效果非常好。可是有几个女生却很不情愿玩，在老师看来，她们是怕脏、怕累、怕不雅观。于是老师就开始进行教育，作为学生应该多吃苦，不怕脏和累，多多磨炼自己，不要太娇气……

在老师的劝说下，大家开始玩，男生还不错，女生有几个推推搡搡，最终还是钻了，但明显感到她们情非所愿，课就在这样的气氛中草草收场。

有两个女生找到老师。

生："老师，能不能不玩这个游戏？"

师："为什么？"

生："我不钻别人，也不想被人钻。"

老师感觉到事态的严重性，就说："那么你们有什么好方法？"其中一个女生一听，先是

---

① 本案例选自中国期刊网：课程改革对高中体育教师行为方式的转变影响，四川旺苍东城中学，何莉。

一怔，后又露出喜悦的神情，说："老师能不能变一下，两排人面对面手搭肩膀形成一个山洞，女生和男生比赛，男生可以让我们一段距离。"老师不假思索就说："好哇！"学生也来了精神："这样的话，我们都愿钻。"接下来的游戏，大家发挥得异常出色。课后小结中，老师巧妙地设计了课堂评价，利用生生评价，师生评价，对提出合理建议的女生进行了鼓励性表扬，同学们都受到了极大的鼓舞，尤其是提建议的女生。

本案例中老师正确处理了女生要求改变钻山洞游戏的建议，收到了意想不到的效果，为我们提供了很好的借鉴作用。最后，在教学结束的时候采取有效的课堂评价充分肯定学生的行为，这对于学生人格的培养有着特殊的价值。在课程改革中，教师要转变教育观念，要全面关注学生的发展。在师生关系方面，教师要从决定学生应该学什么、怎样学的关系，转变为与学生建立合作学习的伙伴关系。在教学方法上，要从过于强调接受学习、机械训练，转变为引导学生主动学习，与学生共同讨论、交流、研究、解决问题，发展学生交流与合作的能力，促进学生正确价值观的形成。

第一节　体育学习评价

一　体育学习评价的方法

体育教学评价包括两个方面的内容，一是体育教学评价，二是体育学习评价。两者以体育教学的目标与体育教学的理念为主要标准，针对其过程与结果进行量化评价与价值评估。体育学习评价贯穿体育训练与学习过程的始末，包括学习目标的定位、内容的建构、实践环节的表现、技能的获得与学习能力的评估。体育学习评价的作用是使教学目标的定位更加精准，让学生学习的内容更加科学、合理，符合认知规律，促使自主教学实践能更加顺利地展开，让学生获得体育技巧，奠定终身学习的基础与兴趣。

（一）学习评价的作用

1. 激励作用

在体育训练当中，学生难免会遇到困难与障碍，这阻碍了学生体育技能与兴趣的进一步发展。积极的学习评价有助于学生获得情感上的满足与精神上的鼓舞，学生因此有了克服困难的充分的信心与勇气。

2. 规范、调整作用

良好的学习评价有助于学生形成更加规范的体育动作，提升学生的自信心；有助于学生认识自我的不足、调整学习策略、达成教学目的。

3. 启发作用

通过学习评价，学生发现自己的不足与他人的优点，从而取长补短，突破体育课学习的局限性。

（二）学习评价实施的原则

（1）积极性原则：学习评价需要具有正面性与积极性的作用，以赞扬为主，需要教师以肯定性的态度，及时表扬学生的每一次进步。

（2）公平与合理原则：学习评价要体现体育学科特点，以新课程标准作为指导。教师要公平对待每一个学生，以客观、公正的态度针对实际，尊重事实。

（三）学习评价的方法

1. 多元评价

（1）教师评价：教师以语言或量化的形式评价学生的学习过程、学习结果、学习能力，这是目前体育学习评价的主要方式。教师可以通过评价，给予学生良好的学习指示，让学生的体育训练有更多可借鉴的标准。

（2）学生自评：学生通过自评的方式从理性的角度审视自己的体育技能、学习能力、体育训练成效；通过自评发现自己体育训练动作、学习方式、互动方式方面存在的问题，提升体育技能。

（3）小组互评：体育锻炼是一项集体性、团体性的活动。学生进行体育训练就需要做到与人交流，而小组互评有助于学生从不同的角度看到自己的不足与学习成效，从而提升体育训练的针对性。

由此可见，积极有效的学习评价可以促使学生更加热情饱满地参与到体育训练中，让学生从理性的角度审视自己的不足，促使学生博采众长、兼收并蓄。

2. 差异评价

观察学生体育训练的表现，对学生进行差异评价，对于表现积极的学生，要及时肯定与表扬；对于性格内向的学生，要对症下药，给予鼓舞性评价。根据不同年龄阶段学生的特点，对学生进行差异评价。不同年龄的学生在认知能力、理解能力、耐力上存在很大的差异。基于此，教师应该根据不同年龄阶段学生的特点进行差异评价。教师要预备不同的方案，针对低年级学生设置以低要求、多鼓励为主的评价方案，旨在为低年级学生奠定体育训练的信心；针对高年级学生设置难度系数较高，以培养学生体育运动应变能力为主的评价方案。

3. 发展性评价

第一，在传统量化评价的基础上，向发展性评价转化；第二，变革传统的只关心学生体育训练结果的评价方式，强调重视学生的学习状态、学习过程与学习能力；第三，从体育评价中不仅要看出学生的体育训练成效，还需要看出学生的情感态度，评价学生的体育训练是否有进步，从而提升学生体育锻炼的积极性；第四，从体育评价中，看到学习上的不足，总结经验，正确认识自我，不断获得进步。

4. 定性与定量评价相结合

定性评价是对学生体育训练当中的技能、态度、情感、学习能力、合作能力、健康表现等进行分析与评述。定量评价是用数据作为衡量指标，不仅包括体育学习测试指标，还包括技能指标、态度指标、情感指标、学习能力指标、合作能力指标、健康指标等。

（1）重视评价的辩证性

由于遗传、发育、家庭教养、社会阅历的不同，学生体能存在一定的差异。有的学生具有很强的上进心，也比较努力与刻苦，然而总是无法取得优异的成绩。有的学生却凭借身高、体能等先天优越条件，不用付出太多的努力就可以轻松达到学习目标。这就是学生之间的差异，这也是不可避免的问题。传统的学习评价采用百分制量化的形式作为衡量学生的标准，这对于一些学生而言并不公平，阻碍学生的个性化发展，也不利于学生的身心健康。因此，体育学习评价应强调学生的差异性，用全面性、辩证性的标准来评价学生，充分赞赏学生的优势与每一次的进步，对学习有困难的学生采用激励性的评价，让学习有困难的学生体验到被肯定的自豪与喜悦。不同层次、不同天赋的学生都能够从学习评价中看到自己的进步与优势，体育训练表现优秀的学生有"百尺竿头更进一步"的动力，体育学习有困难的学生会从评价反馈中产生"我也不差"的想法，从而重拾信心，扬帆起航。每一位学生通过正确、合理的评价，都能够在原来的水平上有所进步，有所发展，有更好的表现。

（2）重视评价的全面性

学习评价要强调全面性。教师不仅要评价学生对体育与健康基本知识的掌握情况，也需要全面地评价学生在体育训练过程中的体能、具体表现、学习能力、学习行为、情感因素、心理素质等。学习评价要能促进学生人格的健全发展，让学生形成良好的品质。

（3）重视评价的发展性

传统的学习评价是在阶段学习后，或者是在期末时期展开，用百分制量化的形式进行，只看到学生的成绩，忽视学生的个性化发展；只看到了甄别的结果，而忽视了反馈的过程，对学生的进步与继续发展没有多大的意义。教师应该用辩证唯物主义发展观看待学生能力与潜能的发展。每一个学生都有不断超越自我与发展的能力和潜力。教师不能以一成不变、静止的观点看待学生，不能以一次成败就对学生的成绩与发展做出评价与定论，应该使用多元评价代替终结性、量化、绝对化评价。重视评价的发展性，使得评价具有交流意义，促使学生用理性的眼光重新审视自己，让学生正确定位自己。

（4）建立体育档案

教师可以为学生建立一套体育评价档案，融合"相对评价"与"绝对评价"，促使学生体能、技能、学习态度等全面发展；通过对照的方式，让学生看到自己的优势与进步。

二　体育学习评价的内容

（一）体能评价

借鉴《课程标准（2022年版）》《中（小）学生体育合格标准》《中国学生体质健康测试标准》等，对学生的体能进行综合性评价；在实际体育训练当中，根据学生的体能情况，制定科学、合理的评价标准。在整个过程中，教师需要使用激励性语言，凸显以人为本理念，重视体育运动的兴趣与自主学习能力的养成，培养体育专长，奠定终身保持良好体育锻炼的基础；强调激励性评价，激励学生参与到体育训练当中，培养学生的学习兴趣。相比批评式的评价，激励性的言语可以给予学生正面的影响，并营造轻松、愉悦的氛围，让师生更加和谐地展开体育训练。小学生对自我的评价标准常常来源于长辈的要求。长辈的认可与鼓励必将点燃学生的进取热情，激发学生的积极参与。由此可见，激励性评价是体育学习评价必不可少的内容。同时，学生体能存在一定的差异。例如：800米赛跑是小学生健康测试必须考核的内容，对于个子矮小、身体素质较差的学生来说，800米赛跑非常困难。教师应对他们进行鼓励性评价，让他们有更大的信心。

（二）知识评价

知识评价主要包括三个方面的内容：一是能否掌握体育与健康基本理论知识；二是能否灵活运用体育与健康基本理论知识；三是能否掌握体育与健康的某项技能。知识评价的实施可以选定体育与健康的某一运动项目，也可以使用体育与健康知识测试的方式，还可以对某体育动作进行规定，或者根据学生平时训练的情况加以综合评定。

（三）技能、态度、情感、学习能力、合作能力评价

首先，教师不仅要评价学生的体育学习结果，还需要评价学生的道德品质、体育精神、学习能力，主张通过体育学习提升认知水平，端正品行，从而提升学生的综合素养。例如：学生非常喜欢篮球运动，那么在篮球运动的学习中，学习评价的内容不仅涉及投篮动作，传球、运球、控球动作的速度与规范性情况，而且包括学生的耐力、集体合作协调能力等。其次，从时代性与适应性出发，评价课程内容，还要以促进学生德智体美劳全面发展作为出发点，教师评

价与学生评价相结合，从体育训练标准、体育评分标准出发，以量化的形式评估学生的体育训练成效，赋予学生评价的权利，让学生进行自我评价与互相评价。一方面，作为体育训练内容的实践者，只有学生才能够清楚地说出体育训练过程的情绪、意志、兴趣状态，呈现真实的评价素材；另一方面，学生通过评价掌握自我体育训练状态，并随时调整自我，驾驭自我，提升自主学习的能力。最后，建立多维评价体系。体育评价的内容需要涉及知识、技能、状态、兴趣。传统的评价内容只涉及知识、技能，并且重知识轻技能，通过百分制或是等级的方式反映学生对体育知识、动作的掌握程度。多维评价体系在传统评价的基础上，从体育精神、状态、道德、情感方面展开评价，重视情感沟通与评价。将情感评价与知识、技能视为同等重要的评价内容；将教学的焦点从知识、能力拓展到参与状态、情感。情感评价以鼓励性为主，调动学生参与的积极性，提升教学质量与效率。

1. 学习态度评价

（1）学生是否积极参与到体育训练当中；

（2）在参与体育训练时，学生是否可以灵活地学以致用；

（3）在参与体育训练时，学生是否可以调动思维能力，通过思考与探讨达到体育学习目的；

（4）在参与体育健康教育时，学生的态度是否主动。

2. 情感评价

（1）学生是否可以克服胆怯、自卑心理；

（2）学生是否可以做到越挫越勇，攻坚克难，保持良好的体育运动习惯；

（3）学生是否可以战胜不良情绪，保持积极、健康的精神面貌。

3. 合作能力评价

（1）学生是否可以尊重同伴的想法，团结友善，保持良好人际交往能力；

（2）学生是否可以在团体竞赛时组织团队活动并全力以赴；

（3）学生是否可以遵循体育游戏规则，听从裁判的指挥；

（4）学生是否可以自觉为学校的体育与健康活动做宣传。

4. 健康评价

（1）将"健康教育"放在教学首位，强调让学生意识到体育运动对身体健康的作用，让学生在生活当中坚持进行体育运动；

（2）学生是否可以保持良好的健康生活习惯；

（3）学生是否可以做到早睡早起，作息规律；

（4）学生是否穿戴整洁，形成良好的个人素养。

案例1

<h1 style="text-align:center">单跳双落①</h1>

1. 学情分析

小学低年级阶段，学生大多贪玩、好动，反应灵敏，具有强大的体育训练潜能。他们非常喜欢体育课，也有比较强的动作模仿能力，具有与人合作的能力，能够完成体育学习任务。因此，本节课选择游戏教学的方式展开。然而，他们不擅于约束自我，容易遇到困难就半途而废，也不能在课后保持良好的体育训练习惯。基于此，教师采用团队竞争的方式，激励学生参与，让学生坚持完成任务，从而磨炼学生的意志，增强学生的体魄。

2. 学习目标

通过学习健康与运动知识，掌握单跳双落基础理论知识；通过一系列的体育运动训练，掌握基本的单跳双落动作；通过反复训练的方式，由浅入深，学会动作的简单组合；通过组织体育创意活动，启发心灵，开发智力，提升身体的灵敏度；通过小组合作学习与竞赛，磨炼耐力，培养团结友善的良好品质，攻坚克难，具备良好的社会性行为；通过障碍跳进行体育单跳双落训练，展开想象与联想，模仿动物的跳跃方法，体验学习的快乐。

3. 教法、学法分析

（1）教法

通过创设教学情境，搭建体育与生活的联系，激发学生的参与热情；通过游戏教学的方式，营造和谐、活泼的学习氛围，促使学生积极参与；示范体育动作，让学生模仿，提升学习的积极性，锻炼学生腿部肌肉力量；利用小组合作学习的形式，组织学生进行体育竞赛，让学生体验体育学习的快乐；使用器材展开体育训练，丰富体育活动；通过健康与体育知识的讲解，让学生掌握基本的体育知识；利用问题探讨的方式，让学生做出正确的体育动作。

（2）学法

在观察的基础上展开分组训练，模仿体育训练动作，规范自我体育动作；掌握单跳双落的动作要领，提高身体平衡感、协调性与灵敏度。从简单的模仿与反复训练开始，逐渐过渡到一系列的动作组合，通过跨越障碍物的方式，发展潜能，磨炼意志。

4. 指导思想

以新课程教育理念作为指导，凸显生本理念，将健康教育放在首要地位，在实践中提

---

① 本案例选自小学教学设计网：《单跳双落》教学案例。

升学生的体育基础和技能，挖掘学生的创造潜能；营造和谐、愉悦的学习氛围；通过小组合作学习的方式，培养学生自主学习的能力，培养学生团结友善与攻坚克难的精神，为学生保持良好的体育运动习惯奠定基础；遵循学生的认知规律与心理特征，根据学生的生理因素，制定切实可行的体育训练项目，激发学生参与的兴趣。

5. 活动过程

导入新课

师：同学们，你们觉得自己是一个勇敢的人吗？

生：（大声地回答）是！

师：你有足够的勇气面对即将到来的挑战吗？

生：（好奇的眼神）有！

师：我刚刚听到一个消息，公园里的小动物们要组织一项挑战英雄的活动，你们有勇气参加吗？你有信心成为挑战英雄吗？（集合站队时将学生分成"蝴蝶、小猴、小羊、小猫"四个组，并给小组长配发了头饰）。

生：我能！我能！（学生高高地举起手争先恐后地回答。）

师：那我们赶快利用这堂课进行简单的操练怎么样？

学生一阵欢呼。

（在音乐的伴奏下，教师带领学生慢跑到教师设计的练习场地，并在慢跑的过程中提示跑步姿势。随后师生同做热身操。）

师：谁有本事来第一个挑战呀？！

生："我！我！"（几名学生按捺不住，摩拳擦掌，跃跃欲试。）

［教师将学生引领到课前准备好的跳跃场地，让几名学生做跳过"小河"（要求是单脚起跳双脚落地）的尝试，结果他们不是掉进了"小河"里，就是没有按老师的要求做，挑战失败，几名学生的脸上露出了无奈的表情……于是教师抓住时机，让学生观察自己是怎样跳过"小河"的，并进行讲解。］

师：现在就请小动物们跟着"羊妈妈"来学本领，争取下次挑战成功。

（教师调整好队伍，安排好活动内容。）

师：同学们，注意在玩的时候着重体会一下单脚起跳，双脚轻巧落地的动作要领。

（教师时而巡视辅导，时而和学生一起玩。）

学生谈体会。

生1：我觉得这堂课我的表现很不错，与小组同学合作得很愉快！

生2：我发现要像跳绳那样手脚配合一致才能跳得远。

生 3：我觉得落地要轻就必须弯腿。

（学生再次进行挑战，教师检查学习效果并对成功的学生及时予以评价。）

师：同学们，今天你们都完成得很好，挑战都很成功，可老师这里还有一个任务，请你们来完成。

（话音未落，学生们个个欢快地跳了起来，于是教师讲解游戏"星球大战"的方法和要求，并让学生进行练习。）

师：刚才同学们练习都很认真。下面开始比赛，请你们开动脑筋，争取获胜。

"我们能赢！""我们不能输给他们！"……同学们互相鼓励商量对策。

（学生的积极性和好胜心又一次被点燃了，游戏在激烈的气氛中开始了……哪组都不甘示弱。几次比赛以后，老师表扬了优胜组并鼓励其他组要团结协作争取以后取得好成绩。）

6. 放松身心，小结评比

（1）放松舞蹈——《幸福拍手歌》

师：小动物们学得了本领，个个勇敢，挑战成功，让我们一起跳舞吧。

（音乐响起，师生翩翩起舞。）

（2）小结，下课。

师：通过这次课的学习，你有哪些收获？

生：要跳过小河，就得按老师讲的方法去练，如果姿势正确，手脚配合得好，那么跳起来就轻松，还不累，我们下节课还要这样玩（学生议论纷纷地回答）。

评析：跟随音乐放松使学生在轻松愉快的气氛中身心得到放松，小结中老师对学生的合作与探究意识给予了表扬，对学生诚实守信的优良品质给予了肯定。最后，老师让他们相互诉说自己成功的感受，为其提供了学习交流的机会。

7.《单跳双落》学习评价

（1）学习目标评价：大部分学生都能够积极参与体育训练活动；能够掌握单跳双落基本理论知识，掌握单跳双落动作要领；能够发挥想象能力与思维能力，创造性地进行单跳双落活动，并创编充满趣味性的单跳双落动作；具有良好的适应能力，具有小组合作意识，能与人展开良好的沟通与交流；在活动的过程中，充满快乐感，并能够随着悠扬的旋律放松心情。总体而言，大部分学生都能够较好地完成学习目标，只有少部分学生未能完成学习目标。

（2）学习效果评价：体育课结束之后，通过问卷调查的方式，对学生的学习表现与结果进行评价。

①体能评价

根据《课程标准（2022 年版）》《青少年国家体育训练标准》《中（小）学生体育合格标准》《中国学生体质健康测试标准》等文件，对学生的体能进行综合性评价：62% 的学生达到标准，38% 的学生未达到标准。

②知识评价（表 7-1~表 7-3）

表 7-1　"能否掌握体育与健康基础知识"情况统计

能否掌握体育与健康基础知识	
具体情况	统计
完全掌握	54%
可以掌握	28%
基本掌握	10%
没有掌握	8%

表 7-2　"能否学以致用"情况统计

能否灵活运用体育与健康基本理论知识	
具体情况	统计
完全可以	52%
可以	16%
基本可以	22%
无法做到	10%

表 7-3 "能否掌握体育与健康的某项技能"情况统计

能否掌握体育与健康的某项技能	
具体情况	统计
完全掌握	56%
可以掌握	6%
基本掌握	28%
没有掌握	10%

③学习态度评价（表7-4~表7-7）

表7-4 "是否积极参与体育学习活动"情况统计

是否积极参与体育学习活动	
具体情况	统计
非常积极	56%
很积极	24%
积极	16%
不积极	4%

表7-5 "在参与体育训练时，学生是否可以做到灵活地学以致用"情况统计

在参与体育训练时，学生是否可以做到灵活地学以致用	
具体情况	统计
完全可以	52%
可以	28%
基本可以	14%
不可以	6%

表7-6 "在参与体育训练时，学生是否可以调动思维能力，通过思考与探讨达到体育学习目的"情况统计

在参与体育训练时，学生是否可以调动思维能力，通过思考与探讨达到体育学习目的	
具体情况	统计
完全可以	53%
可以	27%
基本可以	3%
不可以	17%

表7-7 "在参与体育健康教育时，学生的态度是否主动"情况统计

在参与体育健康教育时，学生的态度是否主动	
具体情况	统计
非常主动	53%
主动	17%
基本主动	25%
不主动	5%

④情感评价（表7-8～表7-10）

表7-8　"学生是否可以克服胆怯、自卑心理"情况统计

学生是否可以克服胆怯、自卑心理	
具体情况	统计
完全可以	52%
可以	13%
基本可以	25%
不可以	10%

表7-9　"学生是否可以在课后保持良好的体育运动习惯"情况统计

学生是否可以在课后保持良好的体育运动习惯	
具体情况	统计
完全可以	28%
可以	26%
基本可以	22%
不可以	24%

表7-10　"学生是否可以战胜不良情绪，保持积极、健康的精神面貌"情况统计

学生是否可以战胜不良情绪，保持积极、健康的精神面貌	
具体情况	统计
完全可以	36%
可以	26%
基本可以	26%
不可以	12%

⑤合作能力评价（表7-11~表7-12）

表7-11　"学生是否可以尊重同伴的想法，团结友善，保持良好人际交往能力"情况统计

学生是否可以尊重同伴的想法，团结友善，保持良好人际交往能力	
具体情况	统计
完全可以	59%
可以	13%
基本可以	21%
不可以	7%

表7-12　"学生是否可以遵守体育游戏规则，听从裁判的指挥"情况统计

学生是否可以遵守体育游戏规则，听从裁判的指挥	
具体情况	统计
完全可以	60%
可以	25%
基本可以	10%
不可以	5%

⑥健康评价（表7-13）

表7-13　"学生能否意识到体育运动对身体健康的作用，在生活当中坚持进行体育运动"情况统计

学生能否意识到体育运动对身体健康的作用，在生活当中坚持进行体育运动	
具体情况	统计
完全可以	48%
可以	25%
基本可以	15%
不可以	12%

第二节　体育课堂教学评价

体育课堂教学评价，是指对体育课堂教学的成败得失及其原因依据实际做中肯的分析与评价，并且能够从教育理论的高度对一些现象做出正确的解释。体育课堂教学评价是促进体育教师提高专业素养和课程教学质量的重要手段，其出发点和归宿也是促进每一个学生的发展，因此，体育教学评价不仅要关注教师的"教"，更要关注学生的"学、练、赛"。

课堂教学评价基本要素包括：教学目标、教学内容与方法、教学过程、教学效果、教学特色等。

教学目标是否明确、具体、可行，首先要看教师能否根据学生现有的知识、技能，提出合乎学生客观实际的目标。《体育与健康课程标准》中，不同水平目标的设置，就是建立在学生的认知发展水平和已有的知识经验的基础上的，所以说目标的设计是上好一节课的关键。作为实现知识与技能，过程与方法，情感、态度与价值观三维目标的载体，体育教学内容的选择也是至关重要的。选择的内容不仅要有利于学生身心健康，还要考虑到学生的个性差异，让学生在学习中能够平等受益。同时，新课标下的体育教学也强调课程资源的开发，"以学生发展为本"，体育教师可通过自身创造性的劳动，使所选的教学内容充分体现学生的兴趣，贴近学生生活，并尽量考虑那些简单易行的教学内容，以便学生能在设施简陋的情况下学习与参与，更好地达成教学目标。

对教学过程的评价，要关注教师的"教"，看教学实施过程是否面向全体学生，关注学生的个体差异，努力做到因材施教，创设让学生积极参与活动、自主探索的学习环境；关注学生的情感体验，使每一个学生都体验到学习和活动的成功感，使学生都取得进步和发展；为学生提供展示自己能力水平、个性的机会，形成合作与交流、民主、平等、和谐的学习环境；关注教学方式的运用是否能激发他们的兴趣和爱好，尊重他们的情感和体验，给他们留有充分的时间参与体育活动，引导和鼓励他们自主地进行体育锻炼；是否强调师生间、生生间的相互交流与合作，而不仅仅是教师对学生的单向传授，并能发挥学生的想象力和创造力，促使他们在探究中提高运动技能水平；在促使学生积极参与体育活动的基础上，是否充分指导学生动体与动脑相结合，科学地进行体育锻炼，使之真正受益终身；在学习评价实施中是否注重多元评价，是否有针对性、讲求实效，利于学生的发展；评价学生课堂参与活动，自主探究过程深度，学生交流、合作的技能，掌握动作情况；评价学生在学习活动中的兴趣、情感、自信心、意志力等，注重学生自我评价的引导。

建立"以学论教"的发展性体育教学评价模式。即课堂教学评价的重点转向学生的"学"，看学生之间在学练过程中能否友好地分工与合作，学生遇到困难时是否主动与他人合作、交流，共同解决问题。学生与教师之间进行交流是否语言得体，整个课堂教学气氛是否民主、和谐、活跃。看学生在学练过程中是否积极地投入观察、分析、对比、探究，学生是否善于质疑，提出有价值的问题，并展开争论。看学生的回答或见解是否具有自己的思考和创意。可以通过捕捉学生细微的表情变化，分析评判学生有无浓厚的学练兴趣，对学练内容有无好奇心和求知欲，是否能长时间保持学练兴趣，能否自我控制与调节学练情绪，学练过程是否愉悦，学练的愿望是否不断得以增强。

在充分关注教师"教"与学生"学"的基础上，评价课堂教学是否达到教学目标，取得很好的教学效果，必须从以下几个方面进行判断。首先在知识与技能目标中，各类学生在掌握知识发展体育技能方面达到教学要求，形成有关的学习和应用能力，学生能在教师指导下使自己达到适宜负荷。其次在过程与方法目标中，学生认真积极地参与学习活动，能够与他人合作、交流进行体育活动，增强自尊、自信，能调节情绪克服困难，能运用已有的知识和技能，采用多种方法进行学习，提高运动水平和效率，持之以恒地完成体育锻炼。最后在情感、态度与价值观目标中，学生能体验到体育活动的乐趣与成功，有参与体育活动的兴趣愿望，能正确认识体育活动与健康的关系。

一　课堂教学评价的内容

（一）对教师的评价

1. 教学准备

教学是一个完整的系统，不是孤立的过程。教学准备工作的质量，是影响整个教学质量的重要组成部分。体育教学准备工作，一般包括：

（1）教案的质量要求。对教材的理解是否正确，能否突出重点、难点；对学生了解是否深入；教学任务的制定是否明确具体和切合实际；组织教学的安排是否科学合理。

（2）场地、器材、教具是否准备齐全，布局是否合理，安全卫生是否有所考虑。

（3）对教学中可能发生的突发事件是否有所预见和制定处置预案，病残学生的活动或见习是否有所安排。

（4）课堂思政有无体现。

2. 教学过程

（1）组织教学：体育课教学和其他课程不同，一是在学生活动中教学；二是在室外进行；三是学生必须反复练习；四是要充分利用场地、器材；五是必须保证学生安全。这些特点，决定了体育课组织工作的重要性。对组织教学的要求主要有：根据教材所确定的课的类型、结构是否合理，分组是否得当，教材安排的顺序是否符合教学原则；队形调动是否合理、有利于教学需要；学生小组长和体育积极分子是否充分发挥了作用，安全措施是否落实；临时发生的问题，能否及时处理，并是否取得应有的教育、教学效果；检查和考核成绩的工作处理是否得当。

（2）教学方法：讲解是否简明、扼要、生动，能否让学生听明白，是否采用启发式；口令是否准确，声音是否洪亮；教学步骤是否完备清晰，由浅入深，衔接自然，教学手段和辅助教材运用是否得当；能否及时利用反馈信息，做到区别对待；是否注意到诱导和启发学生兴趣，培养和发展学生能力。

（3）思想教育和激励应变机制：教师是否有意识、有针对性、有计划地进行德育渗透教育；是否坚持了以正面教育为主，及时表扬和鼓励学生的积极性；教师是否做到既严格要求又和蔼可亲；能否及时处理临时发生的应当进行教育的问题；是否体现课堂思政。

3. 课后反思

（1）写成功之处：教学过程中达到预先设计的教学目的，引起教学共振效应的做法，课堂教学中临时应变得当的措施，层次清楚条理分明的板书，某些教学思想方法的渗透与应用的过程，教育学、心理学中一些基本原理使用后的感触，方法上的改革与创新，等等。

（2）写不足之处：即使是成功的课堂教学也难免有疏漏或失误之处，对它们进行系统的回顾梳理并做深刻的反思探究和剖析吸取教训，为今后的教学打下良好基础。

（3）写教学机智：课堂教学中，随着教学内容的展开，师生的思维发展及情感交流的融洽，往往会因为一些偶发事件而产生瞬间的灵感。

（4）写学生创新：在课堂教学过程中，学生是学习的主体，学生总会有创新的火花在闪烁。教师应当充分肯定学生在课堂上提出的一些独特的见解。这样不仅使学生的好方法、好思路得以推广，而且对学生也是一种赞扬和激励。

（5）写"再教设计"：一节课下来，静心沉思，摸索出了哪些教学规律；教法上有哪些创新；知识点上有什么发现；组织教学方面有何新招；解题的诸多误区有无突破；启迪是否得当；训练是否到位；等等。

（二）对学生的评价

1. 学生学习态度

学生对学习是否有兴趣，能否认真地观察、集中注意力、积极思维；学生练习是否生动活泼，刻苦认真。

2. 学习任务完成情况

（1）练习次数、跑的距离和时间、跳的高度和远度是否达到规定要求；在阶段的检查和测量时，生长发育情况是否正常；体态是否端正；身体素质、运动能力和技能的指标是否有所提高。

（2）生理负荷适宜。

3. 身心状态和团队意识

（1）学生的情绪、注意力、意志力等心理特征是否处于积极状态。

（2）学生兴趣、自觉性程度如何，有无团结合作精神，自觉遵守纪律的习惯怎样，师生关系是否融洽。

二 课堂教学评价的方法

《课程标准（2022 版）》以习近平新时代中国特色社会主义思想为指导，把课程目标分为运动参与、运动技能、身体健康、心理健康与社会适应四个方面，努力构建具有中国特色、世界水平的义务教育课程体系，引导学生明确人生发展方向，成长为德智体美劳全面发展的社会主义建设者和接班人。因此，运用定量和定性相结合的综合性评价方法，更显科学和人性化，更能实现教学目标。

小学体育课期末评价方案

（一）定量评价

1. 定量评价的内涵

定量评价强调数量计算，以教育测量为基础。它具有客观性、标准化、精确化、量化、简便化等鲜明的特征。它在一定程度上满足了以选拔、甄别为主要目的的教育需求。但定量评价往往只关注具备可测性的品质与行为，处处、事事都要求量化，强调共性、稳定性和统一性，过分依赖纸笔测验形式，有些内容勉强量化后，只会流于形式，并不能对评价结果做出恰如其分的反映。因而，它忽略了那些难以量化的重要品质与行为，忽视个性发展与多元标准，把丰富的个性心理发展和行为表现简化为抽象的分数表征与数量统计。

定量评价是采用数学的方法，收集和处理数据资料，对评价对象做出定量结果的价值判断，如运用教育测量与统计的方法、模糊数学的方法等，对评价对象的特性用数值进行描述和判断。

2. 定量评价表格式要求（表7-14）

表7-14 小学体育与健康课堂教学评价量表（定量分析参考）

日期_____   评价人_____

姓名		节次		授课班级			
课题				等级（分值）			
评价内容	评价指标			优	良	中	差
学习过程	1. 学习目标：符合体育与健康课程标准和教材的要求及学生实际，可操作性强，预设与效果一致。 2. 学习内容：有利于目标的达成、学生兴趣的激发和学生健康的养成，重、难点突出，符合学生认知特点和身心规律。 3. 学习方法：方式多样，学生自主、合作、探究的学习过程，课中有赛，符合教材特点和学生的学习特点。 4. 组织形式：练习队形有效，队伍调动合理，赛事组织简单、高效，各教学环节之间衔接流畅。			18～20	16～17	12～15	6～11
				简评			
学生活动	1. 运动参与的表现：学习热情高、参与面广、由浅入深感受学习内容。 2. 掌握运动技术的程度：运动知识、技术的掌握符合目标要求。 3. 课堂竞赛：遵守比赛规则，有积极主动的合作、竞争意识。 4. 运动负荷：适宜的运动量和练习密度。 5. 情感体验：良好的心理感受、兴致盎然的情感体验。 6. 学习能力：自主、合作、探究的形式和能力在课堂中的体现。 7. 运用。			27～30	24～26	18～23	9～17
				简评			
教师活动	1. 指导能力：示范准确、讲解清晰、纠错及时到位、评价恰如其分，善于运用启发式教学。 2. 组织能力：课堂秩序井然，能保证学生有充分的练习时间。 3. 创新教学的能力：适时合理安排适合学生水平的赛事，善于激发学生的学习积极性，有创新意识和能力。 4. 课程资源的开发：因地制宜开发适合学生学习需求的课程。 5. 课堂竞赛项目的开发和实施：根据课程开发课堂竞赛项目并能在课堂中有效实施。 6. 正确引导学生主动参与课外体育锻炼。 7. 基本素养：衣着得体、语言生动、准确，教态亲切、有感染力，技能突出。			36～40	32～35	24～31	12～23
				简评			

续表

评价内容	评价指标	优	良	中	差
学习环境		9~10	8	6~7	3~5
	1. 人文环境：师生、生生关系融洽，有民主、和谐、互动、开放的学习氛围，课堂气氛活跃。 2. 自然环境：场地、器材布置合理、安全措施落实有效。	简评			
综合评价		合计			
		等级			

注：累计得分 90 分以上为优，80~89 分为良，70~79 分为中，69 分以下为差。

（二）定性评价

1. 定性评价的内涵

定性评价主要是通过评课活动进行讨论、分析和评述，也可根据评价指标进行等级制评定。

定性评价通常不采用数学的方法，而是根据评价者对评价对象平时的表现、现实状态或文献资料的观察和分析，直接对评价对象做出定性的价值判断，如：评出等级、写出评语等。就应用于教育评价这一领域的现象而言，定性评价更加关注学生在"质"方面的发展，关注教育结果与教育目标之间的一致性；强调对学生的优缺点进行系统的调查，并对个体独特性做出"质"的分析与解释，是具有实质性内容的一种评价机制。因此，定性评价可以关注更广泛的教育目标及学习结果，强调关注现场和专业判断，对学生的种种表现试图做出具有教育学、心理学意义的解释与推论。如果说定量评价关注"量"而走向抽象并且侧重定量描述，那么定性评价则关注"质"而走向具体并且侧重定性描述。因而，定性评价是更具有现代人本思想和发展性评价的理念。但是，定性评价有时使评价结果变得模糊笼统，弹性较大，难以精确把握。

2. 定性评价表格格式要求

小学体育与健康课堂教学评价量表（定性分析参考）

表 7-15 学生自我评价

日期_____ 评价人_____

班　级	
姓　名	性　别
我的爱好	我的性格
既往病史	
近期身体健康状况	
今天身体健康状况	
我在上个月获得的体育比赛（或体育竞赛）奖项	
我在上周参加的公益活动或社区体育活动	
我在上周的表现	

注：学生自我评价从自身健康出发，对是否认真完成本节课的学习任务进行回答，上个月的获奖情况只在每个月的第一周体现，上周自己所参加的活动只填名称即可。

表 7-16 教师对学生课堂学习的评价

课上评价项目	老师评价（分五颗星、三颗星、一颗星）
学习态度和行为	
交流与团结协作能力	
情意表现	
体育能力	
课外评价项目	
学生搜集体育与卫生方面的知识	
学生制作体育宣传画报、图片	
对学生总的评价（月末评价）	

注：体育教师对学生课堂学习的评价从学习态度和行为、交流与团结协作能力、情意表现、体育能力四个方面入手，同时依据学生完成课外评价项目的情况，以及教师平时的观察，对表现好的同学进行记录评价，分五颗星、三颗星、一颗星。

五颗星：上课学习态度端正，目的明确，练习主动积极，能吃苦耐劳、顽强进取，服从指挥、遵守课堂纪律，尊敬师长、善于与他人合作，学习效果十分显著。

三颗星：上课学习态度端正，目的明确，练习较为主动积极，较能吃苦耐劳、有进取心，服从指挥、遵守课堂纪律，尊敬师长、能与他人合作，学习效果显著。

一颗星：上课学习态度一般，能按照要求完成练习，但不够主动积极，不太能吃苦耐劳，遵守课堂纪律，尊敬师长、与他人合作能力一般，学习效果一般。

表 7-17　班委会对学生的评价

学生课下评价项目	班委会评价（分五颗星、三颗星、一颗星）
同学间友好相处	
同学间交流合作	
健身活动	
学生大课间评价项目	
参与团队活动	
眼保健操	
课间操	
队列训练	

注：班委会对学生课外及大课间的表现进行评价：教师制定评价内容，由班委会共同观察，轮流记录课余时间中，同学之间的友好相处、交流合作、健身活动等，将表现情况在评价栏中记录下来。大课间对学生的评价，由班委会成员在大课间活动中，对每一个学生进行观察，依据他们参加学校组织的团队活动、眼保健操、课间操、队列队形训练等活动的情况，将同学们的表现记录在评价栏中。

五颗星：学习态度端正，目的明确，练习主动积极，能吃苦耐劳、顽强进取，服从指挥、遵守纪律，善于与他人合作，学习效果十分显著。

三颗星：学习态度端正，目的明确，练习较为主动积极，较能吃苦耐劳、有进取心，服从指挥、遵守纪律，能与他人合作，学习效果显著。

一颗星：学习态度一般，能按照要求完成练习，但不够主动积极，不太能吃苦耐劳，遵守纪律，与他人合作能力一般，学习效果一般。

 **案 例 1**

小学体育《小篮球》教学①

1. 教材分析

小篮球是小学五年级基本教材中小球类的选用内容之一，水平三阶段学生在运动能力、体能等方面较水平二阶段有明显进步。移动是篮球运动中重要的基本技术，因此，教师在《小篮球》教学中，不仅要从动作技能上进行较为全面的教学，更要注重学生移动、反应方面的练习。

2. 学情分析

学生已经具有比较好的篮球基础，特别是在运球、控球能力方面，不少学生都能做得

---

① 本案例选自知网空间《新课程（小学）》2015 年底 08 期，小学体育《小篮球》教学案例及反思，福建省南安市仑苍中心小学，吴素余。

很好，但是缺乏运球移动的一些最基本的常识，所以要不断加强学习，提高移动、反应方面的能力。

3. 学习目标

（1）基本掌握在跑动中向前运球的技术。

（2）发展身体的灵敏性、协调性等身体素质。

（3）在活动中能与同伴互相协助，互相配合，敢于正确面对比赛的输赢。

4. 教学过程

对比学情把学生分成7组，挑选具有篮球基础水平的同学为小组长。以小组为一路纵队呈"马蹄形"分布在老师周围。

（1）蛇形跑：学生跟随老师热身。

（2）引导学生做球操：左右伸展拨球练习，双手持球双足跳。

（3）小组先讨论快速运球前行的方法，再练习，再讨论好的方法，再接着练习。

（4）老师适当讲解，巡视指导学生动作。

（5）趣味游戏比赛：蛇形运球跑接力赛。

（6）小组间互相评价，老师对合作小组进行整体评价。

小学体育《小篮球》教学案例分析

1. 学习目标完成分析：本节课的教学设计，体现了新课程所提倡的要转变学生的学习方式的要求，让学生在思考中学习，在游戏中学习，在合作中学习，调动身体更多器官，从而获得学习乐趣和全面和谐发展。学生在小组中自由练习，互相帮助，因而课堂上气氛特别活跃、轻松，学生思考特别积极，每个学生都能较好地掌握运球前行的技能，达到了教学效果。

2. 教法、学法分析：教师采用小组合作形式让学生参与学习、讨论与锻炼，通过运球技能的相互学习、与他人的合作、齐心协力共同分担、共同提高，为培养小学生的合作意识搭建了良好的平台。采用小篮球与游戏相结合的教学方式让学生更多地参与到课堂教学中，在激活思维的过程中体验合作、创新、成功时的心情，从而较快地掌握技术动作和提高身体素质。

3. 体能、情感分析：教学中教师采用了小组自评、师生互评相结合的方式，对学生的学习以正面激励为主，给予充分的肯定，让他们充分体验合作的乐趣，享受成功带来的喜悦，从而增强学生学习的自信心。

 案例2

《立定跳远》教学①

1. 教材分析

（1）立定跳远是小学低年级的教学内容，让学生初步接触双脚起跳的知识，为今后的助跑式跳远和三级跳远打下良好的基础。

（2）教材特点：突出团结合作、自主训练及坚持不懈的精神。

2. 学情分析

乡镇学校的学生，对立定跳远的接触还是比较少的，因此对立定跳远缺乏一些最基本的常识，故应多加训练。

3. 教学目标

（1）运动参与目标：通过创设教学情境，吸引学生积极参与到活动中来，并大胆展示自己。

（2）运动技能目标：通过创设教学情境，吸引学生积极参与到活动中来，并大胆展示自己，初步掌握立定跳远的动作技能。

（3）身体健康目标：发展下肢肌肉力量，提高动作协调性。

（4）心理健康与社会适应目标：在活动中充分表现自我，感受运动带来的乐趣，体会成功的喜悦，增强自信；树立良好的团结协作精神和优良品质。

4. 教学重点和难点

教学重点：双脚起跳，用力向前上方跃起，上下肢协调配合。

教学难点：双脚轻巧落地。

5. 教学过程

导入新课

（1）教师：同学们，你们见过青蛙跳吗？它们是怎样跳的呀？你们原地学学好吗？

（2）学生：原地学习青蛙跳。

（3）教师：老师这里有一群小青蛙肚子饿了，青蛙妈妈决定带孩子们到池塘里去抓虫子吃。

（4）教师把学生带到画满荷叶的操场。

（5）教师：在抓虫子时不能掉到水里，掉到水里的青蛙要回到岸边后才能继续跳到荷

---

① 本案例选自道客巴巴：小学体育水平二《立定跳远》教学设计与反思。

叶上去找虫子，找到食物的青蛙要把虫子放到岸边的盒子里后再继续去找虫子。等大家抓完虫子后才能一起分享劳动成果。

（6）学生听着音乐学着青蛙跳跃的样子在荷叶上找虫子。（在找虫子时教师用漂亮星星评价那些跳得好的学生，用太阳鼓励那些需要努力的学生。）

（7）教师：今天我们要学习的立定跳远跟我们刚才做的青蛙跳的姿势很相似，我们就一起来学习立定跳远好吗？

学习新知

（1）教师：刚才同学们学青蛙跳都学得不错，接下来我们就一起来学习这节课要学习的内容——立定跳远——好吗？立定跳远和青蛙跳动作方法是差不多的，同学们先看老师做一下示范，再来学习好吗？

（2）学生观看教师示范，教师边示范边讲解动作方法。（动作方法：两脚自然平行分开，上体稍前倾，两脚曲膝，两臂后举。然后两臂向前上方用力摆起，同时两脚蹬地，迅速向前上方跳起。落地时，小腿前伸，用两脚跟着地，曲膝缓冲，保持身体平衡。）

（3）教师：刚才老师把立定跳远的动作完整地做了一遍，现在请你们想想怎样才能把这个动作做好，立定跳远和青蛙跳有什么区别？

（4）学生边讨论边举手回答。

（5）现在就请同学们自己来学一学，看谁学得快。

（6）学生自由练习（教师巡视指导，及时用手势评价，鼓励优、中、差生）。

（7）分组练习（小组长评出动作做得最好的同学）。

（8）各组优秀者上前表演（学生评价好与不好的地方）。

（9）分组跳过河，看谁跳得最好，动作做得最漂亮（教师巡视指导，及时评价鼓励）。

6. 整理放松

（1）教师：可爱的孩子们经过剧烈的体育运动后一定很累吧，那就请你们听着音乐跟我一起做放松操吧！（教师和学生一起做放松操。）

（2）教师小结、整理器材、下课。

立定跳远案例分析

1. 学习目标完成分析：教师善于营造学习情境，这样可以产生亲和力并引起学生的新鲜感，使他们情不自禁地注入自己的热情，主动参与学习活动，在轻松愉快的环境中达到事半功倍的教学效果。此活动还让学生达到了热身的效果，充分调动了学生的体育学习兴趣，达到了学习目标，同时也为下一步学习新知奠定了良好的基础。

2. 教法、学法分析：教师进行完整示范后，使学生获得了完整的动作表象，然后分组学习、讨论、练习，使学生的学习成为一种自觉自愿的行动，真正变"要我学"为"我要学"，同时又使学生获得自学、自练、互学、互练的学习方法。整个课堂给予学生充分的自主学习时间和空间，学生间相互指导，讨论指正，真正运用了"小团体"与个人相结合的学习方法，促进互助互学，在练习中突破难点，掌握动作，并且通过及时的评价使学生最大限度地发挥水平，让每个孩子都体验到成功的乐趣。

3. 体能、情感分析：学生下肢肌肉力量得到了锻炼，大部分学生动作协调性得到发展，个别学生存在差距；学生在活动中充分展示了自我，尝到运动带来的乐趣，体会到成功的喜悦，增强了自信心，形成了良好的团结协作精神和优良品质。

——本章知识结构导图——

体育教学评价
- 体育学习评价
  - 体育学习评价的方法
  - 体育学习评价的内容
- 体育课堂教学评价
  - 课堂教学评价的内容
  - 课堂教学评价的方法

知识点检测

1. 简述体育教学评价的功能。
2. 简述体育教学评价中教师评价的具体内容。
3. 简述体育教学评价实施的基本步骤。
4. 论述体育教学评价应遵循的基本原则。
5. 应用相关知识设计一个关于学生期末体育学业成就的评价方案。

参考答案

第 八 章

体育教学研究

 学习目标

+ 正确理解体育教学研究的重要性和必要性；
+ 初步具备小学体育教学研究的能力。

 **案例导入**

我在科研路上不断成长！[①]

我（马艳梅）是兵团二中一名普通的体育教师。2000 年，我从西安体育学院毕业后，就远离家乡来到了这里。在与兵团二中共同成长的 19 年里，我始终以"兵团精神"鞭策自己。我对待工作认认真真、兢兢业业，不断扎实提升个人专业素养。同时，我一直在摸索与思考着，如何让孩子们喜欢我、喜欢我的体育与健康课？如何提升体育与健康学科的地位？

2016 年 4 月，一次机缘巧合下，校领导安排我参加华东师范大学体育与健康学院汪晓赞教授的课题会议，故事便从此刻开始了。相比之前参加过的各种课题会议，这次的会议让我感受到了极大的不同。汪晓赞教授表示，体育与健康教育若想发展，需要高校的学者与一线教师共同努力，所以她想教会并带领一线教师做研究。汪晓赞教授以科研为引领，带领一线教学工作者成长，为一线学校谋突破，而不是闷头做研究不闻窗外事。这一点深深地打动了我，我毫不犹豫就决定加入她的课题团队。然而，理想很丰满，现实却很骨感！对于从未撰写过课题申报书的一线教师而言，课题研究简直比"登天"还难。一个月的时间，为了确定课题和撰写申报书，我查阅了大量资料，不断换题、不断修改，放弃的念头无数次在我脑海中闪过，但一想到汪晓赞教授为大家争取各种资源供大家学习，且始终陪伴在大家身边，这番良苦用心令我甚

[①] 本案例选自微信公众号 KDL 体育与健康课程，2020 年 1 月 9 日发布，主题为：遇见 KDL，激励我在科研路上不断成长，作者马艳梅。

是感动。终于，在她的耐心指导下，经过几十遍修改的申报书终于过关了，并获得了二等奖的好成绩，兴奋之余，我也深深感叹科研工作的不易。

本案例中马艳梅老师成长的经历告诉我们，要成为一个优秀的体育教师，必须要重视和进行教学研究。要做好教学研究首先要从掌握教学研究的基本理论和方法入手，在教育教学实践中不断探索与研究，才能不断地提升自身教育教学的能力。

第一节　体育教学研究概述

一　体育教学研究的概念和意义

现代教育的发展表明，没有科学的教学研究就没有体育教育，没有科学的教学研究就没有体育教学质量，没有科学的教学研究就没有现代化的学校体育。因为学校体育教学是一个有组织、有计划的过程，在这个过程中，教师、学生、教学内容、教学技术、教学手段、教学设施和教学环境等各个因素都相互作用、相互影响。从这个认识出发，一个不会教学研究的教师不可能成为一个好教师。教学研究，可以为教师架起课程理念和教育理论转化为教学行为的桥梁，促进先进教学经验的提炼和传播，促进教师的专业发展和教学水平的提升；教学研究可以促使教师的角色由传授型向研究型转变；教师在教学研究过程中也可以实现自身的价值，体验成功的乐趣。一个教师如果不重视教学研究，或许他可以成为一个经验型的教师，但一定难以成为学者型、专家型的教师。当然，影响教师专业化发展的因素有很多，其中教学研究是不可或缺的方面。因此教学研究是现代教师的一项基本功。

（一）体育教学研究的概念

体育教学研究是为完善体育教学工作和提高体育教学质量，以体育教学实践问题为主要对象，运用科学研究和教学研究等方法与手段，揭示体育教学现象背后的本质、探索体育教学规律的一种方法和范式。

体育教学研究的目的就是按照一定的理论和方法，从设计与实验、配置与检验、评价与确认等方面，着力研究体育教学要素的相互关系，实现体育教学的"最优化的设计""最优化的实施""最优化的评价"。

体育教学研究的对象包括以下四个方面：

（1）体育教学研究的目的是"完善体育教学理论和提高体育教学的质量"；

（2）体育教学研究的主要对象是"体育教学实践问题"，而不是理论问题；

（3）体育教学研究所用的方法和手段是科学研究方法和教学研究方法；

（4）体育教学研究的内容是"揭示体育教学现象背后的本质和探索体育教学中的规律"。

（二）开展体育教学研究的意义

1. 开展体育教学研究可以促进体育教学理论的发展

研究发现，在体育教学的发展过程中，人们在原理与方法层面更多地移植了运动训练和体育锻炼的有关理论和发展。但是体育教学与运动训练在目的、过程、特征、对象、条件等方面有很多不同，因此，由运动训练演变过来的体育教学理论和方法并不能很好地为体育教学目的服务。从体育教学的特殊性出发，研究学理、教法，创建和发展体育教学的理论与方法，克服体育教学理论发展的盲目性，才能让体育教学理论更好地为体育学科和教学的改革与发展服务。

2. 开展体育教学研究有利于体育教学改革的发展

当前，在新课程教育改革的指引下，体育课程与教学改革如火如荼地进行，但是我国的体育课程改革一直面临着理论研究不充分的问题，也缺乏体育学理研究、体育教法研究方法的支撑。即使借鉴外国的经验，我国体育教学也缺乏对其运用的可行性分析，往往会出现简单照搬或邯郸学步的情况。这些都严重地制约了我国体育课程与教学改革的深入发展。

3. 开展体育教学研究有利于体育教师教学能力的提高

当前，教学与研究的互相渗透已成为提高教学质量的必由之路，时代的发展要求体育教师由"经验型的教师"成长为"研究型的教师"，促进体育教师教学科学性的提高。学会运用体育教学研究最优化的理论与方法，能对体育教学的实施方案进行科学设计，对实施结果进行客观检验与评价，分析其优化与分离的原因，进而对体育教学的质量和效果做出合理的解释，促进体育教学质量的提高。

二　体育教学研究的特点

体育教学研究不完全等同于真正意义上的科学研究，也不完全等同于教育理论研究，有自身的独特性。这集中体现在学理性、实践性和复杂性等方面。

（一）学理性

体育教学是以授业为主体的教育过程，其方方面面都同教与学有直接关系，所有的规律都围绕着教学的中心规律，因此体育教学研究归根结底是学理研究，如果脱离了学理研究，就会成为无源之水和无本之木。

（二）实践性

体育教学理论在教学实践基础上产生、形成，又反过来指导和影响教学实践，并使教学理论自身得到检验、修正、丰富和发展，如此循环往复不断进行着。教学研究只有为体育教学实践服务，才能成为真正有意义的研究。如果体育教学研究脱离了实践，就会成为束之高阁的书斋研究。

（三）复杂性

体育教学活动是由多因素、多变量构成的活动，而且这些变量之间相互交织、相互制约、相互作用。教学研究就是要把这种多因素相互作用的状态反映出来。教学研究有一个合理的、公认的基本框架，它主要由三类变量组成：一是环境变量，指学习活动的环境（通常是指课堂教学）所具有的对成功与否有一定影响的特征。如教师特征、学生特征、教材内容、气候特征等。二是过程变量，指师生的课堂行为、学习任务和学习活动所具有的对教学成果产生影响的诸特征。如教师的观点、学生的观点、教学的策略、学习的行为等。三是结果变量，指教师所期望的及教师拟订教学活动计划所依据的、可用的有效的教学目标和标准加以衡量的教育成果。如教学成果、学生学习态度的改变、学生运动技术水平的提高等。

任何一个结果变量的产生都不是单一变量引起的，它涉及教学活动中的一系列变量。教师与学生是教学过程中不可缺少的两个因素，而他们的特征会因人而异，所以，每一个教学过程都会因教师和学生的不同而产生不同的效果。由此可见体育教学研究的复杂性。

第二节　小学体育教学研究的主要方法

一　文献资料法

（一）文献资料法的概念

它是指通过对文献进行查阅、分析和整理，从而找出事物本质属性的一种研究方法。它既是单独的研究方法，也是运用其他研究方法的前期工作，可以说，一切研究方法都少不了它。

科学研究是建立在坚实的文献工作基础上的，进行科学研究必须充分地占有文献资料。研究者要想有所创新，就必须从已有的文献中吸取营养，拓展思路，批判地继承他人的科研成果。阅读了有关研究课题的适量文献后，就可以了解到前人关于本课题已做了哪些研究，还有哪些问题没有解决，这样，就可以在此基础上进行新的研究，也就是"站在巨人的肩膀上"去攀登新的科学高峰。

从教育科学研究的全过程来看，文献资料法在科学研究的准备阶段和进行过程中经常会被使用。文献资料法的一般过程包括五个基本环节，分别是：提出课题或假设、研究设计、搜集文献、整理文献和进行文献综述。研究前，查阅文献资料，拟确定课题研究的意义及可行性；研究进行中，继续利用文献，拟了解研究课题的发展动向，及时补充或纠正课题的设想；研究后，查阅资料，拟进一步验证研究结果，认识该成果的价值。由此可见，利用文献是贯穿在科学研究的全过程中的。查阅文献在科学研究中起着举足轻重的作用。

（1）文献资料法超越了时间、空间限制，通过对古今中外文献进行调查，可以研究极其广泛的社会情况。这一优点是其他调查方法不可能具有的。

（2）文献资料法主要是书面调查，如果搜集的文献是真实的，那么它就能够获得比口头调查更准确、更可靠的信息，避免了口头调查可能出现的种种记录误差。

（3）文献资料法是一种间接的、非介入性调查。它只对各种文献进行调查和研究，而不与被调查者接触，不介入被调查者的任何反应。这就避免了在直接调查中经常发生的调查者与被调查者互动时可能产生的种种反应性误差。

（4）文献资料法是一种非常方便、自由、安全的调查方法。文献调查受外界制约较少，只要找到了必要的文献就可以随时随地进行研究；即使出现了错误，还可通过再次研究进行弥补，因而其安全系数较高。

（5）文献资料法省时、省钱、效率高。文献调查是在前人和他人劳动成果基础上进行的调查，是获取知识的捷径。它不需要大量研究人员，不需要特殊设备，可以用比较少的人力、经费和时间，获得比其他调查方法更多的信息。因而，它是一种高效率的调查方法。

（二）文献资料的搜集

1. 搜集渠道

搜集研究文献的渠道多种多样，文献的类别不同，其所需的搜集渠道也不尽相同。搜集教育科学研究文献的主要渠道有：图书馆，档案馆，博物馆，社会、科学及教育事业单位或机构，学术会议，个人交往和数字资源。

2. 搜集方式

搜集研究文献的方式主要有两种：检索工具查找方式和参考文献查找方式。检索工具查找方式指利用现成（或已有）的检索工具查找文献资料。参考文献查找方式又称追溯查找方式，即根据作者文章和书后所列的参考文献目录去追踪查找有关文献。

积累文献是另外一种搜集文献的工作形式。每一个研究课题都需要汇集、积累一定的文献资料，而每一个课题的研究过程同时也是一个新文献资料的积累过程。

首先，文献积累内容应努力做到充实和丰富；其次，积累文献应该有明确的指向性，即与研究目标或课题假设有关；最后，积累文献应该全面。所谓全面，要求研究者不仅搜集课题所涉及的各方面的文献，还应注意搜集由不同人或从不同角度对问题的同一方面做出记载、描述或评价的文献；不仅搜集相同观点的文献，还应搜集不同观点甚至相反观点的文献，尤其需要防止研究者自己已有的观点或假设对积累指向的影响，不要轻易否定或不自觉地忽视与自己观点相左的材料。

（三）体育文献资料的整理

经过文献检索可以收集到大量的事实资料和数据资料，但这些原始的事实、数据毕竟还只是粗糙的材料，要把原始材料中潜在的有用信息挖掘出来，尚须对材料进行科学的整理与研究。科学研究中的资料整理工作具有重要的意义：首先，它能使研究者在研究的整个过程中紧紧抓住研究的主导方向；其次，它能提高资料的可靠度；最后，在整理资料的过程中，研究者可以通过对比选取最具典型性的材料。所以研究者要对已拥有的资料进行整理，使之成为一个有序的系统，能充分发挥其作用。

个人对已搜集好的资料，可以用分类法的原理进行分类整理。具体的整理形式主要分为以下三种：①书目。对个人掌握的图书编出书目。②目录。编制与本专业或本研究有关的专业期刊目录。③题录。对自己已经获得的每一篇论文资料，编制个人专题题录。

在材料的整理与研究阶段，不仅需要正确的哲学思想和方法论的指导，同时还要善于运用辩证的形式和逻辑思维方法、统计学以及其他数量化的手段，即运用定性研究和定量研究的方法，从材料中抽取出具有科学意义的结论。

资料的搜集、整理、研究阶段的划分并不是绝对的，有经验的研究者往往是边搜集资料边对资料做初步整理，又往往在系统地整理时就做了初步的研究工作，在整理资料中时而回过头对某些资料再做补充搜集，时而在研究时又对原有资料做修改性整理。这些过程的往复、渗透，恰恰表明了科学研究过程的复杂性和螺旋上升的走向。

二 问卷调查法

问卷调查法，也称问卷法。它是研究者根据研究目的，按一定要求设计出若干问题，然后向被调查者了解情况或征询意见的方法。问卷调查的一般程序是设计调查问卷，选择调查对象，分发问卷，回收问卷和审查问卷。设计调查问卷是问卷调查的重要环节。问卷是以一定的理论假设和研究架构为基础的，所以问卷设计的问题应具有一定的目的性和逻辑性。问卷调查一般都是间接的、书面的调查，即调查者一般不与被调查者直接见面，而由被调查者自己填写问卷，所以问卷调查较访问调查省时、省力、成本低，有利于调查对象充分表达自己的想法，可以较为有效地控制研究变量，能清楚地探明各因素或条件的相互关系和影响。

但问卷调查也有缺点：一是问卷的回收率有时无法保证，如果回收率太低，就会影响到所取得的材料的代表性；二是问卷调查往往不适合文化程度较低的被调查对象；三是对问卷问题的设计要求较高，如要求问卷内容简明、问卷问题数量要适度等，提高问卷的信度与效度。

（一）问卷调查表的一般结构

问卷一般包括题目、指导语、问卷的具体内容和编号三个组成部分。题目是调查的主题，它与调查目的相一致。指导语是对调查目的及有关事项的说明，它的主要作用是让调查者了解调查的目的及意义，引起被调查者的重视和兴趣，争取他们的支持和合作。一般来说，指导语的内容包括：调查的目的和意义，对被调查者的希望和要求，问卷调查的匿名性和保密原则，回收问卷的时间和方式以及调查的单位、组织或个人的身份和联系方式等。指导语的表达要简洁、准确，语气应谦虚、诚恳。（表8-1）

表 8-1　问卷题目与指导语

关于小学体育教学情况的调查问卷

各位同学：为了使我们的体育课更加生动活泼，让同学们在体育课中能够学得更多更好，我们想了解你对体育课有哪些建议和意见，请如实回答本问卷的各个问题，在所选择的数字上画圈。你的问卷只供我们研究使用，对于你的意见我们也会予以保密。谢谢！

某大学体育学院：×××

2019 年 2 月 15 日

电话：　　　　　　通信地址：　　　　　　电子邮箱：

（二）问卷问题设计的基本要求

1. 提出的问题必须符合客观实际情况

例如，对没有实施新课标的学校进行有关新课标实施情况的体育教学研究就脱离了客观实际情况。

2. 提出的问题必须围绕调查目的

如调查体育教学计划制订情况就不能选择有关学生学习情况的问题。

3. 提出的问题必须清楚而明确，避免有双重意义或模棱两可

如提出的问题中有"经常""最近"等词语就会让人感到概念不清。又如提出的问题为"你父母支持你参加体育活动吗？"这类问题也让人难以选择。

4. 提出的问题应与被调查者相关，并且必须是被调查者有能力、愿意回答的

例如，对于有关学校体育教学方面的问题，就不能去调查俱乐部的教练员。又如"你在上一节体育课中参加体育活动的时间是多少？"这类的问题也不合适。

5. 避免否定性选项和诱导性提问

例如，"你不同意每天都上体育课吗？"，这里"不同意"应用"同意"取代；"您喜欢教

师这一受人尊敬的职业吗?"这一问题具有一定的诱导性。

6. 问卷的长度要适当

问卷在 15~30 分钟能填写完毕为宜。太长会使被调查者感到烦躁,不能认真填写;内容过少又不能全面获取研究者所要的信息。

7. 问题的次序应便于顺利回答和事后的资料整理

一般来说,应该先易后难,由浅入深;先问事实和行为方面的问题,后问观念、情感和态度方面的问题;先问一般性质问题,后问特殊性质问题。特别是那些敏感性强的问题,应该安排在问卷的后半部分。

(三) 问卷回答方式及其设计

问卷回答方式一般有两种,开放型回答和封闭型回答。

1. 开放型回答

开放型回答是指对问题的回答不提供任何选择答案,由被调查者自由填写。其优点是:灵活性大、适应性强,适合于回答各种类型的问题;被调查者回答问题时不受任何限制,有较多的自由回答或自我表达的机会,调查者可以获得较丰富的、超出预料的、具有启发性的材料。开放型回答主要用于预测和估计的探索性调查。开放型回答的缺点是:回答的标准化程度低,难以整理和分析;往往容易出现一般化、不准确的甚至答非所问的无价值信息;要求被调查者有较高的文化素养,较强的文字表达能力,所以有时也会因为回答起来很难而影响问卷回收率。(表 8-2)

表 8-2　开放型回答方式

请针对下列问题,在横线上填写你的意见。

1. 你上体育课的最大收获是什么?

_____

_____

2. 你上体育课的最大遗憾是什么?

_____

_____

3. 你认为理想的体育课是什么样的?

_____

_____

4. 你认为体育课应该做哪些方面的改进?

_____

_____

2. 封闭型回答

封闭型回答是将问题的可能答案列出，让被调查者进行选择的问卷回答方式。

封闭型回答的优点是：有利于问卷的回收；有利于统计分析；有利于询问一些敏感问题。

其缺点是：设计问题比较难，特别是一些比较复杂的、回答类型很多或不太清楚的问题，很难设计周全的答案；回答方式没有发挥余地，难以发挥被调查者的主观能动性；被调查者如果随意填写，将会降低答案的真实性和可靠性。

封闭型回答问卷采用的方法主要有：填空式、两项式、多项选择式、顺序填答式、等级填答式、矩阵式、表格式等。（表8-3）

表 8-3　封闭型回答方式

（1）填空式：您的姓名　　　　　性别　　　　年龄　　　　职业
（2）两项式：您认为自己是否适合从事体育教师工作？　□是　□否
（3）多项选择式：您认为好的体育课应具有哪些基本特征？（　　　） A. 学生的技能有所提高　　　　　　　　B. 有适宜的运动负荷 C. 有适宜的练习密度　　　　　　　　　D. 学生上课积极性高 E. 学生明白一些道理　　　　　　　　　F. 学生相处得很和睦
（4）顺序填答式：您在体育课中遇到过哪些困难？（请按困难程度给下列答案编号。困难最大的为1，最小的为6。） □听不懂老师的讲解 □看不到老师的示范 □体力差，坚持不下来 □怕老师批评我技术差 □没有同学愿意与我一起运动 □场地设施差，不但脏而且有危险
（5）等级填答式：请您判断在体育课中提高学生体能这一目的的重要程度。（　　　） A. 很重要　　　　B. 较重要　　　　C. 一般重要　　　　D. 不重要　　　　E. 很不重要
（6）矩阵式：下列一些因素对体育教学有些影响，请圈出与您想法相符的号码。（1. 影响很大；2. 影响较大；3. 影响较小；4. 影响很小；5. 没影响。） A. 体育教师的教学水平　1　2　3　4　5 B. 体育教师的数量　1　2　3　4　5 C. 体育教师的专业技术水平　1　2　3　4　5 D. 体育活动场地、设施和器材　1　2　3　4　5 E. 学生人数　1　2　3　4　5 F. 学校领导对体育教学的支持　1　2　3　4　5

（四）问卷调查表的信度、效度检验

1. 问卷调查表的信度

问卷调查表的信度是指通过问卷调查所得到的资料的可靠性程度，即调查结果反映调查对象实际情况的可靠性、真实性程度。比如说，对同一对象进行测量，多次测量结果都很接近，就认为这个结果是真实可信的，也就是信度高。反之则说明信度较低。

问卷的信度主要是以重复调查所得结果的一致性程度为尺度来衡量的。因此，一方面前后几次调查的时间间隔要适宜，不应过短或过长，一般间隔半个月左右；另一方面要排除非相关因素对调查对象的影响，保证调查对象的相对稳定。

2. 问卷调查表的效度

问卷调查表的效度，又称准确度，是指问卷对于要调查问题的有效程度，就调查目的而言，就是指通过问卷调查表是否可以获得所需的研究资料。问卷的效度可分为内容效度和结构效度。

内容效度是指整个问卷问题的内容是否反映了研究问题所需要的全部材料事实的内容。如不便用数学方法计算时，简便易行的方法是请有关专家进行分析，从问题内容和逻辑关系中看问卷是否符合调查目的任务与研究需要。如果专家认为问卷的项目较好地代表了调查需要的内容范围，那么问卷具有内容效度，这时可请专家对问卷内容效度做定性评价，如效度很高、效度高、有效、较有效等。然而，这种方法没有用数量指标来描述其符合程度更准确、可靠，所以，在科研实践中有时采用评定量表方法，即分别对问卷内容中的各个问题及其范围加以定量评分，用 10 分制或 5 分制均可，然后算出每个评分者的效度分数，最后求出全部专家的总的平均效度分数。另外，按专家调查法的一般要求，拟请评审专家的数量在 10~15 人，以提高评价检验的可靠性与客观性。

结构效度是指问卷调查表中所有问题构成的总体结构是否围绕课题的中心，或指问卷调查的结果与问卷中问题的总体结构特征之间的对应程度。结构效度的检验方法，可采用专家评价法，即把所有问句混乱排列，然后在小范围（20 人左右）内，请他们根据问卷提供的类别，逐条判别每一问句属哪一种。对于被测者平均有 80% 的分类错误率的问句，应做修改，或者剔除。如果专家判断问题的分类正确率达 80% 以上，且总体结构与调查主题相符合，则问卷的结构效度是有效的。对于技术测量和调查指标，除结合专业知识经验进行逻辑推理判断外，还可用数学分析方法，即用公认鉴标对每一指标测量结果做简单相关分析，其简单相关系数即为结构效度系数，系数越大则效度越高。

一般来说，信度是针对调查对象而言的，效度是针对调查主题而言的。信度是效度的基础，效度则是信度的目的，两者高度统一。可以说，信度很低的调查结果，效度必然也很低，即调查结果对调查主题无效；信度较高的调查结果可能有效，也可能无效；而效度很低的调查，即使信度很高，也无研究意义，不能说明问题。

（五）调查问卷的发放、回收

前面我们已经介绍了问卷调查法的几种主要类型。不同类型的问卷，有不同的发送和回收方式。在实际问卷调查过程中，多采用邮寄式、送发式、访问式和网络式发放问卷。如集中分发、当场填写、当场回收、登门发放、登门回收的方式，均适用于给专家、小范围调查和单位集体的问卷发放；通过邮局寄去寄回，适用于地域范围较广的社会调查；通过互联网点击收发，快捷、方便、准确，便于统计分析。通过问卷的发放与回收来收集资料，是进行问卷调查的必需途径。一般在问卷调查中，发出多少问卷，就能收回多少是不可能的，这就存在一个回收率的问题。问卷的回收率指在问卷调查中回收的问卷数与发出的问卷数的百分比。回收率直接影响样本的代表性以及资料的准确性和可靠性。如果问卷的回收率较低，如低于50%，其结果就很难保证对总体的代表性。

（六）问卷的统计方法与统计工具

1. 问卷的统计方法

从统计分析的层面划分，问卷的统计方法可分为两类：定性分析和定量分析。

（1）定性分析是一种探索性调查方法。定性分析的目的是对问题定位或提供比较深层的理解和认识，或用来定义问题或寻找解决问题的途径。一般而言，定性分析的样本比较少（一般不超过30），其结果的准确性可能难以捉摸。实际上，定性分析很大程度上依靠参与工作的统计人员的判断和对资料的特殊解释。没有任何两个定性调查人员能从他们的分析中得到完全相同的结果。因此定性分析要求投入的分析者具有较高的专业水平，并且优先考虑那些做数据资料搜集与统计工作的人员。

（2）定量分析是在对问卷进行初步的定性分析后，对问卷进行更深层次的研究。问卷定量分析首先要对问卷进行量化，然后利用量化的数据资料进行分析。问卷的定量分析根据分析方法的难易程度可分为简单定量分析和复杂定量分析。

简单定量分析是对问卷结果做出一些简单的分析，诸如利用百分比、平均数、频数来进行分析。简单分析常用于单变量和双变量的分析，但是仅用两三个变量难以满足研究的需要，这时就要用到复杂定量分析。

在问卷设计中，常用的复杂定量分析有两种：多元分析和正交设计分析。多元分析就是通过对观测数据的分析，由表及里来研究多个变量之间相互依赖的规律性，或者根据实际问题的需要对研究对象做出某种评价、分类、判别，或者从中发现对各个指标都起作用的更一般（从而也更抽象）的公共因素。在问卷分析中常用的多元分析方法主要有聚类分析、主成分分析、因子分析三类。除多元分析方法外，还有另外一种复杂的问卷分析方法——正交设计分析法。正交设计分析法的步骤是：首先对问卷进行正交分析，尽可能使问卷结构合理；再进行问卷调查，并搜集数据；然后整理数据，对调查结果进行分析（可采用正交实验中的方差分析）；最后得出分析结果。

选取合适的问卷分析方法是非常困难的。一般情况下，选择方法应该注意两个问题：第一，如果只需对问题进行初步的探讨，那么可采用定性分析和简单定量分析；第二，如果需要对问题进行深层研究，探索事物的本质，则需要采用复杂定量分析。在复杂定量分析中，对于态度型问卷，较适宜利用因子分析；如果需要对问题选项进行划分，则利用聚类分析较为合适；而正交设计分析则用于多因素的调查。当然这几种方法也可以交叉使用。在很多时候，合适的问卷分析方法的选取取决于分析人员的经验和专业知识。

事实上，定性分析和定量分析是不能完全分开的，在体育调查中，经常将定性分析和定量分析相结合，使之互相配合，以便收到更准确、更全面和更细致的调查结果。因此，要使用定性分析的方法来辅助与补充定量分析的不足。

2. 问卷的统计工具

（1）Excel 2000 是计算机中最常用的软件，它的出现使我们对体育科研数据的统计分析工作变得轻松自如。Excel 2000 可以完成"描述性统计""推断性统计""回归分析"等数据统计分析。

（2）SPSS（Statistical Package for Social Sciences），即社会科学统计软件包，是当前流行的统计分析工具，其强大的数据管理和分析功能，是研究中进行数据分析的利器。将 SPSS 应用于中小学教学研究的数据处理上面，将会对中小学教学研究产生重要的作用。SPSS 在教学研究中的作用主要体现在以下几个方面：一是数据的描述性统计，包括平均数、频数、标准差、离散系数等，主要体现变量的分布情况和离散程度；二是数据的可靠性，如问卷设计中各个项目的可靠性，即信度检测；三是数据差异性检验，用于表示两个变量或多个变量间关系，如教学实验前后变量的关系等，主要检验研究中各种实验的效果。

体育教师在做问卷调查研究时，常常需要进行大量的数据分析。如果采用 Excel 2000 软件获得的数据，则不能够反映出统计结果中数据差异产生的原因或哪些因素对统计结果产生影响以及影响程度如何，这样则会影响研究的深度和层次，制约着一线教师教学与科研水平的提升。而 SPSS 作为统计分析的专业工具，理论严谨，功能丰富，数据管理、统计分析、趋势研究、制表绘图等功能几乎无所不包，在自然科学、社会科学的各个领域中都得到了成功的应用，为我们进行体育科学研究提供了强有力的支持。

三　教学观察法

观察法是进行体育科学研究最基本的方法之一，是获得第一手信息资料和感性认识必不可少的环节，是形成、发展和检验体育科学理论的实践基础。教学观察法是通过对教学中的行为进行观察而搜集研究资料的方法。当前在教学研究领域，研究者越来越多地运用观察法和"参与研究法"（研究者直接参与被试的学习活动以搜集研究数据的观察法）来进行研究。

（一）教学观察法的特点

1. 主观针对性

教学观察法对所观察的内容具有高度的选择性，可以最大限度地排除无关刺激物的影响。

2. 客观真实性

教学观察是在自然条件下进行的，具有客观性和真实性。在教学观察时，一般不能干扰观察对象的活动过程。

3. 集体合作性

观察稍微复杂一些的教学时，往往需要多人的合作。如统一用表，进行观察方法的培训等，以保证观察的质量。现在的观察已经越来越多地借助于仪器设备，如利用照片、视频、录音机、计算机等。这都大大提高了教学观察的精确性，扩大了观察范围。

（二）教学观察法的类型

教学观察法可以按观察方式分为临场观察法、实验观察法、追踪观察法等。

1. 临场观察法

是指观察者直接位于观察对象所处的现场，有人也称其为实地观察法。如在现场观察体育教师采用了哪些有效的教学手段，计算体育课的运动负荷大小等。

2. 实验观察法

是指将教学观察与实验相结合，及时观察和测量实验中的某些指标变化和性状特征，进而获得实验的有关结果材料的方法。研究人员为及时获得实验结果，准确描述实验过程，有时单凭肉眼观察还不能准确描述事物，需要借助某些专门仪器工具对实验过程的变化进行精确的测量，从而得到有关观察对象的主要特征指标的精确数据。有时也称这种观察法为观察测量法，如运动负荷大小引起生理指标变化的观察实验。

3. 追踪观察法

是研究者用较长的时间跟踪考察某一事物的发展变化过程，以获得对事物规律性认识的方法。这种追踪观察时间跨度大，涉及内容多，需要长期坚持才能实现。如观察某个大单元教学的过程要素变化就需要用追踪观察法。

观察还可以按观察者是否直接参与所研究的活动，分成"参与观察"和"非参与观察"。一般说来，参与观察比非参与观察效果好，因为观察者参与其中，既有自我体验又能与被观察人建立融洽的关系。

教学观察还可以按照对行为的不同取样方式，分成"事件取样观察"和"时间取样观察"。事件取样观察是对与某种研究目的直接相关的预先确定了的行为进行观察与记录。时间取样观察则是在一定时间间隔内进行观察，对这一时间段中发生的各种行为表现做较全面的记录。时间取样可以随机进行，也可以在可能发生典型行为表现的时间内进行。

（三）观察计划的制订

观察计划是指实施教学观察法之前所做的系统周密的设计与安排，也称为观察研究方案。它是研究人员进行观察的依据，可保证观察工作的顺利进行。观察计划的内容一般包括以下几个方面。

1. 观察的目的与任务

观察目的与任务是制订观察计划的基础。它对选择观察对象、确定观察指标和观察方法起着指导作用。

2. 选择观察对象

选择观察对象时首先要注意代表性，被观察的对象数量不宜过多。

3. 确定观察指标

确定观察指标是观察设计中的重要一环，观察者可以从不同角度观察到被观察对象的不同特征。因此，在选择观察指标时必须注意以下要求：

（1）指标的有效性：是指所选指标能够满足完成观察任务的需要，体现事物的本质特征。例如，我们要选择心率变化作为观察运动负荷大小的指标，而不能选取学生完成动作质量的指标来反映运动负荷。

（2）指标的客观性：是指所选指标应能反映客观事实。如身高、体重、心率等都是客观存在的，它不受个人主观因素的影响。

（3）指标的代表性：是指所选指标具有典型性，数据虽不多，却能代表主要的事实与现象。

4. 确定观察指标的标准与规格

观察指标有的是定性的，有的是定量的。定性指标要明确规定指标的内涵、规格、表现特征，要有操作性定义（标准）；定量指标要规定量化单位、精确度、正误度等。此外，对获取各类指标的时间也应该统一。

5. 确定和设计观察的步骤、条件与方式

教学观察的步骤是指观察的运用程序、操作环节及各观察手段与时间的安排。如观察阶段的划分、各阶段观察时间、观察内容顺序是由近及远还是由远及近等。

观察条件是指进行观察的具体条件，主要指观察的时间与空间条件。时间方面包括总观察时间、每次观察时间、各次观察间隔时间等。空间条件指保证能清楚地观察并不干扰观察对象

的正常活动，包括观察的位置、角度、距离和方向等。

确定观察的方式是指要确定是用肉眼直接观察还是借助仪器工具进行观察。

6. 确定观察材料的记录方法

记录观察材料的方法一般有评等法、记录频率法和连续记录法。

（1）评等法：观察者对所观察的对象评定等级，如观察运动负荷的主观感受可以用"不疲劳""一般疲劳"和"疲劳"三个等级，观察者在预先打印好的表格上按级画圈就可以了。

（2）记录频率法：观察者将要观察的项目预先打印在纸上，凡出现了该现象时，就在这个现象的记录处画一符号。如篮球教学比赛中观察投篮次数、投中次数、抢篮板球次数、犯规次数等。

（3）连续记录法：可以用记笔记的方法，也可以运用录音机、摄像机等将要观察的过程完整地记录下来，观察结束后再分析处理。如观察学生动作的角度、速度等内容。

（四）观察应注意的问题

（1）观察应严格按照计划进行，如发现观察计划有不妥之处，要在能完成观察任务的前提下，进行必要的调整。

（2）灵活选定观察位置，以保证所观察的现象能全部、清楚地落入视野内，但不要影响观察对象的正常活动。

（3）善于及时捕捉各个具有研究意义的现象。

（4）要正确判别各现象的重要程度，重点观察与研究主题有密切关系的现象。

（5）对较复杂的观察应进行集体合作，要恰当地进行分工。每个观察点（组）有规定的观察中心，兼顾全面观察。各观察点（组）必须采用统一标准、统一的记录表格和记录符号。

（6）观察后应及时对观察材料进行整理，要全面审核观察记录，剔除可能有错误的材料。对漏记的数据要结合他人观察进行校补，如依据不足时则应坚决去掉。

第三节 小学体育教学研究常见问题

一 有关小学体育教学主体的研究（人的因素）

体育教学活动是人的社会性活动，一切都离不开最主要的因素——"人"。因此，关于体育教学主体的研究实质上是围绕教师和学生的研究。师生之间的相互作用始终贯穿于体育教学的全过程。教学研究必然要受到师生之间相互作用的影响，同时教学研究也必然要反映这种作用，因此，要组织开展合理的体育教学活动并提高其成效，必须加强对有关教师与学生的相互作用的研究。

有关学生的研究主要包括：学生在教学过程中的角色研究、体育教学中教与学的关系、体育教学与学生身体发展的关系、体育教学与学生心理发展特点的关系、影响学生体育学习的认知因素与非认知因素的分析、集体对学生个体的影响等。有关体育教学主体的研究主要包括：教师教学过程中的角色研究、教师职业及职业特征研究、体育教师知识结构与教学能力研究、体育教学过程中教师与学生的相互作用研究等。在此，对当前常见的小学体育教学主体的研究举例如下：

（1）各个年龄阶段小学生身体发展的状况研究；

（2）学生的身体发展敏感期与体育教学的策略；

（3）各年龄阶段小学生的心理状况与特征；

（4）小学生日常身体活动状况的研究；

（5）体育教学中增强小学生体质的有效对策与措施；

（6）体育教学中学习小组的作用；

（7）对中国学校小学体育师资队伍现状的调查研究；

（8）小学体育师资问题的对策研究。

二　有关小学体育教学思想和目标的研究（思想的因素）

体育教学是人们有意识、有计划、有组织的社会性活动，一切都离不开人们对这项活动的价值判断、思考、定向和定位。体育教学思想、目标的研究实质上是把握体育教学方向、挖掘体育教学功能的研究，也是体育教学研究的重要方面。特别是在体育教学面临大改革和大发展的时期，这类研究尤其重要。有关体育教学思想和目标的研究主要包括：体育学科的功能与价值研究、体育教学指导思想的研究、体育教学目标的研究、体育教学改革方向与目标的研究。当前常见的小学体育教学目标的研究举例如下：

（1）体育学科的功能与价值；

（2）小学体育教学目标的系统与目标层次研究；

（3）当前体育教学改革的目标与方向研究；

（4）现阶段小学体育教学的目标定位研究；

（5）小学体育教学目标设计的方法研究。

三　有关小学体育教学过程的研究（时空的因素）

体育教学过程是体育学习与活动的特定时空，对体育教学过程的研究也是体育教学研究的重要内容。它既是一个基本理论问题，也是组织教学活动的理论依据。很好地研究体育教学过程，对于正确理解与认识教学过程的本质、特点和规律，有效提高教学质量，实现体育教学目的有着重要的作用。有关体育教学过程的研究主要包括：体育教学过程的特点、体育教学过程的基本结构、体育教学过程的基本功能、体育教学过程的基本规律等。在此，对当前常见的小学体育教学过程的研究举例如下：

（1）小学体育教学过程的特点；

（2）提高小学体育教学质量的研究；

（3）小学体育教学设计的研究；

（4）对小学体育教学过程"三段式"结构的新认识；

（5）"探究式"体育教学过程研究；

（6）"合作式"体育教学过程研究；

（7）"自主式"体育教学过程研究；

（8）"小群体式"体育教学过程研究；

（9）我国当前流行的体育教学模式研究；

（10）小学体育教学方法的研究；

（11）体育教学手段的研究。

四　有关小学体育教学内容的研究（载体的因素）

体育教学是通过运动技术学习这一载体而实现的。体育运动技术内容丰富多彩，特点和功能各异。如何选编体育教学内容被称为"大规模的教材化研究"，如何将选出的体育教学内容改造成学生可进行体育学习的内容被称为是"小规模的教材化研究"。有关体育教学内容的研究主要包括：体育与健康知识的研究、体育运动文化知识的研究、体育教学内容的选择依据研究、体育教学内容的编排理论研究、体育运动技术研究、现行体育课程内容合理性研究、体育教材化工作研究、体育教学计划研究、体育课程资源开发研究。在此，对当前常见的小学体育教学内容的研究举例如下：

（1）小学体育教学内容分类研究；

（2）小学体育教学内容的逻辑；

（3）小学体育教学内容选编原则；

（4）小学体育教学内容选择标准与程序；

（5）小学体育课程单元教学内容的设置研究；

（6）小学体育教学内容的选编方案；

（7）竞技运动教材化的研究；

（8）对小学体育教学内容的整体分析；

（9）对某个教学内容的必要性和教学可行性的分析；

（10）小学体育校本教材开发研究；

（11）对民族传统体育教学内容的研究；

（12）某运动技术习得的学理研究；

（13）引进新兴体育运动项目的研究。

五　有关小学体育教学条件的研究（物质与环境的因素）

　　良好的体育教学是在一系列良好物质条件的支撑下，在适宜的教学环境中取得的。没有这些良好物质条件和适宜的教学环境就不可能有高质量的体育教学。但什么是良好的物质条件和适宜的教学环境，就需要进行研究了。有关体育教学条件的研究主要包括：体育环境的含义和内容的研究、优化体育场地的研究、优化体育设施的研究、新运动器材和器具的研究、体育教学中运用现代化教育工具的研究、体育环境管理研究等。当前常见的有关小学体育教学条件的研究举例如下：

（1）小学体育教学场地、器材的现状调查；

（2）小学体育教学所需场地、器材标准的研究；

（3）小学体育教学场地、器材开发途径与方法；

（4）小学体育器材的研制与开发；

（5）小学体育教学场地、器材使用与管理研究；

（6）小学体育教学场地环境卫生的管理；

（7）小学体育场地、器材设施安全性研究；

（8）小学体育教学设施人文性设计研究；

（9）小学体育教学设施健康性设计研究；

（10）教学媒体在小学体育教学中运用的研究。

第四节　体育教学研究的步骤

一　课题的选择

科学研究始于问题，教育研究也是如此。在体育教学中需要研究的问题很多，但并非每个问题都值得我们研究。因此，如何选择科研课题就显得尤为重要，我们应从以下几方面遴选。

（一）课题必须具有实用性

课题的意义是确立选题的重要依据，它制约着选题的方向。因此，选题要从当前体育教育发展的实际出发，要具有代表性和针对性。我们在衡量选定课题有无研究和推广价值时，主要看两个方面：一是所选择的课题是否符合体育教育事业发展的需要，是否有利于提高教育质量，是否有利于促进青少年身心健康发展；二是所选择的研究课题应该是根据体育教育本身发展的需要，为检验、修正、创新和发展体育教育理论，建立科学的体育教育理论体系进行的专门研究。作为教学一线的教育工作者，我们主要关注的应是前一方面问题。

（二）课题必须具有科学性

首先课题的科学性，表现在选定的课题要有一定的事实依据，立论根据要充实、合理，这是课题的实践基础。其次，课题的科学性要以体育教育的基本科学原理为依据，这是课题的理论基础。课题的实践基础和理论基础制约着课题的全过程，影响着课题的方向和水平。为了保证科学性，必须对选定的课题进行充分论证。

（三）课题必须具体明确，具有可操作性

所选定的课题一定要具体化、界限清、范围明，宜小不宜大。那种大而空、笼统模糊、针对性不强的课题往往科学性弱，而且不易操作。

（四）课题要有独创性

要做到课题新颖且具有独创性，就要把课题的选择放在总结和发展过去体育学科取得的实践成果和体育科学理论基础上。我们应该看到，科学上的任何成果都是科学工作者在前人工作成就的基础上一步步取得的。因此，在选择课题时，要广泛深入地查阅文献资料，弄清所要研究的课题目前在国内外已达到的水平和已取得的成果，要知道是否有人已经或者正在研究类似的问题。这样才会使课题具有独创性，我们才不至于做无用功。

撰写课题开题报告

　　开题报告包括综述、关键技术、可行性分析和时间安排等四个方面。开题报告是用文字体现的论文总构想，因而篇幅不必过长，但要把计划研究的课题、如何研究、理论适用等主要问题写清楚。开题报告一般为表格式，它把要报告的每一项内容转换成相应的栏目，这样做，既避免遗漏，又便于评审者一目了然，把握要点。

　　开题报告的内容一般包括题目、理论依据（论文课题的目的与意义、国内外研究现状）、研究方案（研究目标、研究内容、研究方法、研究过程、拟解决的关键问题及创新点）、条件分析（仪器设备、协作单位及分工、人员配置）、课题负责人、起止时间、报告提纲等。

　　开题报告的综述部分应首先提出课题，并简明扼要地说明该课题的目的、相关课题研究情况、理论适用、研究方法。

　　开题报告包含的论文提纲可以是粗线条的，是一个研究构想的基本框架，可采用整句式或整段式提纲形式。在开题阶段，提纲的目的是让人清楚论文的基本框架，没有必要像论文目录那样详细。论文提纲包括以下几点。

　　（1）课题的目的、意义、国内外研究概况和有关文献资料的主要观点与结论；

　　（2）研究对象、研究内容、各项有关指标、主要研究方法（包括是否已进行试验性研究）；

　　（3）大致的进度安排；

　　（4）准备工作的情况和已具备的研究条件等；

　　（5）经费预算；

　　（6）预期研究结果；

　　（7）课题组成员及分工等；

　　（8）参考文献。

 课题研究的实施

（一）课题研究的必要准备工作——文献的查阅、研究和准备工作

1. 课题背景材料的搜集——文献的查阅

　　文献的查阅是课题研究的必经步骤，完备、详尽、准确的资料对于课题研究的开展是不可或缺的。查阅文献资料，可以全面准确地了解课题研究的历史背景、研究现状和最新发展，可以最大限度地利用前人的研究成果，不走弯路，或者少走弯路，有利于对研究方向的正确定位。

陇南师范高等专科学校教学改革项目

2. 课题研究的准备工作

课题研究所需的材料主要有：记录纸、测验材料、实验器材等。课题研究的准备工作主要有：编制研究工作的计划、进度表及总计划方案、场地与时间的安排、研究参与人员的培训、被试用人员的选定及落实等。

课题研究的准备工作都要求考虑得越周详越严密越好，一项课题研究的准备工作是否完善，直接影响到研究能否进行，因此必须严格按照预定的计划展开各项准备工作，在发现原研究计划的不足之处时还要及时对研究计划进行修订。

（二）课题研究的展开——搜集资料

利用课题研究选用的研究方法，进行资料的搜集或者相关数据的采集，采集到的数据既可以是数量化的数据，也可以是描述性的数据。

（三）课题研究的重要环节——资料的整理与分析

1. 资料的整理

在课题研究实验过程中所获取的宝贵资料，大都是运用统计学的方法来进行处理的，而理论研究法、历史研究法等则一般不采用统计学的方法来进行研究，而常采用定性研究的方法来进行研究。

用统计学的方法来处理数据时，既要注意对有效数据通过统计学方法获得全部有效处理结果，又要注意对数据的甄别和取舍，这样才能使资料的处理有效。

2. 资料的分析

对所获取的资料进行分析，主要有定性分析和定量分析，理论研究法则采用概念、判断、推理、归纳、演绎等方式来进行分析研究。

（四）结论的得出

根据资料分析所得到的结果，可以给其下一个结论，但结论应该是对搜集、整理后的资料进行科学的理性的研究后的结果，必须依据事实得出，实事求是，切忌"可能""或许"之类不确定的词语，否则就失去了研究的价值。花费了大量的劳动，最后得到的是一个不确定的结论，是不会令人满意的，这也就是失败的研究。

四 撰写课题研究报告

在对所获得的各种资料信息进行统计、分析、处理、归纳的基础上，写出研究报告、科研论文，对所进行的体育课题研究做出全面的总结，并通过科学的评价，得到社会的认同，得以推广运用，真正做到理论联系实际，为体育实践服务，促进交流与合作，是体育教学研究的最终目的。

一个完整的研究报告，通常包括标题、作者姓名及单位、脚注、摘要、引言、方法、结果、讨论、结论、致谢、参考文献和附录共 12 部分内容。其中，结论、致谢和附录可根据实际需要取舍，其他 9 个部分是必须有的。

本章知识结构导图

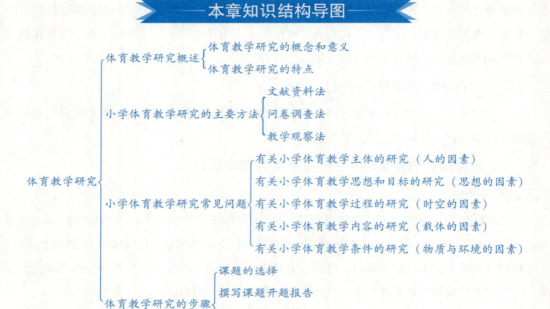

体育教学研究
- 体育教学研究概述
  - 体育教学研究的概念和意义
  - 体育教学研究的特点
- 小学体育教学研究的主要方法
  - 文献资料法
  - 问卷调查法
  - 教学观察法
- 小学体育教学研究常见问题
  - 有关小学体育教学主体的研究（人的因素）
  - 有关小学体育教学思想和目标的研究（思想的因素）
  - 有关小学体育教学过程的研究（时空的因素）
  - 有关小学体育教学内容的研究（载体的因素）
  - 有关小学体育教学条件的研究（物质与环境的因素）
- 体育教学研究的步骤
  - 课题的选择
  - 撰写课题开题报告
  - 课题研究的实施
  - 撰写课题研究报告

知识点检测

1. 体育教师除了完成教学任务外，为什么还要进行体育教学研究？
2. 体育教学研究的内涵。
3. 问卷调查中问题设计的基本要求有哪些？

参考答案

参考文献

［1］ 中华人民共和国教育部. 义务教育体育与健康课程标准（2022 年版）［M］. 北京：北京师范大学出版社，2022.

［2］ 季浏. 我国《义务教育体育与健康课程标准（2022 年版）》解读［J］. 体育科学，2022，42（05）：3-17.

［3］ 季浏，尹志华，董翠香. 国际体育与健康课程标准解读［M］. 上海：华东师范大学出版社，2018.

［4］ 毛振明. 体育教学论［M］. 3 版. 北京：高等教育出版社，2017.

［5］ 毛振明. 小学体育教师专业能力必修［M］. 重庆：西南师范大学出版社，2012.

［6］ 毛振明. 体育教学实用案例［M］. 北京：中国人民大学出版社，2010.

［7］ 黄汉升，季克异，林顺英. 中国体育教师教育改革的理论与实践［M］. 北京：高等教育出版社，2004.

［8］ 黄超文. 体育与健康：第 2 册［M］. 长沙：湖南科学技术出版社，2008.

［9］ 陈雁飞. 小学体育教师专项强化与技能拓展［M］. 北京：高等教育出版社，2012.

［10］ 陈曙. 小学体育教学论［M］. 北京：北京师范大学出版社，2016.

［11］ 张细谦. 体育课程与教学论［M］. 广州：广东高等教育出版社，2013.

［12］ 张成波. 学校体育教学实践与管理［M］. 北京：台海出版社，2014.

［13］ 陆作生. 体育教学技能训练［M］. 北京：高等教育出版社，2016.

［14］ 季浏. 学科核心素养下中国健康体育课程模式的理论与实践：第四届全国学校体育联盟（体育教育）大会主题报告摘登［J］. 体育教学，2018（1）：6-9.

［15］ 季浏. 基于核心素养的专项运动技能大单元教学设计与实施［J］. 中国学校体育，2022，41（07）：9-11.

［16］ 赵飞. 对小学体育课堂教学结束部分相关问题的研究［D］. 济南：山东师范大学，2017.

［17］ 刘忠丽. 黔南州长顺县中小学体育场地器材的开发及利用研究［D］. 贵阳：贵州师范大

学，2019.

[18] 孙晓东，董京俊. 复式教学在体育教学中的应用 [J]. 青少年体育，2014（04）：76-77.

[19] 武云飞. 继承发展　提高质量：谈体育课三段式教学模式之基本部分 [J]. 体育教学，2016（05）：17-20.

[20] 马彦超. 农村小学乡土课程资源开发问题及对策研究 [D]. 沈阳：沈阳师范大学，2013.

[21] 梁超. 探讨体操课程中讲解与示范 [J]. 赤峰学院学报（自然科学版），2012，28（05）：71-72.

[22] 季浏. 新时代我国中小学体育与健康课程的整体构建与发展趋势 [J]. 武汉体育学院学报，2022，56（10）：5-12.

[23] 汪晓赞，杨燕国，徐勤萍. 新世纪以来我国基础教育体育与健康课程标准的继承与发展 [J]. 西安体育学院学报，2022，39（05）：513-514.

后 记

　　《小学体育课程与教学》的编写以《教师教育振兴行动计划（2018—2022年）》《小学教师专业标准（试行）》《普通高等学校师范类专业认证实施办法（暂行）》《教师教育课程标准（试行）》《国家学生体质健康标准（2014年修订）》等相关文件为指导思想，以"师德为先、学生中心、能力为重、终身学习"为理念，并根据《义务教育体育与健康课程标准（2022年版）》进行了全面修订，旨在促进中西部农村地区小学教育事业健康、持续发展，进一步提高小学教师培养质量及教师资格证考试通过率，帮助学校顺利通过师范类专业论证。

　　本书的主要特点在于：

　　第一，以小学体育课程标准为立足点，把小学体育课程标准的各项要求融入其中，既立足当前需要，又放眼长远发展，力图准确把握小学体育课程与教学发展的脉搏，勾勒出小学体育课程与教学的整体轮廓。

　　第二，以加强教师教育为出发点，以培养适应新课程和新教材的新型教师为出发点，本着为小学教师教学服务为原则。教材不仅展开了充分的小学体育教学理论阐述，而且提供了较为直接的典型课程案例和资料，具有较强的示范性、实用性和指导性。

　　第三，以提高学生小学体育教学能力为归宿，针对小学体育课程的目标体系，提出了实际的学习内容，如教学策略、学习论、教学与学业评价等，全面阐释和分析了小学体育教学的一般理念和设计范式，呈现出一种新的学科样式。

　　该书的课时安排建议：第一章8课时，第二章14课时，第三章14课时，第四章22课时，第五章24课时，第六章8课时，第七章8课时，第八章6课时，考核4课时（以知识的应用能力与教学技能考核为主），共计108课时，其中实践教学课时所占比例不低于70%。

　　本书编写的具体分工：第一章、第二章、第八章由陇南师范高等专科学校李彩芹、高晓君负责及编写；第三章由陇南师范高等专科学校田广负责，第一节由陇南师范高等专科学校李彩芹编写，第二节、第三节、第四节由田广编写，第五节由陇南师范高等专科学校李玉辉编写；

第四章由川北幼儿师范高等专科学校王洪荣负责，第一节、第二节由怀化师范高等专科学校周权编写，第三节、第四节、第五节由湘中幼儿师范高等专科学校左海鹏编写；第五章由永州师范高等专科学校周克勤负责，第一节、第四节由永州师范高等专科学校张庆龙编写，第二节由永州师范高等专科学校伍方清和湘中幼儿师范高等专科学校刘凯编写，第三节由娄底幼儿师范学校谢兆华编写；第六章由淄博师范高等专科学校张树军负责，第一节由张树军编写，第二节由淄博师范高等专科学校吕佩桢编写，第三节由吉首师范学院蒋翠娥编写；第七章由淄博师范高等专科学校冯鲁鸿负责，第一节由衡阳幼儿师范高等专科学校刘燕华编写，第二节由冯鲁鸿编写。全书最后由李彩芹负责统稿。

本书是在湖南省教育厅教师工作与师范教育处的指导下组织编写的。在编写过程中还得到了陇南师范高等专科学校领导、湖南大学出版社负责人以及首都师范大学张雅俊教授的支持和帮助，在此，我们向他们致以诚挚的谢意！也向参考文献中尊敬的作者表示衷心的感谢！

希望广大体育教师在教学实践过程中对我们教材的编写提出宝贵意见，以便我们继续修改完善。

编　者